강수돌 교수의
나부터 마을 혁명

마을만들기 02

강수돌 교수의 나부터 마을 혁명

1판 1쇄 펴낸날 2010년 5월 17일
1판 2쇄 펴낸날 2014년 6월 5일

지은이 강수돌
펴낸이 강수걸
펴낸곳 산지니
등록 2005년 2월 7일 제14-49호
주소 부산광역시 연제구 법원남로15번길 26 위너스빌딩 203호
전화 051-504-7070 | **팩스** 051-507-7543
sanzini@sanzinibook.com
www.sanzinibook.com
ⓒ강수돌, 2010
ISBN 978-89-92235-93-8 03330
        978-89-92235-92-1(세트)

강수돌 교수의
나부터
마을혁명

강수돌 지음

산지니

2005년 3월 2일, '행정도시특별' 국회 통과에 충청도에 사는 사람들은 대부분 환호성을 질렀다. 2004년 10월, '행정수도이전법'이 위헌이라는 대법원 판결로 우울증에 시달리던 사람들도 얼굴이 환해졌다. 수도권 분산과 전국의 균형 발전을 진심으로 염원하는 사람들도 환호했다. 그리고 또 환호성을 지른 사람들이 있다. 바로 내가 사는 마을에 비밀리에 고층아파트 단지를 추진하던 사람들이다. 그리고 5년이 흘렀다.

'행정도시특별법'이 국회에서 통과되던 날 밤, 당시 L이장이 우리 집에 올라왔다. "아파트 건설이 본격 시작될 것 같다."고 했다. 향후 5년간의 주민 투쟁에 불을 지피는 부싯돌이었다. 나를 싸움꾼으로 만들고 마을 이장으로 추대하게 하는 운동의 시작이었다. 마을과 자연을 사랑하며 살자는 내 마음이 진심인지 평가하는 시험이기도 했다.

처음엔 갑갑했다. 정말 가슴이 막혔다. 내용도, 길도 모르는 상태이기 때문이다. 어디서 출발해서 어디로 가야 할지, 누구에게 물어야 할지, 도대체 무슨 일이 일어나는 것인지, 참으로 캄캄했다. 조용히 살던 시골 마을에 약 1천 세대 아파트 단지가 온다니, 이 사태가 과연 어디서부터 시작된 건지, 지금 어느 단계에 있는지, 사태의 전모는 무엇인지 도무지 상상조차 되지 않았다.

그 다음 고민은 이랬다. 과연 내가 이 일에 뛰어들어야 하나, 말아야 하나? 지금 이렇게 시작해서 언제 어떻게 끝이 날까? 내가 나선다고 확실히 막을 수 있을 것인가? 오히려 깊은 상처만 입고 끝날 일이 아닐까? 마을 사람들은 내 뜻을 알아주기나 할까? 나와 투쟁에 동참할 이가 몇이나 될까? 누구부터 만나야 하고 어떻게 운동을 시작해야 하나?

전화를 하기 시작했다. 전국 곳곳의 지인들에게, 또 환경운동 단체들에. 이런저런 이야기를 나눴지만 아무 확신이 들지 않았다. '당국'인 연기군청을 귀찮도록 들락거리니 차츰 사업의 전모가 드러났다. 전원적인 시골 마을에 15층짜리 아파트를 무려 1,120세대나 짓겠다는 것이다. 그것도 내가 사는 마을 한복판에 짓겠다는 거다. 마을 주민들의 창문 밖 전망도 다 가린다. 아침마다 일어나 편안하게 바라보는 앞산과 뒷산을 모두 시멘트 옹벽으로 가려버린다. 이미 약 350가구 1천 명 내외가 살고 있는 현재의 마을 공동체를 망가뜨릴 모종의 음모가 진행 중이었다. 사업은 대략 3,000억 원 규모다. 남으로 고려대, 북으로 홍익대 캠퍼스를 끼고 있는 '대학촌' 예정지에다가 비밀리에 '아파트'라니, 말도 안 된다. 이럴 수가! 치가 떨렸다. 수천, 수만 년을 사람과 자연이 하나로 어우러져 살아온 바로 그 터전, 그 논과 밭, 과수원과 구릉지를 하루아침에 허물고 되돌리기 어려운 시멘트 흉물 덩어리를 세운다니, 그냥 구경만 하고 있을 수는 없는 노릇이 아닌가.

미친 일이란 생각이 들었다. 돈에 미친 일. 도대체 누가, 왜, 어떻게 해서 그 자리에 고층아파트 단지를 세우려 드는가? 미친 사람들, 돈에 미친 자들이 아니면 과연 누가 이런 짓을 하는가?

그렇게 나는 대학 교수라기보다 마을 주민으로서 이 싸움에 온몸으로 뛰어들기 시작했다. 내가 어디에 살건, 내가 아끼는 마을과 자연이 처절하게 망가지는 것을 마냥 눈뜨고 볼 수 없었기에. 마을과 자연을 아름답게 지키자는 것, 이것이 출발점이고 종착점이다. 어쩌면 나는 이 싸움이 어디서 시작해 어디로 끝날지 잘 몰랐기에 더 용감히 뛰어든 건지 모른다.

많은 사람들은 이미 본능적으로 알고 있었다. 주민들이 대자본과 싸워봐야 이기기 어렵다는 걸. 아무 소용없다는 걸. 건설회사와 싸워 이긴 적이 없다는 걸. 주민끼리 이간질당하거나 서로 헐뜯고 싸우다 상처만 받고 끝나기 쉽다는 걸. 심하면 화병이나 암으로 죽는다는 걸.

그러나 나는 다르고 싶었다. 남들이 불가능하다고 할 때 가능한 걸 보여주고 싶었고, 남들이 힘들다 할 때 나는 그래도 해낸다는 걸 보여주고 싶었다. 남들이 진다고 하며 포기할 적에 나는 지더라도 포기하지 않는다는 걸 보여주고 싶었다. 남들이 나보고 괜히 사서 고생하냐고 할 때 나는 고생만이 아니라 의미와 보람도 느낄 수 있음을 보여주고 싶었다. 무엇보다 내 양심에 떳떳하고 싶었다. 마음 깊은 곳의 목소리에 충실하고 싶었다. 마을과 자연을 사랑하며 살고 싶은 나 자신을 기만하고 싶지 않았다. 그것이 동기였다. 그것이 힘이었다.

마치 인생의 길이 아무리 험난하더라도 부모가 자녀의 인생을 대신할 수 없듯, 이 싸움도 나 스스로 한걸음씩 나아가며 만들어야 했다. 누가 대신해줄 일이 아니었다. 남을 위해 대신해준다고 생각하는 한, 싸움의 동력은 금방 사그라진다. 인생의 길처럼 나 스스로 걸어가며 느끼고 깨치고 부서지고 다시 일어서며 없던 길도 새로 열어나가야 했다. 인생은 싸움이고 싸움이 인생이다. 나 자신과의 싸움, 내 안에 습성화하고 내면화한 그 모든 것들과의 단호한 싸움, 이것이 인생이다.

싸움의 여러 계기마다 느꼈다. 저들은 모든 단계마다 일종의 '매뉴얼'이 있는 것 같다는 걸. 철두철미한 시스템 아래 움직인다는 걸. 아마도 수백, 수천억 원이 걸린 사업을 오래 반복하다 보니 고밀도로 축적된 노하우가 있을 것이다. 조직, 자본, 경험, 매뉴얼, 시스템, 권력, 로비, 인맥 등 모든 것이 저들의 무기다. 그러나 풀뿌리 주민들은 모래알처럼 흩어져 있고 돈도 조직도 경험도 시스템도 없다. 오로지 양심과 맨주먹으로 덤빈다. 맨땅에 헤딩하는 꼴이다. 백전백패다. 지금은 차디찬 저 시멘트 콘크리트 바닥 아래에 묻혔을 그 복숭아꽃에게 "너를 꼭 지켜주마."고 한 약속, 마을과 자연을 지키겠다는 순수한 마음, 이런 것으로 과연 자본과 권력을 배경으로 조직적으로 움직이는 저들을 이길 수 있을 것인가?

그래서 더욱 오기가 솟았는지 모른다. 남들이 모두 안 된다고 할 때, 나는 일어서야 한다고 느꼈다. 처음부터 포기하면 백전백패지만, 불굴의 정신으로 끝까지 간다면 단 한 번이라도 이길 가능성이 생기지 않겠는가? 인생의 노예가 아니라 주인이 되려면 무엇이든 과감히 시도해봐야 하지 않겠는가? 그래서 나섰고 벌써 5년이 흘렀다.

결산하면, 우리가 이긴 것도 진 것도 아니다. 이겼다고도 할 수 있고 졌다고도 할 수 있다. 둘 다 졌다고도, 둘 다 이겼다고도 할 수 있다. 아파트 사업 자체는 막지 못했지만, 아파트 단지 건설 과정이 중단되고 말았기 때문이다. 1천 세대 가까운 고층아파트 12개 동의 골조는 병풍처럼 빼곡하게 들어섰지만 분양률이 2%에도 못 미쳐 창문이나 인테리어도 못한 채 공사 중단 후 철수한 것이다. 사업이나 경영의 기본이라 할, 실수요 예측과 사업 타당성 검토에 철저히 실패한 까닭이다. 5년 전에 내가 진지하게 경고한 바를 무시한 결과다.

5년간의 주민 투쟁이 지닌 의미는 크다. 나를 비롯한 우리 풀뿌리 주민들이 힘을 합쳐 마을 여건에 맞지 않는 고층아파트 사업의 부당함을 만천하에 알렸다는 사실, 마을 주민들이 주인의식을 갖고 똘똘 뭉쳐 나서지 않으면 자본과 권력은 한 마을을 하루아침에 망가뜨릴 수 있음을 알린 사실, 주민들이 저항을 하는 바람에 군청과 도청이 우리 주민들 앞에 벌벌 떨게 되었다는 사실, 우리 마을처럼 부당한 사업을 서류 조작으로 비밀리에 함부로 하다가는 큰 코 다친다는 사실, 주민들의 양심적 목소리에 귀를 기울이지 않는 사업은 망하게 되어 있다는 사실, 우리 주민들이 돈 몇 푼 받고 영혼을 팔아먹는 존재가 아닐 수 있음을 온몸으로 보여준 사실, 우리 주민들이 건설사의 손해배상 소송이나 재산 가압류 공작에도 굴하지 않고 꿋꿋이 싸워 이길 수 있음을 보여준 사실, 이런 것들이 보람이다.

내 개인적으로 지난 5년간의 싸움은 마을 모퉁이에 조용히 살던 나를 비로소 온전한 마을 주민이 되게 했다. '이장'이 되어서가 아니다. 마을과 자연을 지키는 싸움에 다른 주민들과 함께 혼신을 다해 동참한 '과정'이 핵심이다. 게다가 싸우는 과정에서 나는, 건설 자본, 행정 당국, 설계사, 공무원, 경찰, 검사, 판사, 변호사, 전문가, 지주, 이장 등이 겉으로 보이는 인상과는 달리 얼마나 쉽게 또 얼마나 단단하게 '개발 마피아' 집단을 형성할 수 있는지 학습하는 과정이기도 했다.

그러나 아직도 밝혀지지 않은 일들이 있다. 읍내 대장간 근처에 대규모 아파트 단지가 들어서기 직전에 M씨를 비롯한 일부 사람들이 당시 군수실로 몰려가 계란세례를 하며 "아파트를 지을 수 있는 땅으로 바꿔 달라."고 쇼를 한 일, 같은 맥락에서 우리 마을에도 "아파트를 지을 수 있는 땅으로 만들어 달라."고 가짜 민원서를 넣는 과정에 공모한 자들, 또 민원 접수 기간이 아닌데도 가짜 민원서를 받아 "적극 검토"한 뒤 아파트 지을 수 있는 땅으로 둔갑시키는 데 협력한 군청과 도청의 공무원과 관련자들, 나와 주민들이 대책위를 꾸려 싸움을 시작할 적에 누군가 괴전화를 걸어 공갈성 전화폭력을 행사함으로써 주민들을 이간질하려 한 사실, 마을 회의 도중 내 눈이 뽑힐 뻔했던 폭력 사건(내가 당한 사건)이 경찰과 검찰에 의해 주민들과 내가 공동 폭행 범으로 둔갑한 사실, 이런 일들이 아직도 블랙박스 속에 있다. 한심한 일이다. 과연 이미 지난 일이라고 저 차가운 시멘트 덩어리 지하실로 묻어버려야 하나? 진실은 아무리 오랜 시간이 흘러도 꼭 밝혀야 하지 않을까?

이 모든 걸 죄다 캐내 저 밝은 햇살 아래 낱낱이 공개해야 나와 우리 주민들이 받은 마음의 상처가 아물 것이다. 사태의 전모가 주민총회에서 밝혀지고 책임자들이 진심으로 사죄하고 반성해야 하며, 다시는 이런 일이 일어나지 않도록 제도적 장치가 마련되어야 한다. 이것만이 우리의 트라우마(trauma)를 바로 치유하는 길이며, 이것만이 '건강 사회'를 만드는 지름길이다.

이런 면에서 이 책은 크게 세 가지 목표를 지닌다. 첫째는 다른 마을이나 다른 지역에서 벌어지는 터무니없는 각종 개발 사업에 대해 풀뿌리 주민들이 무엇을 어떻게 할지 알려주는 길잡이(manual) 역할이다. '피할 수 없다면 즐겨라.'는 말처럼 싸움을 하더라도 즐겁고 재미

있게, 의미 있고 유쾌하게 할 필요가 있으며, '춤출 수 없다면 혁명이
아니다.'란 말처럼 싸움의 결과보다 과정이 더 중요하다. 이 책의 마지
막에 정리한 것처럼, 상황 파악과 주체 형성, 방법 선택이 삼위일체가
되어야 한다. 이들은 운동의 흐름 속에 두루 섞이고 상호 작용할 것이
다. 다른 마을 주민들이나 우리 후손들에게도 좋은 참고 자료가 되어,
마을 공동체 살리기 운동에 풋풋한 밑거름이 되길 빈다.

　둘째는 지난 5년간 나와 함께 마을과 자연을 지키고자 싸움에 동참
한 우리 주민들, 그리고 우리의 싸움을 물심양면으로 지원하고 연대한
모든 분들에게 드리는, 위로와 자축의 의미가 담긴 감사장(gratitude)
역할이다. 그동안 우리는 싸움 과정에 돈과 시간, 마음과 열정을 많이
쏟아 부었다. 시골 마을의 주민들은 결코 운동가들이 아니다. 그런 분
들이 마을과 자연을 지키겠다고 운동에 나선 것은 정말 대단한 일이
다. 돈의 유혹도 있고 협박과 공갈도 많으며 이웃 간 관계망 때문에 나
서지 못하는 경우도 많다. 그런 장애물에도 불구하고 많은 주민들이
나와 뜻을 함께했다. 자랑스러운 일이다. 게다가 이런 우리 주민의 운
동에 많은 분들이 서명으로, 후원금으로 힘이 되어주셨다. 사랑스런
제자들, 동료 교수님들, 지역의 민주 시민들, 소신껏 일하는 언론인들,
전국의 양심적인 학자나 활동가들, 자문 역할을 해준 철학 있는 전문
가들, 녹색연합과 환경운동연합을 비롯한 여러 시민사회단체들에 진
심으로 감사드린다. 그간의 싸움에 모두가 스스로 감사할 일이고 서로
감사할 일이다. 그런 면에서 싸움 과정은 새로운 친구를 얻는 과정이
기도 했다. 고마운 일이다.

　셋째는, 거칠고 지루한 싸움 과정에서 알게 모르게 우리 가슴 속에
새겨진 마음의 상처를 또렷이 기억해내고 공감하며 다시금 어루만지

면서 보다 큰 차원으로 승화시켜내는 치유책(recovery) 역할이다. 이 책은 기억의 기록이자 공감의 기록이다. 위안의 기록이자 휴식의 기록이다. 소통의 기록이자 연대의 기록이다. 참된 치유는 누군가 외부의 전문가가 해줄 일이 아니다. 스스로 해야 한다. 그러면서 돌릴 수 있는 것은 돌리고, 돌릴 수 없는 것은 흐르게 놔두어야 한다. 어쩌면 앞서 말한 '블랙박스'조차 흐르는 강물처럼 흘러가게 두어야 할지 모른다. 언젠가 바닷가 모래톱에서 우연히 드러날 수도 있다. 드러나지 않는다 해도 할 수 없다. 그러나 우리가 걸어온 모든 과정 속에서 차분히 새로운 깨달음을 얻고 의미를 찾는다면, 바로 이야말로 우리의 상처를 아물게 할 새로운 영양소가 아닐까? 욕심을 부린다면, 블랙박스 속에 숨어 있는 죄인들조차 참된 치유를 통해 거듭나기를 빈다. 약삭빠른 속물의 껍데기를 벗고 진실한 사람으로 되돌아오기를 빌 뿐이다.

전국의 생각 있는 풀뿌리 민초들이여, 터무니없는 개발 사업의 종말이 어떤 것인지 똑똑히 보고 싶다면 우리 마을로 오시라. 얼토당토않은 개발 사업이 5년 뒤에 어떤 운명이 될지 상상이 안 되면 와서 직접 보시라. 기업이 지역 여건이나 마을 주민을 무시하고 일확천금에 눈이 멀 때 어떤 결과가 나올지 궁금하다면, 우리 마을에 연중무휴 24시간 전시된 유령 아파트 단지를 보러 오시라. 내비게이션에다 "충남 연기군 조치원읍 신안리 364-2번지"를 치면 마을 이장과 사무장이 일하는 사무실이 나오고 그 옆에 흉물 단지가 살아 있는 박물관으로 기다린다. 어서들 오셔서 창의적이고 건설적인 방식으로 사후 대책을 같이 논의하시자.

이 책을 엮는 과정에 도서출판 산지니의 권경옥님과 강수걸 대표님이 수고를 많이 해주셨다. 건강한 풀뿌리 운동에 유달리 관심이 많은 산지니의 편집실 모든 분과 인쇄 노동자들께도 감사드린다. 이 책에서 나오는 수익금이 있다면, 모두 마을과 자연을 지키는 풀뿌리 운동에게 되돌릴 것이다. 2005년 5월부터 2010년 지금까지 나를 끝까지 믿고 함께 동고동락한, 자랑스러운 신안1리 주민들에게 거듭 감사한다.

2010년 4월
신안1리 마을 이장 강수돌

차례

제1부

적극 나설 것인가, 모른 체할 것인가

내가 먼저 나설 것인가,
아니면 구경만 할 것인가

　　2005년 3월 초, 처음에 내가 사는 집 아래쪽으로 고층아파트가 온다는 말을 듣고 내심 갈등했다. 일단 속으로 '큰일 났구나!' 싶었다. 그동안 자연 속에 여섯 식구와 닭 네 마리, 강아지 한 마리, 고양이한 마리 등 온 가족이 평화롭게 잘 살았는데, 15층짜리 아파트 15채가들어선다니 '이게 무슨 벼락이냐!' 싶었다.

　　곰곰 생각해보니 우리 집만 문제가 되는 건 아니었다. 아파트 단지가 들어서면 마을 중심가에 사는 원주민들은 고려대 뒷산이나 오봉산줄기와 우리 집 쪽 야산들이 거의 보이지 않게 된다. 게다가 지금 마을은 자연부락으로, 불규칙하게 형성되어 있어 모두들 고만고만하게 살고 있지만, 아파트 단지가 들어설 경우 기존 부락과 전혀 어울리지 않을뿐더러 기존 주택은 누추하게 보이게 된다. 앞도 막히고 대낮에도햇빛이 들어오지 않아 전등을 켜야만 할 것이다. 바람 길도 막는다.

　　그렇다면 과연 마을 사람들은 이러한 아파트 계획에 대해 알고 있는가? 마을 사람들에게 물어보기 시작했다. 하지만 아무도 모르고 있었다. 가슴이 답답했다. 아니, 마을의 운명을 좌우할 엄청난 사업이 진행된다는데 마을 사람은 아무도 모르고 있다니…. 내 상식으로는 도무지 이해가 되지 않았다.

　　게다가 지금은 논밭이고 복숭아나 배를 키우는 과수원인데 거기다가 느닷없이 15층짜리 고층아파트라니, 이게 말이나 되는가? 내가 아무리 도시계획 같은 분야엔 문외한이지만 상식적으로 너무나 터무니없는 구상이 아닌가?

마침내 나는 "내가 나서야겠다. 내가 나서지 않으면 누가 나서겠는가? 내가 지금까지 연구하고 실천하는 소신과 철학에 기초해 보아도 내가 나서는 것은 필연이다."라는 생각이 들었다. 그러나 다른 한편으로는, "어휴, 괜히 나서가지고, 안 그래도 시간이 없어 허덕이는데, 골치 아픈 일만 생기는 건 아닐까?" 하는 두려움도 있었다. 하지만 비록 골치 아픈 일이 생기고 고통스런 일이 생긴다손 치더라도 내가 지금까지 공부해온 것도 모두 바로 이런 삶의 현장의 문제를 피하지 말고 직접 부딪쳐 해결하는 데 쓰려는 것 아니었던가, 하는 생각이 들었다. 동시에 "결과에 관계없이 기어코 모든 걸 걸고 끝까지 싸워야겠다."는 오기까지 발동했다. 그래서 드디어 나서기로 결단했다.

결국 이것은 내가 내 삶의 주체로 나설 것인가, 아니면 거대 자본과 국가 권력이 휘두르는 횡포에 객체로 머물 것인가의 문제였다. 그것은 한마디로, 사람답게 제대로 살 것인가, 아니면 억지로 목숨만 부지하며 살 것인가 하는 문제이기도 했다. 그래서 나는 나름으로 사태를 개괄적으로 파악한 다음 '소견서'를 만들어 연기 군수를 찾아가 내 의견을 밝히고 민원 제기를 했다.

나중에 알고 보니, 그 시기는 아직 충남도에서 토지용도 결정에 대한 최종 도시계획위원회가 열리기 2주일 전이었고 그에 바탕한 도지사의 결정고시도 내려지기 전이었다. 만일 공무원들이 나의 민원을 진지하게 수용했더라면 이 모든 사태를 건강하게 원점으로 돌릴 수 있었던 시점이었던 것이다. 그러나 연기군청의 담당 공무원과 연기 군수는 이러한 나의 진지한 민원을 쓰레기통 속에 집어던지고 말았다. '돈'이 안 되었기 때문이다. 그리고 '시끄러워질까봐' 몹시도 두려웠을 것이다.

그 사이에 나는 마을 주민 설문조사를 시작했고 전국 각지의 양심 세력으로부터 연명부를 받아 연기군청에서 기자회견을 조직했다. 2005년 4월 29일이었다. 신안리 주민들과 학생들, 관심 있는 시민들이 연대했다. 고맙게도 청주의 서원대학교 김정기 총장님까지 직접 참여하여 현수막을 같이 들었다. 기자회견이 끝난 뒤 군수 면담까지 속행했다.

대부분의 주민들이 듣지도 보지도 못한 아파트 사업을 비밀리에 추진하는 것을 군수가 모를 리 없었다. 게다가 주민들의 생활 여건이나 고려대와 홍익대라는 두 대학을 양옆으로 끼고 있으며 전원 풍경이 많은 마을이라는 지정학적 조건, 고층아파트로 인해 예상되는 주민들의 경제적, 환경적, 생활상의 피해 등, 모든 면에서 말도 안 되는 사업에 대해 나는 근본적으로 항의를 할 수밖에 없었다.

당시 L군수는 나에게 "강 교수님이 환경을 위해 이렇게 애써주시니 감사하다."고 했다. 그 말에 나는 "그래도 이 군수님은 친환경적인 마인드가 있는 분이구나." 하고 믿었다. 그러나 얼마 지나지 않아 나는 속았다는 기분이 들었다. 그때 깨달은 것은, 개인적 의견과 행정적 입장은 완전히 다를 수 있다는 것, 앞에서 하는 말과 속으로 마음먹고 있는 내용이 완전히 다를 수 있다는 것이었다. 그러나 이것은 앞으로 수년 동안 지속될 지긋지긋한 사태의 시작에 불과했다. 웃기는 것은 그렇게 속으면서도 우리 민중들은 계속 속으며 산다는 점이다. 이런 점에는 나는 이번 투쟁의 과정에서 정말 세상물정을 제대로 알게 된 셈이다.

연기군청에서 처음으로 개최한 고층아파트 반대 기자회견 (2005. 4. 29)

조치원읍 신안리 대림아파트 건립에 대한 소견서

저는 1997년에 이곳 조치원 서창리 소재 고려대학교 경영학과에 부임하게 되면서 연로하신 어른을 모시고 세 아이들과 함께 조용히 공부하며 살고자 1999년부터 신안리 441번지에 환경친화적인 단층 귀틀집을 짓고 살고 있는 강수돌 교수입니다. 현재 신안1리에는 368가구에 1,200명 정도의 주민이 살고 있습니다. 극히 일부만이 5층 내외 규모의 저층 아파트에 살고 대부분은 1~2층 정도의 단독주택에 살고 있습니다. 또 주변에 홍대, 고대 캠퍼스가 있는 관계로 자취나 하숙하는 학생들이 원룸형 주택에 꽤 많이 살고 있습니다.

그런데 저희 가족이 연구년 관계로 일년간(2003년 8월~2004년 7월) 미국을 다녀온 사이에 저희 마을에는 마을과 후손들의 장래를 심대하게 좌우할 대형 공사 프로젝트가 기획되고 있었습니다.

그 공사 프로젝트의 개요는 다음과 같습니다.(교통영향평가 보고서, 2004. 8.)

  - 사업명 : 조치원 신안리 대림아파트 신축공사(충남 연기군 신안1리 소재)
  - 시행사 : (주) ROOO 건설. 대표이사: OOO(서울 서초구 서초동)

- 건축설계 : (주) SP종합건축(충남 천안시 두정동 OOO 건축사)

- 교통영향평가기관 : (주) DR피엔디(서울 송파구 문정동 OOO 교통기술사)

- 사업기간 : 2004~2007년(토지매입: 2004~2005 상순, 사업승인서제출 및

    착공 예정 : 2005 여름, ㅇㅇ완공 예정 : 2007)

- 대상 부지 : 조치원읍 신안1리 414-5 외 67필지 일대(약 28,000평)

- 지역 분류 : 도시계획상 2종 일반주거지역

- 대지면적 : 61,441㎡(약 18,586평)

- 건축면적 : 12,365㎡(약 3,740평)

- 건축연면적 : 187,428,387㎡(약 56,697평)

- 지하 2층, 지상 15층(최고 높이 41.4m)

- 건폐율 : 20.12%, 용적률: 248.70%

- 평형별 세대 수 :

    * 33평형 426세대

    * 38평형 274세대

    * 46평형 300세대

    * 54평형 120세대

- 총 1,120 세대(전용면적: 117,605,210㎡, 약 35,576평)

이러한 교통영향평가 보고서에 대해 연기군과 충남도에서는 원 계획에서 약간의 수정만 요구하는 '조건부 승인'을 한 상태입니다. 그래서 최종적으로는 약 28,000평의 총부지에 980세대(약 3,000명 내외 규모)가 입주하게 될 예정인 15층짜리 고층아파트(공동주택) 건설 공사 계획이 진행 중입니다. 지금 현재도 토지 매입이 끝나지 않아 약 20~30%의 농지가 매입이 안 된 상태입니다. 토지 매도에 선뜻 나서지 않는 지주들

은 가격 협상 때문에 그런 경우도 있고, 평생 농사짓던 땅을 선뜻 팔아 농지를 없애고 아파트 단지로 만든다는 데 대한 우려가 있는 경우도 있습니다.

게다가 현재 거주민보다 약 3배가량의 입주자들이 새로 들어오는 아파트가 서게 되면(기존 주민은 중대형의 비싼 아파트에 쉽게 들어가기 어렵습니다.) 현 거주민들에게는 환경적 측면뿐만 아니라 사회적 측면에서도 심대한 영향을 끼치게 됩니다. 놀라운 것은, 지난 1년간 이런 대규모 계획이 진척되면서도 시행사 측에서 현 거주민들에게 상세하고 친절하게 설명하고 의견을 성실히 청취하는 그런 절차들이 전혀 없었다는 점입니다.

제가 여기서 진실로 우려하는 것도 바로 이런 부분들입니다.

첫째, 절차적 측면에서, 현재의 주민들은 물론 그 후손들에게 막대한 영향을 줄 대규모 아파트 사업구상에 대해 주민설명회 또는 주민의견 반영을 위한 마을 총회 같은 절차가 빠져 있다는 점입니다.

둘째, 지리적 측면에서 보면, 현재의 신안1리 마을은 고려대 뒷산과 신안사 골짜기, 서당골 골짜기, 석골의 구릉지 등으로 둘러싸인 아름다운 전원 마을인데, 무려 1,000세대나 되는 15층짜리(41m 이상) 아파트 단지가 들어서게 되면 기존 마을 주민들이 매일 아침마다 자연스레 바라보면서 삶의 활기를 얻곤 하던 마을 뒷산을 더 이상 친근하게 대하기 어려워집니다. 즉, 조망권이나 일조권 침해가 심각히 우려됩니다. 이런 부분은 교통영향평가에도 전혀 반영이 되지 않습니다.

셋째, 생태적 측면에서도, 현재 마을은 몇 갈래로 갈라진 골짜기로부터 오가는 산바람이나 골바람으로 인해 자연정화가 되는 상태에 있습니다. 만일 대규모 아파트 단지가 들어서면 그러한 자연적인 공기의 흐름이 차단되어 마을 중심가의 나쁜 공기가 예전처럼 시원하게 소통되지 못하고 오히려 마을에 머물게 됨으로써 여러 가지 건강상의 피해를 줄 우려가 있습니다. 예로부터 우리 어른들은 논밭은 물론 산과 하천들을 함부로 다루지 않았지요. 그 모든 것에 신성한 기운이 있다고 보았기 때문입니다. 이런 자연과 사람이 하나의 생명체처럼 친근하게 어우러져 살고 있는 이 마을에 대규모 아파트 단지가 들어서면 자연과 사람이 철저히 분리됩니다. 이런 부분은 금방 눈에 보이지 않으므로 우리가 간과하기 쉬우나, 더불어 건강하게 살고자 하는 입장에서는 반드시 고려해야 하는 사항입니다.

넷째, 사회적 측면에서 보면, 기존의 주민들은 단층 내지 저층의 단독주택 위주로 생활하는데, 대규모 아파트 단지가 들어서게 되면 구 주민과 신 주민 간에 경제적 측면이나 문화적 측면에서 위화감이 생기기 쉽습니다. 작지만 아름다운 전통을 이어온 우리 마을이 '아파트 사람들' 과 '주택 사람들' 로 양분될 가능성이 크다는 것이지요. 그렇지 않아도 작은 이해관계로 소소한 갈등이 자주 생기는 판에, 대규모 아파트 단지가 들어와 기존 주민들과 신규 주민이 나누어지게 된다면 당해 주민들은 물론 지역공동체의 화합과 단결에도 바람직하지 않을 것입니다.

다섯째, 경제적 측면에서 보면, 이 아파트 단지는 최소 33평형, 최대 54평으로 되어 있어, 결코 서민을 위한 공동주택이 아닙니다. 지난날 용인이나 지금의 판교 사례에서도 보듯이 중대형의 고급아파트가 들어서면 일차적으로는 돈 있는 사람들이 시세 차익만 챙기고 떠나버리고 다음에 현지의 주민들이 살고자 한다면 이미 가격은 상당히 올라가 쉽사리 입주하기가 어려워집니다. 결국은 비싼 가격을 주고도 살 수 있는 부유층만 들어와 살게 되겠지요. 이런 면에서 보아도 현재의 아파트 계획은 결코 현 주민의 필요나 욕구를 반영하여 짓는 것도 아니며, 나중에 서울 등 외지 자본들은 돈만 벌고 떠날 수 있지만 현지 주민들은 마치 '그림의 떡' 처럼 구경만 해야 하는 상황, 즉 소외감만 고조되는 상황이 도래할 것입니다.

위 사업계획상으로는 2005년 여름부터 착공해서 약 3년간의 공사로 2007년에 완공하는 것으로 되어 있습니다. 그동안 시멘트 가루 등 먼지와 공사용 차량의 왕래, 공사와 관련된 온갖 소음 등 생활상의 피해도 우려됩니다. 물론 이런 것들은 아파트가 기존 주민들의 필요에 따라, 또 기존 주민들의 의견을 충분히 반영하면서 진행된다면 얼마든지 감수할 수 있는 것이지만, 주민들의 의사와는 무관하게 진행되어 나중에 주민들을 소외시키고 말 그런 공사를 어느 누가 기꺼이 감수하고자 하겠습니까?

생각건대, 이 사업을 시행하거나 투자한 분들도 우선은 많은 돈을 벌어 '조용한 전원마을' 에 가서 아담한 집을 짓고 살기를 원하실 것입니다. 최소한, 이미 그렇게 살고 있다면 자기 집 인근에 어느 날 갑자기 1,000세대 규모의 15층짜리(40m 이상) 아파트 단지가 들어서는 것을 원하지는 않을 것입니다. 우리가 조금만 더 생각해보면, 돈이야 있다가도 없어지는 것이고 없다가도 생기는 것이지만, 논밭이나 산과 같은 자연생태계는 한 번 없어지면 거의 복구가 어렵습니다. 우리가 후손들에게 물려줄 것은 많은 돈 그 자체보다도 아름다운 삶의 터전이 아니겠습니까? 지난 수십 년간 고도성장 과정에서는 어쩔 수 없었다 치더라도 이제부터는 '더불어 건강하게' 산다고 하는 '삶의 질' 차원에서 사람과 자연이 조화롭게 사는 그런 마을을 만들어가야 할 것입니다. 이런 점에서 현재 진행 중인 신안리 대림아파트 건설 계획은 다음과 같이 바꾸어야 합니다.

- **절차상의 수정** : 기존 주민들에게 아파트 건설과 관련된 여러 문제들을 정직하게 설명하고 또 주민들의 입장과 의견을 성실히 청취하고 수렴하여 최종 합의안이 나올 때까지 최소 3차례의 주민설명회 개최.

- **내용상의 수정** : '15층의 고층아파트'가 아니라 '5층 이하 서민형 주택' 또는 기존 마을과 조화되면서도 모범이 될 '전원마을 단지'. (이 요구는 나중에 연기군의 당초 계획—1999년에 나온 '연기군대학촌계획보고서—이 '대학촌 건설'이었음을 알게 되면서 '생태적 대학문화타운' 내지 '생태공원화'로 확장된다.)

부디 우리 마을 주민들이나 도시계획위원회 위원분들, 그리고 연기군수님이나 충남도지사님께서 이러한 내용을 심층적으로 이해하셔서 향후 행정복합도시의 건설로 말미암은 '난개발'을 미연에 방지하고('선계획, 후개발'이라는 국정 이념의 실천), 나아가 생활공간과 자연공간이 조화롭게 어울리는 미래지향적 전원 마을('지속가능한 사회'의 건설이라는 새 좌표)이 창조될 수 있도록 다 함께 힘써주시기를 간곡히 당부합니다.

2005년 3월 7일
충남 연기군 조치원읍 신안리 ○○○번지, 주민 강수돌 드림

안녕하신지요?

고려대 강수돌 교수입니다.

아래와 같은 절박한 사안으로 연대를 부탁드립니다.

동의하시는 연대서명은 성명, 소속 조직, 주소를 기입하시면 됩니다.

가급적 빠른 답신 부탁드립니다.

감사합니다.

강수돌 드림

행정도시 건설- '난개발과 투기' 대신 '모범적 생태마을'을!
[조치원읍 신안리 D아파트 건설 계획 사례]

행정도시 건설은 국토 균형 발전과 침체된 지방의 활성화를 위한 좋은 기회입니다. 반면, 이와 관련 난개발과 투기가 성행할 우려가 높아 이에 연기-공주 지역의 참다운 발전을 지향하는 의미에서 그 구체적 사례로 조치원읍 신안1리 마을의 문제를 제기합니다.

신안1리는 고려대와 홍익대 캠퍼스 사이에 위치하고 마을 뒷산과 골짜기, 논밭, 구릉으로 둘러싸인, 작지만 아름다운 마을입니다. 그런데 행정도시 건설과 관련해서 아파트 업자들이 기존의 자연 환경을 파괴하고 기존 주민들의 삶을 희생시켜 대규모 아파트 단지를 건설하려는 계획을 추진 중입니다. 그 내용은 다음과 같습니다.

(중략)

저는 그동안 주민들 설문조사, 주민총회, 주민연대서명을 조직하고 이를 근거로 정식으로 연기군에 민원을 제기하려고 준비해왔습니다. 이제 선국의 여러 뜻있는 동지들께서 힘을 실어줄 차례입니다.

이번 사례는 연기 · 공주 등 지역이 '난개발과 투기'냐 '전국적 모범 마을'이냐를 결정짓는 시금석이 될 것입니다. 나아가 온갖 자본에 의해 피폐해지는 농어촌을 생동하는 연대로 지켜낼 수 있느냐, 아니면 이런 식으로 파괴를 용인할 것이냐를 결정짓는 시금석도 될 것입니다.

부디 '지속가능한 사회'를 꿈꾸는 모든 이들이 힘을 합쳐 난개발과 투기를 막고 '사람이 살기 좋은' 지역사회 만들기에 동참하기를 촉망합니다.

2005년 4월, 충남 연기군 조치원읍 신안리 ○○○번지
주민 강수돌(고려대 서창캠퍼스* 경영학 교수) 올림

---

* 2008년부터 세종캠퍼스로 바뀜, 이하 세종캠퍼스로 통일함

남쪽으로 고려대, 북으로 홍익대를 끼고 있는 신안 1리 마을과 고층아파트 예정 부지 (2005. 3)

신안1리 고층아파트가 들어서기 이전의 복사꽃과 배꽃 풍경 (2005. 4)

2005년 4월, 나는 저 나무에게 말했다. "내가 꼭 너를 지켜주마." 그러나…. 나무야 정말 미안하다.

자연 경관이 아직 살아 있을 때 신안사 저수지에서 바라본 신안1리 풍경 (2006. 12)

2005. 4. 6 〈이코노미21〉

환경과 경제, 양립가능한가?

　지율 스님의 목숨 건 단식 투쟁 막바지에 가까스로 천성산 공사가 일시 중단되자 "도대체 공사 중단 비용이 얼마인데……"라는 말이 무성했다. 버스를 타도 택시를 타도 재래시장을 가도, 길거리를 지나가는 사람을 붙들고 물어도, "경제가 엉망"이라며 "경제를 살려야 한다"고 비명을 지른다. 정부도 경제를 위해 '올인' 하겠다고 선언한 바 있다.

　그런데 과연 무엇이 '경제'인가? 흔히 경제란 '돈벌이'로 이해된다. 개인도 기업도 나라도 돈벌이가 잘 되면 경제가 잘 돌아간다 하고, 돈벌이가 안 되면 경제가 엉망이라 한다. 그러나 경제(經世濟民, economy)란 원래 동서양을 막론하고 '백성들의 살림살이'란 뜻이다. 여기서 돈이란 그런 살림살이(인간답게 먹고사는 것)를 위한 한 수단에 불과하다. 사람과 더불어 자연도 백성에 속한다면 사람과 자연 모두가 건강한 관계를 맺으며 사는 것, 이것이 경제다.

　지금까지 우리는 '경제성장만 하면 모두 잘 먹고 잘 살 수 있다'는 이데올로기를 굳게 내면화하고 앞만 보고 달려왔다. 지금도 마찬가지다. 그러나 현실은 다르게 나타난다. 빈부격차는 갈수록 심해지고 청년실업이 예사롭지 않으며 성장은 하는데도 일자리는 늘지 않는다. 갈수록 물과 공기, 흙이 병들고 사람들은 일에 파묻혀 굶지 않으려 발버

둥치고 자식 교육 좀 더 시키려 한평생 다 보낸다.

반면 각종 건설업자들은 '웰빙' 바람을 타고 땅과 집을 고수익 상
품으로 만들어간다. 갈수록 대형 아파트 상품들이 텔레비전이나 라디
오 광고에 자주 등장하는 것은 그것이 그만큼 고이윤을 갖다 주기 때
문이다.

내가 사는 마을에도 작년부터 어떤 업자들이 나타나 3만 평 가까운
논밭을 마구잡이로 사들여 무려 1,000세대가 입주할 15층짜리 아파트
를 15동이나 지으려 한다. 나와 시민사회 운동가들은 결사반대 투쟁에
나섰다. 그것이 옳은 일이기 때문이다.

요즘 농지는 평당 5만 원 이상 되면 농사짓는 것보다 땅을 파는 것
이 낫다고 한다. 이런 식으로 토지 가격을 부추겨 농민의 마음을 땅으
로부터 이탈시키는 것은 건강한 살림살이 경제에서는 범죄행위나 다
름없다. 평당 100만 원꼴로 땅을 산 사업가는 아파트를 지은 뒤 평당
500만 원 이상 받는다. 위의 경우 1,000가구를 지으면 모두 2,000억 원
이 넘는 분양 수입이 나온다. 그 중 10%만 순수익으로 쳐도 자그마치
200억 원이 남는 장사다. 한 달에 1천만 원 벌어 1년에 1억 모으는 사
람이 무려 200년간 번 돈이다. 이러니 너도 나도 '개발=파괴' 사업가
가 되려 한다.

대안은 있다. 모든 법과 제도를 동원해서 투기와 난개발을 확실히
잡고 그 대신 생태도시, 전원마을, 생태마을을 만들면 된다. 예컨대 충
남 금산 군북면 신안리 자진뱅이 마을과 충북 진천 연곡리 보련마을은
환경부가 나서서 생태마을을 장려하고, 강원도 횡성군은 군 차원에서
인구유입과 농촌 활성화 차원에서 전원마을 조성을 추진한다.

요컨대, 개발이나 발전, 성장이라는 이름 아래 자연과 사람들의 삶

을 파괴하는 것이 아니라, 그리하여 돈에 눈이 먼 일부 기득권층(사업가, 정치가)이 달콤한 엑기스만 독차지하게 하는 형식이 아니라, 사람과 자연이 공존하고 나누며 더불어 건강하게 사는 방식으로 살림살이를 구조 조정해야지만 우리의 미래가 마침내 '지속가능한' 것으로 창조될 것이다.

마을 사람들의 초기 심리 상태

우리 집과 가장 가까운 이웃 형님이 있었다. 우리 집에서 약 300미터 떨어진 집이었다. 그 형님 댁도 1990년대 초에 자연이 좋아서 기존 마을보다 약 100미터 이상은 동떨어진 곳으로 들어가 지은 집이다. 나는 땅을 구하다 보니, 1999년에 그보다 더 산골짜기로 올라가 집을 지었다. 그 형님께 물어보았다. 아파트 사업이 시작된다는데, 어떻게 생각하시냐고. 그 형님은 말했다. "나도 자연이 좋아 여기에 집을 지은 사람이다. 나는 아파트 같은 개발을 반대한다."고 명확히 말했다. 마음속으로 천군만마를 얻은 기분이었다.

그래서 내가 또 물었다. "우리 마을에 원로 어른들의 의견도 여쭈어보고 싶습니다. 어느 분을 만나보아야 할까요?" 그 형님은 A, B, C 씨를 만나서 이야기를 들어보라고 했다. A씨를 그 댁에 찾아가 만났다. "내가 뭐, 아는 게 있나요? 사실은 아파트 같은 것이 들어서서 좋을 게 뭐가 있어요? 내가 반대하고 나서면 땅을 팔려 하는 지주들이 '괜히 저 노인네 배가 아파 저런다.' 고 할까봐 나서지 못하는 거지요."라 했다. 내 생각이 틀리지 않다는 판단에 다행이라 여겨졌다. 다음으로 B씨를 마을회관에서 만났다. "아파트 지어봐야 좋을 게 하나도 없지. 병풍 둘러친 듯이 마을이 캄캄하게 꽉 막힐 걸." 약간 분노어린 멘트지만, 그런 취지로 말씀하셨다. 나는 속으로 '그러면 그렇지. 사람 마음이야 대개 비슷한 것 아닌가.' 라며 '조용하던 시골 마을에 고층아파트 단지가 온다는 걸 좋아할 사람이 누가 있겠는가?' 라고 반문했다.

그러면서 '이렇게 사람들이 뻔히 반대할 줄 아는데 도대체 이장이란 이는 마을 차원에서 회의도 한 번 안 하고 모든 걸 비밀리에 추진하는 이유가 뭐지?' 라는 의심이 들었다. 지금 생각하면, 참 순진한 의심이었다. 그 다음에는 C씨를 그 댁으로 가서 만났다. "아니, 도대체 아파트 단지가 말이나 되느냐? 마을의 혈맥도 잘리고 지금도 마을길이 좁은데 아파트 단지가 오면 얼마나 복잡해지는데……"라며 노발대발했다. 나의 확신은 더욱 강해졌다. 마을의 원로 어른들이 모두 반발하는 사업이니 내가 나서는 것은 엉뚱한 일이 아니라 정말 시급한 일이라는 생각이 들었다. 이토록 터무니없는 사업이 업자들에 의해 비밀리에 추진되다니, 정말 안타깝고 기가 차는 노릇이었다.

그래서 나는 당시 이장을 만나 정식으로 물었다. "마을 사람들이 전혀 원하지도 않고 또 아무도 아파트 사업에 대해 모르고 있는데, 이렇게 심각한 아파트 사업을 비밀리에 진행한다는 게 말이나 되는가?" 그의 답은 이랬다. "마을 중심가가 양쪽 대학생들 때문에 지저분하기도 하고, 또 학기 중엔 학생들이 술 마시고 노래 부르고 해서 날마다 시끄럽다. 아파트 단지가 들어서면 우리 마을도 훨씬 발전하고 깔끔해질 것이다." 기가 막혔다. 우선, 마을이 지저분한 것이 고대와 홍대의 대학생 탓이라는 것도 문제지만, 아파트 단지가 들어서면 마을이 발전할 거라는 것은 완전히 개발지상주의 시각이 아닌가. 당시까지 나는 순진하게도 그 이장이 마을을 위해 헌신적으로 일하는 줄 알았다. 그러나 시간이 갈수록 내가 순진했음이 거듭 드러났다.

아니나 다를까, 이게 웬 일인가? 내가 조용히 만나보았던 그 마을 원로 세 분 중 두 분이 그 사이에 완전히 마음이 돌변해버렸다. 그중 한 사람은 완전히 발 벗고 나섰다. 이른바 '신안리발전위원회' 또는

'아파트유치위원회' 위원장 자리까지 맡은 것이다. 마을 사람들이 전혀 모르는 이상한 조직이었다. 알고 보니 시행사가 몇몇 지주와 가게 주인들을 중심으로 급조한 것이었다. 이것은 분명, 나를 비롯한 마을 주민들이 공개적으로 '고층아파트저지 주민대책위원회'를 자발적으로 구성하고 조직적 저항을 시작하자 당황한 시행사가 급조한 대응책이었다. 그 과정에서 마을 원로 두 분의 마음을 돌리기 위해 저들이 어떤 미사여구로 어떤 수작을 부렸는지 알 수 없다. 추측컨대 밥도 사주고 술도 사주고 했을 것이다. 어디, 그리만 했으랴…? 누가 보아도 뻔한 일이다.

2005년 6월 3일 우리 대책위가 군수로부터 "아파트 안 짓겠다."는 약속을 받아내자, 6월 9일 시행사가 급조한 '마을발전위'가 또 면담을 추진, 그 대표가 무릎을 꿇고 군수에 비는 장면

교수가 이장인 게 정말 무서운지, 급조된 '발전위' 이름으로 시행사 요구를 내걸다. (2005. 6)

시행사가 백주대낮에 아예 대놓고 해대는 수작을 보면 정말 유치
찬란했다. 마을 한복판에 대형 텔레비전 광고 차량을 세워놓은 뒤 "아
파트가 오면 마을이 좋아진다."는 등 말도 안 되는 선전을 해대고, 마
을 둥구나무 둘레에서 삼겹살과 소주를 대접한다든지 플라스틱 반찬
그릇 세트 같은 것을 선물로 돌린다든지 하는 식으로, 아예 물량공세
로 나왔다. 한심한 것은, 마을 중심가에 아파트가 오든 말든 아무 상관
않겠다는 듯 마을 외곽에 사는 사람들은 '얼씨구 좋다, 이게 웬 떡이
냐.' 하며 삼삼오오 걸어와 선물도 받아 가고 삼겹살도 먹고 가는 것이
었다. 나는 속으로 '내가 과연 저런 사람들이 사는 마을을 지키자고 굳

우리 대책위가 현수막을 겨우 5장 걸면 시행사는 금방 10장이나 20장을 내걸었다. 저들은 돈으로 덤볐고 우리는 정신으로 덤볐다. …… 그리고 4년 뒤, 아파트 사업도 망하고 마을도 망가졌다. 과연 누가 책임지나?

이 험한 일도 마다하지 않고 나서야 하나?' 하는 회의가 들기도 했다. 그러나 동시에, "나랑 같이 싸우려는 주민도 많지 않은가. 그래도 본심을 잃지 말고 마을을 지키자."는 일념으로 나를 중심으로 뭉친 분들 덕분에 중도 포기하지 않고 일관되게 나갈 수 있었다.

　요컨대, 문제는 그 어떤 외풍에도 흔들림 없이 초지일관 본심을 지키며 살 것인가, 아니면 돈과 물질 공세 앞에서, 또 과장 광고나 거짓 선전 앞에서 본심을 잃고 자본의 논리를 내면화할 것인가가 핵심이었다.

2005. 6. 29 〈이코노미21〉

우리 마을의 현수막 전쟁

"고층아파트 웬 말이냐 전원마을 조성하라!", "교통대란 공기오염 아파트계획 물러나라!", "허위문서 밀실행정 주민의견 경청하라!", "아파트단지 웬 말이냐 원룸임대 다 망한다!" ……

내가 사는 충남 연기군 조치원읍 신안1리 마을의 '아파트 저지 주민대책위' 이름으로 걸린 현수막들이다. 현재 우리 마을 주민 80% 이상은 아파트 단지 계획에 대해 반대를 하고 있다. 우리 주민들은 5월 24일 마을 총회에서 이 싸움을 선도해온 나를 이장으로 추대하고 아파트단지를 막는 싸움을 끝까지 함께할 것을 주문했다. 6월 3일엔 우리 마을 어르신들을 비롯한 주민 40여 명이 격노하여 공개적으로 군수 면담을 한 자리에서 군수로부터 "아파트 사업에 대해 부정적인 소견을 제출하겠다."는 확약을 받아냈다.

그 직후 아파트 업자와 그들의 사주를 받은 일부 장사치들은 '신안 1리 발전위원회(D아파트 유치대책위원회)'라는 정체불명의 이름으로 현수막을 내걸었다. "신안리가 국립공원이냐, 난개발이 웬 말이냐!", "주민갈등 조성하는 반대세력 물러가라!", "지역상전 모시는 전원주택 결사반대!", "인구유입 지역발전 아파트가 해결한다!" ……

이들은 무려 2,500억 원 이상의 분양 수입을 노리는 조직적 투기업자들로, 자연과 기존 주민을 희생시켜 일확천금을 벌겠다는 일념으로 협박과 탈법을 마다 않는 자들이다. 그러한 일확천금 계획이 전 이장 및 일부 공무원들과 공모 아래 비밀리에 진행되다가 선각자적인 주민들에 의해 백일하에 탄로 나, 모든 계획이 수포로 돌아가자 이제 거의 광분하는 수준에 이르렀다.

우리가 "난개발과 투기를 예방하고 전원마을을 조성하자."고 주장하자 저들은 "신안리가 국립공원도 아닌데 '난개발'이란 말은 가당찮다."고 했다. 또 저들은 "지역 상전 모시는 전원주택 결사반대!"라 외치며 마치 저렴한 서민용 주택이라도 짓는 듯 위장한다. 게다가 우리가 "차라리 1999년에 연기군이 계획했던 대학촌 계획을 친주민, 친환경적으로 이행하라!"고 주장하자 저들은 "원룸·상가 다 죽이는 대학촌이 웬 말이냐!"며 억지를 쓴다. 양쪽으로 고대와 홍대를 끼고 있는 전원적인 우리 마을에 대학촌을 건설하는 것이 더 타당할 터인데 저들은 고층아파트 단지가 들어서야 "마을이 발전한다."고 하며 그래야 "약국이라도 들어선다."며 주민들을 꼬드긴다.

한 걸음 더 나아가 저들은 인신공격 내지 명예훼손까지 한다. "동네 주민이 일자무식이라 대학 교수가 이장하냐!", "아파트는 신안리로, 교수는 대학교로!", "마을분란, 주민갈등 모 교수는 물러가라."……

"동네 주민이 일자무식이라 대학 교수가 이장하냐!"는 구호에, 나는 이것이 우리 주민들을 무시하는 발언이라 집단적 명예훼손죄로 고발해야 한다고 생각했으나 현명한 주민들은 "아, 무식한 놈들은 저거들이쥬. 주민이 진짜 일자무식이라면 초등학생이 이장하지, 교수가 이장을 하는겨? 주민이 수준이 높으니 교수가 이장하지."라며 껄껄 웃어댔다. "아파트는 신안리로, 교수는 대학교로!"라는 구호를 보면서 나는 예전에 "학생은 공부를, 군인은 국방을, 노동자는 일만 열심히 하면 나라가 발전한다."고 외치던 군부 독재 시절을 연상했다. 교수는 대학과 사회를 오가며 진리를 찾아야 하고 개인의 행복을 넘어 사회의 행복을 추구하는 것이 옳다는 것쯤은 저들도 알 터인데 말이다. 그런데 왜 "아파트가 신안리로" 와야 하는지 도무지 근거를 알 수 없다. 유일한 가능성이라면, 좋은 자연을 상품화하여 '두 개의 대학을 낀, 꿈에 그리던 전원 아파트'라며 비싼 가격으로 팔아먹으려는 의도 때문일 게다.

끝으로, "마을분란, 주민갈등 모 교수는 물러가라."고 하는데 이것은 나로서는 명백히 명예훼손이다. 아파트에 대한 찬반으로 마을 분란이 난 원인은, 주민 몰래 탐욕을 채우려던 아파트업자들과 그 협조자들이다. 그 '모 교수'에 해당하는 나는 오히려 그 음모를 폭로하여 주민 입장에서 마을 공동체를 건강하게 지키고자 나선 사람이다. 비유컨대, 도둑이 집에 들어왔을 때 주인이 도둑을 쫓느라 소란하다면 도둑이 분란의 원인인가 싸우는 주인이 문젠가? 아무리 탐욕에 눈이 어두워도 이 정도는 분별해야지.

이제 저들은 우리가 내세운 대안들, 예컨대 전원마을이나 대학촌 등 그 모두를 거부한다. 자기들의 퇴로를 스스로 차단했다. 그 다음은 협박과 공갈, 그리고 폭력일 게다. 그러나 우리는 두렵지 않다. 불법 문건이 폭로되어 행정심판을 기다리는 중이며 주민들이 똘똘 뭉쳐 있기 때문이다. 예전에도 그랬고 앞으로도 그러할 것이, "뭉치면 살고 흩어지면 죽는다!"

동네 복판에 15층 아파트? 주민들 찬-반 '전쟁'

'행정도시 관문' 충남 조치원읍 신안1리
"비싸게 땅 팔아 새 삶 기회" ↔ "투기꾼만 배불리는 거여"

충남 연기군 조치원읍 신안1리. 고려대 세종캠퍼스와 홍익대 조치
원캠퍼스 사이에 자리 잡은 농촌 마을이다. 행정도시 건설 예정지와도
가깝다. 마을 토박이 150여 가구가 대학생용 원룸을 운영하는 외지인
과 어울려 오순도순 잘 살고 있다. 하지만 이 마을에 '15층짜리 고층아
파트 건설' 문제가 나오면서 화합이 깨지고 분란이 일고 있다.

**개발이냐, 생태마을이
냐?** = 야트막한 산자락
에 자리 잡은 이 마을
의 갈등은 2004년 여름
'아파트가 들어선다'
는 소문이 떠돌면서부
터 시작됐다. 2004년 5

월께 한 건설회사가 주변 땅을 사들이자 대를 이어 함께 살아온 주민
들이 두 쪽으로 갈라졌다.

가짜서류로 용도 변경해 촉발

"맑은 공기와 하늘, 경치가 뭐 그리 중요혀. 우리는 땅이나 파다 죽으란 소리여?" 아파트 개발에 찬성하는 주민들은 "땅을 비싼 값에 팔아 새 삶을 살자"며 반겼다. 이들은 아파트 건설 뒤 1천여 가구가 들어오면 대학촌의 특성인 '방학 중 개점휴업'을 극복하고 마을 경제도 활성화할 것이라고 말한다. 그러나 반대 주민들은 "동네 한가운데 15층짜리 시멘트 덩어리가 우뚝 솟아난다면 마을의 아름다움이 사라질 뿐 아니라 투기꾼의 배만 불린다"며 '행정도시의 관문으로서 장기적 안목에서 균형 발전을 꾀할 수 있는 개발방안'을 찾아야 한다고 주장한다.

법적 다툼과 신안리의 앞날 = 건설회사가 이미 신안리 아파트 건설 예정 터 대부분을 사들인 상태이기 때문에 지구 지정 등 개발 허가만 나면 금방이라도 공사를 시작할 수 있다. 아직까지 허가가 나지 않고 있는 것은 상당수 주민들이 개발에 반대하고 있기 때문이다. 건설업자들이 땅만 사들이면 거의 자동으로 개발이 가능했던 다른 곳과 달리 일단 제동이 걸린 것이다.

게다가 아파트 건설에 찬성해온 당시 마을 이장 L(47) 씨가 2004년 6월 초 '신안1리 개발위원회' 이름으로 주민 서명을 받아 연기군에 낸 용도변경 민원이 가짜였다는 사실이 2005년 5월 뒤늦게 밝혀지면서 주민 사이의 갈등은 새 국면을 맞았다. 이 가짜 서류는 2004년 7월 아파트 예정 터를 '1종 일반주거지역'(4층 이하 제한)에서 '2종 일반주거지역'(15층까지 건
축 가능)으로 바꾸는 근
거가 됐기 때문이다.

반대 주민들은 △2종
변경에 앞서 건설회사 쪽
이 땅을 사들였고 △2종
변경 결정을 주민들은 몰
랐던 점 등을 들어 '건설회사-연기군청-L씨' 사이의 삼각 담합이 이뤄
졌을 것이란 의혹을 제기하고 있다. 그러나 L씨는 "애초 이 땅은 층수
제한이 없는 일반주거지역인데 행정 당국이 (1종지로) 잘못 결정해 이
장으로서 땅주인의 재산권을 지키려고 한 일"이라고 해명했다.

군수 "5층도 반대한다"

연기군 고층아파트 예정지

이에 대해 반대 주민들은 '신안리 아파
트저지 주민대책위원회'를 꾸리고 건설교
통부에 '대학을 사이에 둔 미개발 지역이
므로 양호한 경관을 보호하기 위해 저층 중
심으로 개발해야 한다'며 애초대로 아파트
예정 터를 1종으로 되돌려 달라는 행정심
판을 낼 예정이다. 또 연기군에 △투명하고
친환경적인 개발 행정 △용도변경 의혹 규
명과 책임자 공개 사과 등을 요구하고 나섰다.

L 연기군수는 2005년 6월 3일 주민간담회에서 "신안리에 5층 아파

트도 반대한다"는 방침을 밝혔다. 하지만 충남도와 연기군 실무자들
은 "건축허가를 제한할 법적 근거는 없으며, 가짜 청원서류가 변경 근
거가 됐다고 해도 2종을 1종으로 되돌릴 수 없다"고 말하고 있다.

신안리 주민들의 갈등은 밀려오는 개발의 파고에 신음하는 농촌의
모습을 보여주는 단면으로 보인다. (조치원/글 · 사진 송인걸 기자)

저항을 방해하려는 시도들

내가 소견서도 제출하고 연기군청과 충남도청을 드나들며 문제제기를 시작하자 이상한 전화가 걸려오기 시작했다.

가장 먼저 온 전화는, 놀랍게도 고려대학교 안암캠퍼스의 건축학과 K 교수님한테서였다. "강 교수님은 저를 잘 모르시겠지만 저는 교수님을 잘 알고 있습니다. 최근에 신안리 마을에 계획 중인 아파트와 관련해서 고생을 하신다는 말씀은 들었습니다만, 부탁이 하나 있습니다. 그 사업을 추진하는 시행사의 사장님이 우리 대학교 최고관리자 프로그램 출신입니다. 크게 보면 동문이고 소중한 고객인데, 그 사장님이 교수님을 꼭 한 번 뵙고자 하십니다. 제발 '같은' 고려대 교수로서 부탁이온데 한 번만 만나주십시오."

이것이었다. 학연의 이름을 빌고 직장의 이름을 빌려, 돈과 권력에 굴복시키려 하는 것. 바로 이것이야말로 내가 인생을 걸고 바꿔보고자 하는 풍토가 아닌가. 그래서 나는 이 전화를 받고 모든 것을 바로 직감한 뒤 다소 미안하지만 단호히 말했다. "교수님의 전화는 감사합니다만, 저는 누가 뭐래도 제가 아니라고 판단하는 것은 끝까지 아닙니다. 저는 돈 일 푼 받는 사람도 아니니 그 사장님이 저를 만나봐야 아무 소용도 없을 것입니다. 만일 그 사장님이 사업을 안 하겠다고 하신다면 그때는 만나드리겠습니다."

그 뒤에 그 교수님으로부터 또 한 번 전화가 왔다. "강 교수님, 얼굴도 못 뵙고 초면이온데 이렇게 자꾸 전화로 죄송합니다. 교수님의 소신이야 이미 오래전부터 익히 잘 알고 있습니다. 무슨 말씀을 하셔도 좋으니 그 사장님을 단 10분만이라도 만나주시면 안 될까요?"

생각해보니 전화를 주신 K 교수님은 연배나 경력으로나 나보다 나은 편이고 나한테 저렇게까지 공손히 전화할 이유가 하나도 없는 분이다. 그런 분이 애걸복걸하는 이유가 무얼까? 얼마나 시달렸으면 그럴까? 이런 생각을 하니 나 혼자만 옳다고 모든 관계를 무참히 칼로 칠 수는 없는 노릇이었다. 게다가 내가 계속 거부하면 이런 식의 전화가 반복될 것 같은 불안감도 일었다. 그래서 말했다. "좋습니다. 내일 모레 2교시에서 3교시 수업 중간에 10분 정도 시간이 나니 제 연구실로 오시라고 전해주십시오. 그러나 다시 한 번 말씀드리지만, 저는 일 푼 한 장 기대하는 사람이 아닙니다. 오히려 그랬다가는 제가 바로 고발 조치하겠습니다." 이런 취지로 차갑게 말한 것 같다.

그런데 흥미롭게도 그 다음 날 저녁 무렵, 다른 사람한테서 전화가 한 통 걸려왔다. 대학 후배 G였다. 독재정권 아래서 사회의 민주화를 위해 피라미 학생운동을 한답시고 같이 토론도 하고 시위 행렬에 끼기도 했던 같은 학과 후배. 졸업한 지 20년이 지난 시점이니 이름은 희미하게 기억이 났지만 얼굴은 가물가물했다. 현재 변호사를 하고 있다고 했다. 경영학과를 졸업하고 변호사가 되었으니 사법고시 공부하느라 정말 고생을 많이 했을 것이다. 후배지만 그 능력과 열정에 경탄한다는 내 느낌을 표시했다.

인사가 끝나자 그 후배가 말했다. "선배님, 실은 ROOO라는 시행사 아시죠? 제가 그 회사의 프로젝트 파이낸싱(PF)* 관련 일을 자문해주

---

* 아파트 등 대규모 사업을 위해 시행사가 시공사를 보증으로 세워 은행에서 거액을 대출받는 것 (Project Financing)

고 있습니다. 그 사장님이 저더러 선배님의 후배이니 제발 한 번 만나 달라고 해서⋯⋯." 이 말에 나는 일언지하에 "아, 그렇구나. 그렇다면 전화 끊자. 더 이상 할 말이 없는데⋯⋯."라 응답했다. 끊으려 하자, "잠깐만⋯⋯"이라 해서 "왜?" 그랬더니 "선배님, 내일 제가 선배님 얼굴만이라도 보러 내려가겠습니다."라 했다. 내가 국내에 없다 하더라도 어디든 쫓아올 태세였다. 할 수 없이 "그러면 한 번 다녀가라. 그러나 나를 설득할 생각은 마라."고 다짐을 받았다.

다음 날 수업이 끝난 뒤 후배를 만났다. 얼굴을 보니 바로 기억이 났다. 기사 딸린 고급승용차에 변호사다운 품위가 있어 보였다. 보기는 좋았지만 학생운동 물이라도 마셔본 친구가 이렇게 사는구나, 하고 생각하니 내심 불편했다. 말 나온 김에 덧붙이면, 솔직히 나는, "나도 왕년엔 데모깨나 했어."라고 거들먹거리는 사람을 (처음부터 어리석은 사람보다) 더 경멸한다. 대개 그런 사람은 자신의 하찮은 경력을 팔아먹으면서 출세욕에 사로잡히거나 당시 고생했던 사람들의 진정성은 하나도 헤아리지 않은 채 한꺼번에 도매금으로 비난하기 일쑤기 때문이다.

그 후배는 그런 사람은 아니었지만, 현재 살아가는 모습이 예전과 너무나 다른 것 같아 마음이 좋지 않았다. 그래도 인정상 따뜻한 말을 나누며 "내가 왜 그 아파트 사업이 문제인지 한번 보여주마." 하고 학교 뒤편의 신안리 마을로 함께 갔다. 고려대와 홍익대 사이에 자연 부락이 꽤 들어서 있고, 그 옆에 논과 밭, 과수원, 구릉지와 저수지가 있는 곳, 약 2~3만 평 정도 되는 땅이 아파트 예정 부지라 설명해주었다.

그리고 내가 1999년부터 집 짓고 온 가족과 함께 사는 곳도 같이 올라갔다. 집에서 내려다본 마을 풍경과 주위의 낮은 산들이 참 좋다고 했다. 나랑 마음이 통했다. 내가 아파트 예정 부지를 가리키며 "저기다가 15층 아파트 15개 동이나 짓는다니, 우선은 저곳이 아파트 자리가 아니며(꼭 개발을 해야 한다면, 차라리 전원주택 자리라 했다), 다음으로는 지금 상황에 분양 가능성도 지극히 낮고, 그 다음은 기존 주민들에게 조망권, 일조권, 교통권 등 엄청난 피해를 줄 것이 뻔하지 않은가?"라 말했다. 한참 생각하던 후배는 길을 내려가면서 "반대하실 만도 하네요."라 했다. 더 이상 나를 설득시키기가 불가능하다고 판단한 듯했다.

지금도 그 후배에겐 미안한 마음이 있다. 20년 만에 만난 후배인데 소주도 한 잔 못하고 헤어진 게 서운하고, 기사가 운전하는 에쿠스인지 체어맨인지 고급 승용차의 기름 값도 안 나오게 그 부탁을 들어주지 못해 미안하다. 만약 지금쯤 나에게 전화를 했던 그 K 교수님과 그 후배 G 변호사가 현장을 방문하여 흉물로 남은 시멘트 덩어리를 본다면 무슨 말을 할까?

당시까지만 해도 나는 순진하게 전 이장을 믿었다. 마을 중심가에 살면서 개인 건축업을 하는 그는 나에게 와서 "저도 조용한 것을 원합니다. 전원 풍경이 좋아요." 하면서도 "대학생들이 매일 길거리에 시끄럽게 고성방가하고, …… 그래서 마을이 아파트 단지처럼 좀 깨끗하게 되었으면 좋겠어요."라 했다. 직감이 이상해서, 미리 암시하듯, "저희는 처음부터 이곳 자연이 좋아서 온 가족이 시골로 와서 악조건에도 집을 짓고 사는 겁니다. 만약 우리 마을이 굳이 개발이 된다면 아파트 같은 거 말고 전원단지 같은 것이 들어서면 좋겠지요."라고 말했다.

아마도 그 1년 전(2004. 6.)에 가짜 민원서를 연기군청에 집어넣어 아파트 단지를 비밀리에 추진하던 그는 그러한 내 말에 가슴이 뜨끔뜨끔 했을 터이다. 언젠가 그는 나에게 "교수님은 그래도 튼실한 직장도 있고 해서 생활이 안정된 상태지만, 저같이 건축업을 하는 이는 고정 수입이 없어……"라는 이야기를 한 적이 있다. 그 말이 결국은 '아파트 사업같이 큰 건수를 하나 잘 잡아야 나 같은 사람도 좀 먹고살 것이 생긴다.'는 말이었던 셈이다. 이미 무언가가 무대 뒤에서 진행되고 있었던 것이다. 나는 그것도 모르고, '이장은 나와 오래전부터 친분이 있는 사이이니 내 본심을 잘 알 것'이라 믿었다. 그래서 나는 전 이장에게 "서로 힘을 합쳐 아파트 사업을 막아내자."는 제안까지 했다. 그간의 관계로 인해 그는 내 앞에서는 "나도 아파트는 반대한다."고 하면서도 사실상 나를 슬슬 피하기 시작했다. 지금 생각하면, 주말이면 꼬박꼬박 하느님 앞에 가서 기도를 하는 그가 내심 얼마나 괴로웠을까 싶다. 마침내 어느 늦은 밤, 그는 부인과 함께 우리 집을 찾아와 "아파트가 오게 될 것 같다. 아파트가 와야 마을이 발전할 것 같다."고 했다. 아내는 속으로 걱정이 되면서도 이장 부부가 왔다고 수고한다며 라면까지 끓여 같이 나눠 먹었다. 그러면서도 나는 내심 뭔가 급박하게 돌아가고 있음을 느꼈다.

그 다음 단계는 시행사 직원들이 직접 나서서 나에게 접촉을 시도했다. 처음엔 시행사의 하청회사 격인 토목회사의 Y 이사가 나를 만나러 오더니 그 다음엔 시행사 S 이사와 O 차장이 나더러 만나자고 했다. 처음엔 "만날 일도 없고 시간도 없다."며 사양했다. 그 사이에 나는 대학생들과 함께 주민들의 실제 의견을 묻기 위해 신안리 고층아파트 건설 사업과 관련한 설문조사를 진행 중이었다(아래 자료 참조). 대부분의 착실한 주민들은 아파트 사업에 대해 까마득히 모르고 있었다. 오직 전 이장과 그 측근, 지주들만이 알고 있었던 것이다. 아무것도 모르던 주민들은 그야말로 아무 정보가 없어서 아무 말도 못하고 있었고, 알고 있던 지주들은 시행사가 토지매입 계약서에 "절대로 다른 사람에게 알리지 말라. 알리면 계약 취소될 수 있다."는 특약 조항 비슷한 걸 만들어놓는 바람에 알고 있는 내용조차 아무 말을 할 수 없었다. 혹시라도 땅을 못 팔아먹을까봐 두려웠던 것이다. 그런 상황에서 내가 주도한 주민 설문조사는 저들의 입장에서는 황당한 일이었겠지만, 마을 공동체에서 오순도순 살던 주민 입장에서는 지극히 자연스런 일이었다. 아나나 다를까, 조사에 응한 주민들의 95%가 "처음 듣거나 잘 모른다."고 했으며, 응답자의 85%가, 즉 대부분의 주민이, 고층아파트에 대해 "반대 또는 우려"를 표시했다. 고층아파트 건설이 좋다고 한 이는 거의 없었다. 이 정도면 이미 결판이 난 것 아닌가? 하루아침에 마을의 운명을 통째로 바꿀 대규모 고층아파트 건설 사업을 과연 그렇게 쉬쉬해서 진행한다는 게 말이나 되는가? 도대체 이런 식의 막가파식 발상은 누가 한 것이며, 이런 식으로 나라가 굴러가서야 되겠는가? 그런 생각을 할수록 나는 더욱 오기가 치솟았다. 이를 악물고 주먹을 불끈 쥐었다. 끝까지 간다! 끝까지 가고야 만다! 이것이 나의 결심이었다.

2005. 7. 28 〈이코노미21〉

약 장사와 아파트 장사

꽤 오래 전, 시골 장터나 마을회관 앞 같은 공공장소에서 흔히 볼 수 있는 것에 '약 장사'가 있었다. 약 장사들은 말을 참 잘했다. 막힘이 없고 설득력이 있어, 들으면 들을수록 '약'을 사지 않으면 안 되겠다는 확신을 심어주었다. 그렇게 입담이 좋았다. 시골 노인들 입장에서 금상첨화인 것은, 약 장사들이 그가 파는 약을 사든 안사든, 기념품을 주는 것이다. 플라스틱 바가지에서부터 두루마리 화장지, 심지어 그릇 따위를 선물로 주었다. 특히 노인들이 그러한 구경꺼리를 그냥 지나칠 리 없다. 안 그래도 사람이 그리워 죽겠고 말동무나 구경꺼리가 없어 심심하던 차에 장날에 약 장사가 온다 하니 이거, 빠질 수가 있나? 장날이면 새벽부터 걸음을 설쳤다.

말솜씨가 대단한 약장사가 공짜 미끼라도 몇 번씩 던지면 어느덧 낮이 익은 사람들이 미안해서라도 하나씩 팔아주곤 했다. 또 어떤 노인이 진지한 태도로 약을 하나 사면 "나도 이럴 때 하나 사야지. 지금 안 사면 손해 볼 것 같아."라며 경쟁적으로 사곤 했다.

약 장사들이 그렇게 사람들을 불러 모으고 '만병통치약'이라며 여러 가지 약들을 파는 재미도 짭짤했을 터이다. 세상에 원, 자신만을 숨죽이며 지켜보는 구경꾼들, 자신의 그럴듯한 설명에 고개를 끄덕이는 노인들, 배암이니 거시기니 하면서 한 번씩 웃기는 말을 하면 껄껄대며 손뼉을 쳐대는 사람들, 이 모든 것이 약 장사로 하여금 약 파는 재미를 느끼게 하는 것들이었다. 그래서 실제로 약이 얼마 안 팔려도, 먹고사는 데 크게 지장이 없는 한 굳이 억지로 매상고를 높이려 발버둥을 칠 필요는 없는 터였다.

그런데 이런 약 장사도 한두 명이라면 괜찮은데 여기저기서 약 장사들이 사람들을 끌어모으기 시작하면 조금 안달이 난다. 한눈파는 사이에 잘못하면 파리를 날릴 판이다. 그래서 갈수록 고강도의 미끼를 던져주어야 했다. 두루마리 화장지 대신 크리넥스 같은 고급 화장지를 주어야 했고, 싸구려 바가지 대신 때깔 나는 냄비 같은 것을 주어야 했다. 이렇게 미끼의 단가가 올라갈수록 사실은 약값도 올라갔다. '본전'을 찾기 위해서다. 그러다 보니 흰 머리카락깨나 날리던 손님들도 하나 둘 숫자가 줄거나 손님 머릿수는 여전하되 사주는 이가 별로 없다. 이제 약 장사는 다른 꾀를 쓴다.

"여보시오, 어르신들. 이웃 마을의 김 서방은 장인 장모 오래 사시라고 이런 걸 선뜻 사 갔어요. 또 재 너머 최 씨네 아들은 얼마나 효자이던지 바로 이 약을 한 푼도 안 깎고 노부모께 사 드렸더니 아, 이것이 신기하게도 최 씨의 고질병이던 천식과 관절염을 깨끗이 씻어 내렸다는 거 아니오. 그러니, 자, 다들 돌아가셔서 아들이나 며느리, 딸이나 사위들과 잘 상의해보세요. 저는 다음 장날에도 꼭 올 터이니."

이런 식이다. 약 장사의 약을 사다 드리면 '효자 효부'가 된다는 이데올로기. 이제 달콤한 미끼로 꼬드기던 차원은 한 단계 넘어가고 그럴듯한 논리로 사람들을 경쟁시키는 것이다. 그런 얘기를 들은 자녀들이 노부모를 위해, 아니 효도를 하기 위해, 내키지는 않지만, 약 장사가 말하는 그 특효약을 사 드리지 않을 수 없었다.

이제 그런 약 장사를 보기는 힘들어졌다. 대신 아파트 장사들이 설친다. 아파트 장사들은 대개 텔레비전이나 신문 광고를 통해 "꿈에 그리던 집", "자연 속의 보금자리", "세상에서 가장 편하고 아름다운 집"이라고 선전한다. 한 번에 수천 만 원씩 하는 광고비를 내면서까지 이런 선전을 하는 까닭은 무엇인가? 이제 효도니, 사랑이니, 가족, 꿈, 자연, 아름다움 같은 가치들은 그 자체로 추구되기보다 아파트나 돈으로 치환된다. 광고가 특효약이다.

그러나 가끔 원거리 광고, 간접 광고는 효과가 미진하다. 특정 지역에 특정 아파트를 지어 수천억을 벌고자 하는 사람들은 직접 대형 텔레비전 스크린을 화물차에 싣고 마을에 침투한다. 장날이 아니라도 좋다. 마을회관 앞에 대형 스크린을 틀고 "우리가 짓는 이런 아파트가 온다면 여러분의 삶은 훨씬 풍요로워지고 행복해진다."는 식이다. 냉담한 주민들은 별로 모이지도 않고 오히려 "조용히 쉬려고 하는데 누군가 시끄럽게 한다."며 경찰에 신고한다. 돈이 안 된다.

약 장사와 달리 자본이 많은 아파트 장사들은 이제 대형 스크린과 함께 몇 가지 미끼를 들고 온다. 대형 텔레비전 화면은 고층아파트 단지를 멋있고 폼 나게 꾸미며 반복 재생한다. 그 앞에선 과일이나 김치를 담기에 안성맞춤인 고급 용기를 기념품으로 나눠준다. 이름과 연락처도 남겨야 한다. 늘씬하고 깜찍한 도우미 아가씨들이 눈웃음을 친다. 그 옆에는 삼겹살을 구우며 구수한 냄새를 온 동네에 풍긴다. 무슨 일인가 하고 고개를 내미는 노인들에게 대단한 효도라도 하는 것처럼 "어서 와서 이거 좀 드세요."라며 재촉한다.

더욱 가증스런 것은, 그러한 자본의 움직임에 대해 전혀 맥락을 알지 못하고, 또 알려고도 하지 않고, 오로지 '떡고물'을 하나 더 챙기기 위해 앞 다투어 사인을 하고 선물을 받아 가는 사람들이다. 공짜로 선물도 받고 삼겹살도 주니 "이게 웬 떡이냐!" 다.

이런 식으로 예전의 약 장사가 이제는 아파트 장사가 되어 다시 시골 마을에 나타났다. 그런데 구경꾼은 예전의 구경꾼이 아니다. 이게 문제다.

신안리 D아파트 건설 관련 주민 설문지 분석 결과

* 본 설문지는 우리 마을 아파트 건설 계획과 관련된 신안1리 주민들의 솔직한 의견을 듣기 위한 것입니다. 협조해주셔서 감사합니다. (총 115명 유효 응답지 분석)

1. 지금 신안1리 415-5외 60필지 내외에 약 1,000세대가 입주할 높이 41미터의 15층짜리 아파트(33평~54평) 단지 건설이 계획 중입니다. 귀하는 이를 얼마나 알고 계신지요?

   ① 자세히 안다.(3명, 2.6%)

   ② 꽤 아는 편이다.(3명, 2.6%)

   ③ 소문만 들었지 잘 모른다.(54명, 47%)

   ④ 처음 듣는다.(55명, 47.8%)

2. 귀하는 위 아파트 건설을 추진 중인 사람이나 회사로부터 위 계획에 대해 자세한 설명을 들은 적이 있습니까?

   ① 없다.(113명, 98.3%)

   ② 있다.(2명, 1.7%)

3. 귀하는 신안1리에 약 1,000세대가 입주할 15층 아파트(33평~54평) 단지
   가 들어선다는 계획에 대해 동의하십니까?

   ① 찬성이다.(14명, 15.9%)

   ② 반대다.(31명, 35.2%)

   ③ 우려된다.(43명, 48.9%)

4. 귀하는 신안1리에 약 1,000세대가 입주할 15층 아파트 단지가 들어서면,
   마을의 미래가 어떻게 된다고 보십니까?

   ① 모든 주민들이 더욱 화합하고 단결할 것이다.(10명, 9.7%)

   ② 아파트 주민과 기존 주민이 따로 지낼 가능성이 있다.(93명, 90.3%)

5. 자연적 측면은 어떨까요?

   ① 아파트와 자연의 조화가 이뤄지고 쾌적할 것이다.(14명, 12.6%)

   ② 아파트가 산과 들을 가려 예전보다 갑갑해질 것이다.(97명, 87.4%)

6. 건강의 측면은 어떨까요?

   ① 고층아파트가 공기 흐름을 막아 피해가 생길 수 있다.(80명, 74.1%)

   ② 아파트 단지가 들어서도 주민 건강에는 별 지장이 없다.(28명, 25.9%)

7. 농사의 측면은 어떨까요?

   ① 고층아파트가 와도 그 주변 농사엔 별 지장 없다.(33명, 29.2%)

   ② 아무래도 그 주변의 농사에는 지장이 생길 것이다.(80명, 70.8%)

8. 경제적 측면은 어떨까요?

① 아파트가 들어서면 기존 주민들이 쉽게 입주할 수 있다.(20명, 19%)

② 아파트가 들어서도 기존 주민들은 쉽게 입주할 수 없다.(85명, 81%)

9. 귀하는 위 아파트 시행사가 주민 의견을 충분히 반영하려면 주민설명회를 얼마나 열어야 한다고 보십니까?

① 전혀 필요 없다.(6명, 5.3%)

② 형식치레 정도만.(8명, 7.1%)

③ 합의안이 나올 때까지.(99명, 87.6%)

10. 귀하는 위 아파트 계획, 즉 1,000 세대가 입주할 41미터 높이의 15층짜리 아파트 단지(33평~54평)에 대해 어떤 생각을 하십니까?

① 우리 마을에도 그런 '고층아파트' 가 서야 마을이 발전한다.
   (19명, 17%)

② 고층아파트보다는 '5층짜리 연립주택' 이 낫다.(10명, 8.9%)

③ 기존 마을에 모범이 될 '전원마을 단지' 가 더 좋겠다.(50명, 44.6%)

④ 현재 그대로가 좋다.(33명, 29.5%)

그 뒤 2005년 4월 26일, 저들의 요청에 따라 나는 (뜻을 같이하는) 다른 주민 2명과 함께 (가칭 '주민대책위' 이름으로) 시행사 측 3인을 내가 일하는 고려대의 경상관과 인문관 사이에 있는 2층 건물 카페에서 만났다. 개인적인 공간보다는 공개된 공간이 더 나을 것 같았다. 저들이 무슨 말을 어떻게 할지 모르기 때문이다. 일단은 우리 주민 측이 가진 의견을 다 말했다. 우리들이 그냥 보면 보통 사람 같지만, 그저 돈 몇 푼으로 뭉갤 수 있는 사람들이 아니라는 점을 분명히 했다. 우리가 제시한 대안은 1) 신안리에 아파트용 땅을 사기 시작한 것을 '잘못된 투자'라 생각하고 철수하는 것, 2) 일단 땅만 사놓고 있다가 나중에 팔고 나가는 것, 3) 고려대와 홍익대의 교수나 직원이 살 수 있는 전원단지를 만드는 것이었다.

　　그날 시행사 측 한 명은, 내가 "도대체 거기가 아파트 자리가 아닌데 어떻게 아파트 건설이 가능하게 되었지요?"라 물으니, "저희가 처음 부지를 물색했을 때부터 아파트가 가능한 지역이었습니다."라고 말했다. 나중에 알고 보니 순 거짓말이었다. 저들이 부지 물색을 시작했을 때(2004년 봄)는 연기군 도시계획 과정상 이미 그 땅이 (고층아파트가 불가능한) 제1종지로 거의 확정적이었고 충남도지사의 최종 결정(2004년 7월 예정)을 기다리는 중이었다. 그래서 저들은 급하게 당시 이장 이름으로 가짜 민원서(2004. 6)를 집어넣은 뒤, (고층아파트가 가능한) 제2종지로 재입안을 하는 중이었다. 놀랍게도 우리를 만나던 그날(2005. 4. 26)은 우리도 모르는 사이에 저들이 충남도청에 '아파트 사업 승인 신청서'를 집어넣은 날이었다. 즉, 가짜 민원서에 근거해 주민들 몰래 제2종지로 재입안된 도시계획은 비밀리에 2005년 3월 25일, 도지사의 결정고시가 나버린 상태였고, 그 한 달 뒤인 4월 26일부터 행정 처분으로서의 효력이 온전히 발휘되는 시점이었다.

하여간 그날 그들은 이미 사업 승인 신청을 완료한 상태에서 우리에게는 비밀로 부친 채, 고단한 고갯마루 하나를 힘겹게 넘은 심정으로 '하찮은' 고갯마루에 불과한 우리를 가볍게 설득하러 왔던 셈이다. 하지만 저들의 계산은 잘못된 것이었다. 우리는 우리 입장을, 그들은 그들 입장만을 확인한 채 헤어지고 말았다. 접점은 없었다. 돌아와서 나는 우리의 모든 대화를 내 기억력이 허락하는 한 낱낱이 기록한 뒤 그 문서 파일을 그들에게 보내 대화 내용이 맞는지 확인시켰다. 메일 수신은 확인이 되었으나 저들은 어느 누구도 반응이 없었다. 별로 '돈 되는' 내용이 없었기 때문이리라.

그런데 나는 그 사이에 누군가 "그 부지의 토지용도가 어떻게 해서 변경되었는지 한번 잘 추적해보라."고 귀띔을 해준 바 있어, 관련 내용을 추적하고 있었다. 그래서 전 이장에게 물어보니 "정확히는 모르고 2004년경에 지주 몇 명이 원해서 '민원'을 낸 적이 있다."는 것이었다. 도대체 누가 그런 민원을 냈는지 궁금해졌다. 자기들 이익만 취하려고 마을을 망가뜨리다니, 정말 괘씸하기도 했다. 군청을 통해 정보공개 요구를 한 결과, 2005년 5월 중순, 마침내 나는 문제의 '허위민원서'를 찾아냈다. 이에 대해서는 다음에 상술한다.

저들이 이 모든 걸 비밀리에 추진한 이유는 뻔하다. 우선 공개적으로 했다간 토지용도 변경 과정에서 가짜 민원서를 만든 것이 탄로가 날 것이요, 또 고층아파트가 온다는 걸 주민들이 제대로 안다면 모두 학을 떼며 반대할 것이 뻔하며, 15층 고급아파트 단지가 오는 걸 아는 순간 지주들은 평당 70만 원이 아니라 200만 원 수준으로 요구할 것이 뻔하기 때문이리라.

아파트 건설 사업을 가능케 한 가짜 민원서를 폭로하는 장면. 2005년 5월 16일 마을 임시총회

　이제 가짜 민원서가 들통 난 시점인 2005년 5월 중순 이후 신안리 마을은 전 이장에 대한 분노로 들끓기 시작했다. 마을 사람들이 강한 배신감을 느끼게 된 것이다. 그 전 이장도, 그 전전 이장도 이상한 아파트 사업을 도와주면서 개인적 이익을 취하는 바람에 주민들의 불신과 원성을 산 바 있었기 때문이다. "우리 마을 역대 이장들은 모두 하나같이 아파트 때문에 이상한 짓을 하다가 물러났단 말이야. 현 이장 L도 처음엔 모든 걸 공개적으로 하겠다, 절대로 그런 짓을 안 하겠다고 다짐하고서는 또 이렇게 되고 말았구먼."이라며 다들 혀를 끌끌 찼다.

　사태가 이렇게 돌아가니 이제는 주민들이 완전히 들고 일어나 아파트 저지 투쟁에 힘이 붙었다. 이런 맥락에서 마을 어른들은 전 이장에게 사퇴서를 내라고 요구했다. 그를 이장직으로부터 끌어내렸다. 2005년 5월 18일이다. 그날은 우리 마을에 가히 혁명적 변화가 일어난 날이다. 그래서 나는 정식으로 주민대책위를 다시 꾸리고 대책위 차원에서 주민들이 군청으로 몰려가 당시 L 군수를 항의 방문했다. 그 뒤 직접 집회 신고를 마치고 이틀 뒤 집회 및 시위에 돌입하기로 했다.

2005년 5월 20일, 우리 주민들은 처음으로 연기군청 앞에 모여서 "허위민원 밀실행정 연기군은 각성하라", "허위문서에 근거한 고층아파트 결사반대", "고층아파트 대신 전원단지 또는 대학촌 건설" 등을 외치며 공무원들의 각성을 촉구했다. 나는 주민들 앞에서 구호를 선창하고 주민들은 구호를 세 번씩 외치며 우리의 의견을 명백히 했다.

그런데 바로 그 시위 현장에 우스꽝스럽게도 내가 일하는 고려대 처장 한 분이 갑자기 나타나 나를 만류하는 게 아닌가? 공교롭게도 그이는 그 이전에 "아무것도 모른 채" 아파트 부지 자리에 그 가족 이름으로 약 350평의 땅을 사놓고 있던 터였다. 나처럼 시골에 집 짓고 조용히 살고 싶어 사둔 땅이라 했다. 그런데 이제 아파트가 들어서게 되었으니 나처럼 '조용히 집 짓고 살려던' 계획은 물거품이 되었다. 나는 2005년 4월, 그 교수가 아파트 부지에 땅을 가진 것을 알고서는 "선생님, 그곳은 결코 아파트 자리가 아닙니다. 절대 저들에게 땅을 팔지 마세요. 제발 우리 마을을 지키는 데 힘을 보태주세요."라고 간절히 당부한 바 있다. 그런데 그 교수는 시행사의 집요한 요구에 끝까지 버티기가 너무 힘들어 할 수 없이 땅을 팔고 말았다. 수단과 방법을 가리지 않고 몇날 며칠을 주거지까지 찾아와 성가시게 구는 시행사에 굴복할 수밖에 없었을 것이다.

그런 상태에서 아파트 저지 투쟁에 결사적으로 나선 나에게 그 교수는 "제발 그만두라."고 만류하러 나선 것이다. 그것이 학교 처장의 자격인지, 동료 교수의 자격인지, 아니면 시행사 협박에 의해 울며 겨자 먹기로 한 것인지 나는 알 수 없다. 하지만 시위 현장까지 와서 "그만두라."고 하는 그 교수에게 나는 정색을 하고 "선생님이 상관할 바는 아니다. 나는 내가 사는 터전인 마을 공동체를 지키려 할 뿐이다. 도와주지는 못할망정 제발 이런 식으로 발목을 잡지 마라."고 단호히 말할 수밖에 없었다. 그는 "나도 그러고 싶지는 않는데, 경찰과 형사들이 나더러 제발 말려 달라고 해서……"라고 했다. 나는 "그냥 무시하세요. 그들은 모두 한패랍니다."라고 단도직입적으로 말하고 매몰차게 돌아섰다.

그 교수에겐 미안했지만 나는 그토록 절박했다. 긴장된 상태에서 시위를 하고 있는 바로 그 시점에 학연, 지연, 혈연 따위에 흔들려서는 죽도 밥도 안 되었기 때문이다. 지금도 인간적으로는 그 교수에게 미안하지만, 나는 건설자본의 막가파식 행위에 대한 내 저항이 잘못되었다고 생각하지는 않는다. 오히려 돈과 권력이라는 강자 또는 강자의 폭력 앞에 무참히 무너지는 우리네 지식인들의 연약한 모습, 구한말 윤치호 등으로 상징되는 개화 사상가들을 거쳐 지금까지 연연히 이어져오는 지식인들의 창백한 면모를 극복하기 위해 전 사회적 성찰과 토론이 일어나야 한다고 본다. 이 에피소드는 다른 한편으로, 시행사가 자기들의 목적 달성을 위해서는 대학이고 경찰이고 모든 관계들을 최대한으로 이용하려 들고 있음을 증명한 사건이다.

그 외에도 다양한 방식으로 나의 저항 행위를 말리려는 시도들이 있었지만, 나는 초지일관 나의 의지를 공개적으로 밝히며 "잘못된 사업은 끝까지 저항하여 막아낼 것"임을 실천적으로 보여주었다. 심지어 저들은 나의 친한 이웃까지 이용하려 들었다. 그러나 나는 흔들리지 않았다. 오히려 앞뒤가 다른 사람들, 처음에 가졌던 마음이 금방 돈이나 협박 앞에 굴복당하고 마는 사람들의 모습을 보니 가련하기까지 했다. 역설적으로 감사하게도, 그런 모습은 나에게, "나는 절대로 저런

다양한 방해 공작에도 마을 공동체를 지키기 위한 주민들의 눈물겨운 투쟁. 2005. 5. 20. 연기군청

식으로는 굴복하지 않겠다."는 결의를 더욱 다지게 하는 연마 과정이었다. 이런저런 방식으로 나를 뜯어 말리고 싶던 사람들도 그런 나의 모습을 보고 오히려 "몸조심하라."며 격려를 해주었다.

"몸조심!", 맞다. 저들은 아마도 내가 대학 교수, 그것도 진보적 사회 활동을 많이 하는 대학 교수가 아니었더라면 어떤 짓을 했을지 아무도 모른다. 그러나 바로 그것이다! 저들은 아무것도 무서워하지 않는데, 오직 무서워하는 것이 있다면 '돈을 무서워하지 않는 사람', '몸조심하느라 몸을 도사리지 않는 사람' 뿐이다. 사실은 그것도 모두 계산을 해볼 것이다. 골치 아픈 상대를 다치게 하거나 제거하는 경우 더 골치가 아파질 것인지, 아니면 문제가 깨끗이 해결될 것인지, 하는 차원에서 저들은 냉철한 계산을 한다. 그것이 저들이 늘 밥 먹고 하는 일이 아닌가.

삶이 돈 앞에 망가지는 이유

우리 마을에 고층아파트가 들어선다 하여 반대 운동을 전개한 지 벌써 두 달이 되었다. 그동안 나는 주민설문조사를 통해 주민들 85% 가 이 계획에 "반대하거나 우려함"을 확인했고, 이를 바탕으로 주민총 회를 열어 이 건설자본의 비밀스런 탐욕을 폭로하고 대안을 제시했으 며, 이어 서명운동을 전개해 불과 2주일 만에 주민 387명, 전국의 시민 사회단체 및 개인 1,600여 명 등 모두 2천 명이 넘는 사람들로부터 연 대 서명을 얻었다. 이어 4월 29일 연기군청에서 주민, 단체 대표들 10 여 명이 피켓과 플래카드를 들고 기자회견을 벌였으며 연기군수를 면 담한 자리에서 인근 지역에 난개발을 막고 전원마을, 생태도시 방향으 로 가야 함을 강력히 촉구했다. 그리고 5월 2일에는 충남도청을 방문, S 도지사를 만나 이런 난개발 예방과 생태도시 건설을 촉구한 뒤 충남 도청 앞에서 일인시위까지 벌였다.

지금까지 탐욕스런 건설자본이 가진 고층아파트 계획에 대해 찬성 론을 전개한 사람들의 논리를 여럿 접하게 되었다. 주로 이런 것이다.

첫째, 내 평생 농사지어도 이렇게 많은 목돈을 한꺼번에 거머쥔 것 은 처음이다. 땅 파는 거야 서운하지만 이제 갈수록 농사도 힘들고 아 파트 온다 하니 목돈이 생겨 좋다. 평생 땅만 팔다가 죽기보다 이제는 돈도 푸지게 쓰며 살고 싶다.

둘째, 고층아파트가 온다는 것은 동네에 아무래도 좋지 않지만 괜스레 내가 반대해서 계획이 무산되면 잔금을 못 받은 지주들이 나를 원수로 볼 것 아닌가. 내가 이 나이에 뭐 한다고 지주들과 사이가 나빠질 것인가. 혹시라도 배가 아파 반대한다고 할까봐 직접 나서지는 못하겠네.

셋째, 고층아파트가 와야 사람도 많아지고 동네도 좀 깔끔해지고 고대, 홍대 대학생들이 거리에서 시끄럽게 떠드는 것도 좀 없어지지 않겠는가. 고층아파트가 오면 마을이 발전하겠지. 게다가 사람이 많아지면 아무래도 동네가 활기가 넘치지 않겠는가.

나는 지주나 지주 외의 주민들이 이런 시각을 갖는 것이 터무니없는 것이라 보지는 않는다. 그것은 지금까지 농민들이 농사지어 삶의 보람을 느낀 적이 거의 없기 때문이다. 산업자본가와 기득권층을 위한 수출지향적 경제개발 전략의 결과이다. 그러니 농민들은 집단적 피해의식을 갖고 있는데, 이제 수억, 수십억의 땅값이라는 떡고물은 그러한 피해의식을 공격적으로 해소하는 데 최고의 미끼를 제공한다.

게다가 아파트를 적극 지지, 옹호하는 지주들은 대개 작은 마을의 유지이거나 부자다. 이들에게 잘못 보이면 하나도 이로울 게 없다는 피해의식도 주민들 속에 잠재해 있다. 권력과 부 앞에 알아서 기는 것이다. 이것은 우리가 흔히 삶의 과정에서 보이는 '강자와의 동일시'라는 행위 전략이다. 강자를 대적하여 나섰다가 괜히 피 보기보다 슬슬 기는 것이 살아남는 데 도움이 된다는 것.

다음으로 고층아파트야말로 동네 발전의 지름길이라 보는 입장인데, 이것도 사실은 '더 많이, 더 높이, 더 빨리' 가는 것이 발전이고 성장이라는 이데올로기를 반영한다. 낮은 주택이 불규칙하게 형성된 현재의 마을 모습은 그렇게 깔끔하지는 않다. 그러나 나는 골목에서, 좁은 길에서 서로 인사하며 지나다니고, 자동차나 자전거가 만날 때 서로 양보하며 지나가는 모습 속에서 아직도 사라지지 않은 인간미를 느끼며 산다. 그러나 높은 건물이 그럴듯하게 올라가면 발전이라 보는 태도 뒤엔, 소박하고 누추한 집들의 모습에 잠재적으로 가진 열등감이 작동하고 있다. 그래서 심지어 어떤 이는 "차라리 기존의 모든 주택을 몽땅 사들여 마을 전체를 아파트 단지로 만들어버린다면 동네가 정말 발전하지 않겠는가."라는 논리까지 편다.

　돈의 권력 앞에 생동하는 삶의 과정을 포기하는 사람들, 또 그것이 파괴되는데도 온갖 논리로 미화해 자신의 두려움이나 괴로움을 은폐하려는 사람들이 측은하다. 그럼에도 나는 우리 삶의 터전인 이 작지만 아름다운 마을(지구)을 지키기 위해 포기하지 않고 끝까지 싸울 것이다.

일인시위 과정에서 새롭게 느낀 점들

　　나는 아파트 반대 싸움을 하면서 생전 처음 일인시위에 나섰다. 처음에는 연기군청 현관 앞에서부터 시작했다. 피켓에는 "고층아파트 웬 말이냐, 전원 단지 건설하라!" 또는 "시멘트 덩어리 대신 대학 문화촌을 건설하라!" 따위의 구호를 적었다. 아래쪽엔 '신안리 고층 아파트저지 주민대책위원회'라는 주체가 적혀 있었다. 지역 신문에도 일인시위 기사가 실렸다. 여기저기 알려지기 시작하면서 직간접적인 압력이 들어오기 시작했다. 어차피 그런 힘들에 맞서 싸우고자 나선 이상, 나는 그런 압력 정도야 거뜬히 넘어갈 다짐을 더 강하게 했다.

허위민원서에 근거해
아파트가 불가능한 땅을
가능하게 만든 연기군청
앞에서의 일인시위
(2005. 5)

그 다음 단계는 충남 도지사 면담을 하고 그 직후에 충남도청 앞에서 일인시위에 돌입했다. 말과 실천이 다르지 않음을 고집스럽게 보여주고 싶었다. 어른들이 여태껏 "훌륭한 위인을 본받아야 한다."고 하면서도 막상 그렇게 살고자 하면 "지금 그래가지고서 뭐가 되겠느냐. 나중에 힘을 갖게 되거든 그때 해라."며 앞뒤가 안 맞는 소리를 하는 데 대해 '나는 일관성 있게 살겠다.'는 의지를 그냥 드러내고 싶었다. 주위에서 말리거나 회의적인 소리를 할수록 더욱 오기가 뻗쳤다. 속으로 '당신들이 그 어떤 말을 해도 나는 안 굽힌다.'고 다짐했다. 도청 출입 기자들이 관심을 가지고 일인시위 장면을 찍었다. 기자들이 관심을 가져주는 것만 해도 매우 고마운 일이었다. 그래도 세상의 탐욕에 오염되지 않은 이들이 더러 있다는 사실이 큰 위로가 되었다.

일인시위를 하느라 구호판을 들고 서 있는데, 도청 정문 근처로 형사 한 사람이 다가와 이것저것 물어보았다. 아마도 상부에 상세히 보고를 해야 하는 듯했다. 어차피 알리고자 나선 일이니, 형사라고 해서 굳이 묵비권을 행사할 필요는 없었다. 인상도 생각보다 나쁘진 않았다. 그는 내 이야기를 곰곰이 듣더니 "일인시위 할 만하다."는 식으로 응답했다. 물론 '쉽지 않은 일'이란 말과 함께. 그런 말을 하도 많이 들었기에 서운하진 않았다.

한편, 나의 작은 행위가 신문이나 방송을 타고 많은 사람에게 알려지고 비교적 순수한 사람들이 마음의 지지를 보내주었을 때 너무나 따뜻하고 고맙게 느껴졌다. 특히 내가 일하는 고려대의 여러 교수님들이나 내가 가르치는 제자들이 진심으로 지지하고 격려를 해주어 큰 힘이 되었다. 돈에 물들지 않은 기자들이 관심을 가지고 보도를 해줄 때는 천군만마를 얻은 느낌이었다. 심지어 놀랍게도 이역만리 해외에서조차 응원의 목소리가 날아들었다. 일례로, 미국 뉴욕에서 나의 일인시위 기사를 보고 "충청도 출향인 모임"이란 곳에서 "탐욕에 물들어 난개발을 자행하는 자들에 맞서 싸우는 신안리 마을 이장님, 지지합니다, 파이팅!!!"이란 그림엽서를 보내오기도 했다. 고맙고도 감격적인 순간이었다.

연기군과 충남도에서 일인시위를 했으니 이제 서울로 진출할 차례였다. 2005년 6월 초였다. 여의도 국회의사당 앞으로 갔다. 제법 따가운 햇살이 갈증을 일으켰다. 거기서 하루 종일 서 있으니, 만날 사람 못 만날 사람, 모두 다 만날 수 있었다. 고급 승용차를 타고 드나드는 국회의원도 있었고, 로비를 하기 위해 드나드는 것 같은 다양한 사람도 보였다. 어떤 사람은 내가 메고 있는 피켓을 유심히 들여다보더니 '지지'하는 눈초리가 아니라 '그런 짓 하지 마라'는 눈치로 고개를 설레설레 흔들기도 했다. 분명히 건설업자일 거란 생각이 들었다.

여의도 국회 앞에는 일인시위자들이 나 말고도 여럿 있었다. 다른 이들의 간판을 가만히 들여다보니, 우리 마을 사례보다 더 열악한 경우도 눈에 띄었다. 부당하게 차별받고 억울하게 해고당한 노동자들, 몸이 망가지는 산업재해를 당하고도 수년째 전혀 보상을 받지 못한 사람들, …… 그렇게 대한민국은 사람 살 곳이 아닌 돈의 세상으로 변해가는 것인가, 하는 인상이 들 정도였다. 그동안 내가 편안하게 연구하며 학생들을 가르치고 있는 사이에도 이렇게 사람들은 삶의 현장에서 척박하게 살고 있구나, 하고 새삼 깨달았다. 이렇게 일인시위를 하면서, 그동안 안 보이던 것도 보이고 느끼지 못 하던 것도 느끼게 되었다.

그러다가 문득, 혹시 누가 테러라도 가하면 어쩌지, 하는 공포가 덮

치기도 했다. 그럴 경우엔, 보통 같으면 겁이 덜컥 날 터인데, 나는 '차라리 그렇게라도 해봐라, 어디 너희들이 도망갈 데가 있을지 한번 보자……' 라며 오기와 결단이 더욱 커졌다. 나는 이상하게도, 남들이 "어렵다, 불가능하다."라는 말을 할 적마다 '그게 아님' 을 몸으로 보여주고 싶은 저항감이 치솟는 걸 느꼈다. 한두 번이 아니었다. 나는 그런 내 내면의 자연스런 느낌을 속이지 않고 싶었다. 그냥 느낌이 가는 대로, 자연스럽게 살고 싶었다. 그러다가 외부의 불가항력에 의해 물리적으로 꺾인다 할지라도 내 '마음' 만큼은 결코 '굴복' 하지 않으리라, 바로 그런 마음이었다. 그렇게 나는 세상의 비굴한 모습, 돈과 권력에 빌붙는 모습, 강자에게 아부하고 약자에게 군림하는 모습에 온몸으로 저항하고 싶었다. 지금도 마찬가지다. 비록 그 저항이 아무런 결실을 거두지 못한다 할지라도 그렇게 나선 행동 자체가 이미 나에겐 커다란 결실이었다.

국회 앞에서 일인시위를 하니 더 많은 기자들이 사진을 찍어 갔다. 특히, 나는 기자들에게 국회에서 '건축협정제' 를 시급히 제정해야 한다고 요구했다. 건축협정제란 난개발이나 일방적인 개발 행위를 예방하기 위해 당해 지역 주민과 개발 주체가 일정한 협정을 맺은 뒤 합의하에 일을 추진하자는 것이다. 일부 국회의원은 관심도 가져주었고 보좌관들과 명함을 주고받았으나, 아쉽게도 그 뒤로 건축협정제가 국회에서 논의된다는 이야기는 듣지 못했다.

다행스럽게도 나의 국회 앞 일인시위는 전국 범위 신문에 실리기도 했다. 언론이 흥행성 기사가 아니라 진정성을 갖고 우리 문제를 보아주기를 바랐다. 내가 일인시위나 광장의 생활정치에 발걸음을 내디딘 이후, 나는 좋은 기자들을 많이 만날 수 있었다. 반면에 일부(특히,

지방신문) 기자들은 내가 주는 정보를 가지고 기업이나 공무원들에게 다가가 '봉투'를 뜯어내는 데 이용하기도 한다는 인상을 받았다. 지방 언론의 재정 구조가 탄탄하지 못한 데다가, 기자 개인의 소신과 철학이 분명하지 못한 경우, 당연히 그런 방면에 취약할 수밖에 없을 것이다.

국회 앞 일인시위-건축협정제 즉각 실시, 조치원 난개발 방지 요구

그 다음 단계는 청와대 앞과 D산업 본사 앞에서의 일인시위였다. 청와대와 D산업 본사 건물은 그리 멀지 않은 곳에 있었기에 청와대 앞에서 몇 시간 서 있다가 또 D산업 앞에서 몇 시간 서 있기도 했다. 방학 중에는 매주 화요일마다 서울로 올라가 일인시위에 돌입했다. 잘 아는 G 선생님은 10만 명에 이르는 시간강사 등 비정규 교수의 '교원'

신분 인정을 위해 법 개정 투쟁을 하는데, 그분도 구호는 다르지만 일인시위를 옆에서 같이 했다. 혼자서 하는 것보다 둘이서 하니 훨씬 든든했다. 청와대 앞에서 일인시위를 하면 고위 정치인들이 청와대 회의를 하러 지나다니면서 "무슨 이슈로 일인시위를 하는지" 관심을 갖고 봐준다는 것이었다. 더운 여름날 햇볕 아래 서 있자니 쉬운 일은 아니었다.

청와대 분수 앞은 관광지가 되어서 많은 국내외 관광객들이 왔다가 사진도 찍고 갔다. 또 처음에는 형사들이 수시로 와서 일인시위의 동기나 내용을 소상히 적어 갔다. 직접 사안 자체를 느끼기보다는 업무상 정보를 수집하는 사무적 행위라는 생각이 들었다. 그런데 이상하게도 고위층이 나를 알아봐주기를 기대하는 나의 모습에 나는 대단히 자존심이 상했다. 나는 마을 이장으로서 또 마을 주민으로서, 내가 사는 마을이 망가지는 것에 온몸으로 저항하고 알리기 위해 청와대 앞까지 올라왔다. 없는 시간, 있는 시간 모두 쪼개, 구호가 적힌 간판을 앞뒤로 목에 걸고 일인시위를 한다. 그런데 저 청와대 안에 모여 권력을 휘두르는 고위층들은 이런 삶의 현장에 직접 찾아와 관심을 기울이기는커녕 한 번 당선되고 나면 최소한 4년은 보장되는 그런 철밥통 속에 산다. 민주화의 최고점이라고도 할 참여정부의 노무현 대통령마저 "권력은 시장으로 넘어갔다."고 했던가. 그렇다면 "국민으로부터 나온 권력"이 "민주 정치가 아니라 시장으로" 넘어갔다면, 국민은 시장(자본, 기업)에 의해 통치를 받는 셈이 아닌가. 국민이 좋은 정치를 하라고 정치가를 뽑았는데, 그 공이 시장에 넘어가 버리고 말았다니, 도대체 어찌 된 셈인가?

그래서 정리한 생각이다. '마을 이장 이상의 권력'을 갖겠다고 나서는 사람은 일단은 의심해보라고 말이다. 마을 이장은 거짓말을 하는 순간, 주민들에 의해 바로 그 다음 날 끌어 내려질 수 있다. 그러나 높은 권력자들은 한 번 권력을 잡기만 하면, 적어도 4~5년은 '보험'이 된다. 이미 250년 전 프랑스의 장 자크 루소가 말했다지 않는가? 그렇다. "국민은 투표하는 순간에만 주인이지, 투표가 끝나자마자 다시 노예가 된다."는 말이 딱 맞다. 그래서 나는 (대통령이 되기 전까지는 많은 민주 세력이 존경해마지 않던) 당시 노무현 대통령에게도 마음으로 외쳤다. "제발, 대통령 그만 하고 마을 이장을 하세요." 그러나 사실 내가 진정으로 원하는 것은, 대통령이나 국회의원 자체가 필요 없는 그런 사회 구조다. 마을 이장이 중심이 되어 마을 주민들이 각 마을을 자체적으로 신바람 나게 만들어가는 세상, 전국 이장 대회가 국정을 논하는 그런 세상, 명실상부 풀뿌리 민주주의가 살아 숨 쉬는 그런 세상을 나는 꿈꾼다.

한편, D산업 앞에서 일인시위를 하는데, 처음 며칠은 평화롭게 진행되었다. 두려움과 껄끄러움의 눈초리를 보내는 이들은 몇몇 있었지만 직접 건드리진 않았다. D산업 회장님도 직접 차에서 내려 내 피켓을 안 보는 듯하면서도 곰곰 들여다보더니 직접 걸어 들어갔다. 나는 소리 내어 외쳤다. "회장님, 우리 마을에 고층아파트 제발 짓지 마세요." 그는 아무 대꾸도 않고서 그냥 들어갔다. 수위들도 약간 긴장된 눈으로 나를 보았다.

그러던 어느 날, 일인시위를 하고 있는데, 이상한 남자 한두 사람이 내 주변을 이리저리 살피는 듯하더니 느닷없이 나에게 달려들어 피켓 하나를 빼앗아 부수어버리고 달아났다. 완전히 당한 기분이었다. 총이 있다면 뒤통수를 쏘고 싶을 정도로 울화가 치밀었다. 경찰을 불렀다.

경찰이야 우리 편이 아니겠지만, 하면서도 그래도 불렀다. 상황 모두 끝나고 그놈이 도망간 뒤 오면 무슨 소용인가. 그래도 민원을 제기했으니 형식적으로라도 나타난 듯했다. 경찰이 돌아갔다.

피켓을 두 개 갖고 있었는데 하나가 망가졌으니 다른 하나만으로 일인시위를 계속했다. 그런데 이게 웬 일? 그놈이 어디선가 또 나타나 나를 밀치며 그 판넬을 또 빼앗아 갔다. 내 가슴 속에서 갑자기 살기가 치솟았다. 뒤를 쫓았다. 감쪽같이 사라지고 말았다. 분명 어딘가에 공범이 있음이 확실했다. 그러나 그에 비해 니는 무방비 상태였다. 다른 한 분이 비디오카메라로 현장을 찍고 있었는데도 그놈 뒷모습만 찍혔지 판넬 탈취 장면은 찍히지 않았다. 개탄스러웠다. 대낮에 한길에서 날강도를 만난 기분이 이런 것일까, 어두운 골목길을 가다가 괴한에게 폭행당하는 기분이 이런 것일까, 하는 생각이 들었다.

그러나 나는 거기서 멈추지 않았다. 근처 문방구를 찾았다. 피켓을 다시 만들었다. 이번엔 뺏기지 않으려고 일부러 좀 작게 만들었다. 그리고 다시 D산업 앞에 섰다. 수위들이 "기가 막힌다."는 눈초리를 보냈다. 나는 "저들이 그 어떤 폭력을 쓴다 해도 결코 포기하지 않고 죽을 때까지 해보겠다."는 오기가 솟구침을 느꼈다. 편하게 먹고살며 남들 앞에 폼이나 잡고 살 수 있는 대학 교수가 왜 저렇게 불편하고 험하게 살까, 하는 그런 낡아빠진 생각을 완전히 박살내고 싶었다. 내 마음과 내 느낌과 내 양심이 말하는 대로 그렇게 솔직하게 살고 싶었다. 그 어떤 폭력이나 그 어떤 압력이나 그 어떤 유혹에도 굴하지 않고 내 소신껏 살고 싶은 마음이었다. 지금도 변함이 없다. 그렇게 사는 것이 참 행복이라 생각한다.

**행정도시 인근 조치원 고려대와 홍익대 사이에 20층 고층
아파트촌 승인을 취소하고 생태적 대학문화타운을 조성하라!**
- 청와대 앞 1인 시위에 돌입하며 -

1999년에 충남 연기군에서 '대학촌 건설 기본계획'이 나온 뒤, 자연 경관이 뛰어난 조치원 고려대와 홍익대 사이 마을(신안1리)에 대학촌 기반 공사(대학순환로)를 위해 2000년 이후 수십억 혈세가 들어갔음에도, 느닷없이 2004년 이후 반환경적, 반주민적 고층아파트 건설 계획이 당해 신안1리 주민들(약 350가구, 800여 명 거주) 몰래 비밀리에 진행되고 있었다.

알고 보니, 당초 연기군에서 1종지(4층까지 건축)로 예정되었던 부지가 전 이장의 허위민원서를 근거로 2종지(15층 건축 가능)로 돌변함으로써, 합리적 이유 없이 대학촌 예정지가 아파트촌으로 둔갑하고 말았다. 분노한 신안1리 주민들이 연기군수와 충남도지사를 수차례 면담하고 집회 및 시위를 벌인 결과, 2005년 11월 7일 군수와 도지사로부터 "아파트촌이 아니라 대학촌을 건설토록 노력하겠다."는 약속을 받았음에도, 무슨 까닭인지 신임 도지사 취임 1주일 만에 충남도 공무원들은 아파트 사업을 승인하고 말았다.

현재 연기군수는 선거법 위반으로 대전고법에서 당선무효형이 내려진 상태고, 신임 충남도지사는 "군수 등 관련자들과 협의하겠다."는 약속에도 불구하고 어떠한 사후 조치도 없다. 개발업자들은 주민들의 민원과 저항에도 아랑곳 않고 고층아파트 건설을 강행하려 든다. 행정도시 인근인 조치원에 현재 약 6천 세대가량 아파트를 건설 중이나 분양률은 바닥을 헤맨다. 오죽하면 건설업자들이 "투기 규제를 풀라"는 내용의 서명 운동까지 조직하고 나서는가?

이에 자연 생태계를 지키고 마을 공동체를 지키려는 신안1리 주민들은 90% 이상이 대동단결하여 밀실행정과 건설자본에 대항하여 끝까지 싸워나갈 것을 거듭된 주민총회에서 결의한 바 있다. 이제 청와대 앞 1인 시위를 계기로 더욱 본격적인 저항을 조직할 것이다. 그러나 우리는 저항만 하는 것이 아니라, '생태적 대학문화타운' 이라는 대안까지 제안하고 있다. 자연도 살리고, 지방 캠퍼스도 살리고, 지역 주민도 살리는 새로운 형태의 프로젝트를 통해 두고두고 칭송받는 사업을 하자는 것이다.

독일의 하이델베르크 대학이나 괴팅엔 대학 등은 대학을 중심으로 도시가 아름답게 발전한 대표적 사례다. 미국의 위스콘신 대학이나 캘리포니아 대학들도 대학도시로서 모범적 발전을 해왔다. 개발동맹과 건설자본에 의한 난개발이나 투기 조장은 찾으려야 찾을 수 없다. 이에 조치원 신안1리 주민들은 단호한 결의로 다음과 같이 요구한다.

1. 충남도와 연기군은 조치원 신안1리 주거지를 제2종에서 제1종으로 원상 복귀시켜라!

2. 충남도와 연기군은 조치원 신안1리 고층아파트 사업 승인을 즉각 취소하라!

3. 충남도와 연기군은 D산업과 협의, 아파트촌 대신 생태적 대학문화촌으로 전환하라!

4. D산업은 더 이상 고층아파트를 일방 강행 말고 친주민적 대학문화촌을 건설하라!

5. 검찰청은 토지용도의 불법 변경과 관련된 자들에 대해 철저한 재수사를 하라!

6. 건교부는 불법적 토지용도 변경에 근거한, 불합리한 고층아파트 사업을 저지하라!

7. 교육부는 지방의 대학 캠퍼스 주변에 교육문화적인 대학촌이 서도록 장려하라!

8. 행자부는 행정도시 인근 지역인 조치원에 생태적 대학문화촌 건립을 적극 지원하라!

제2부

함께 싸우면서
진짜 주민이 되다

대학 교수가 마을 이장이 되던 날

2005년 5월 24일은 내가 조치원 신안1리 마을 이장이 된 날이다. 약 1주일 전인 5월 18일, 전 이장이 주민들 앞에서 '이장 사퇴서'를 쓴 뒤 주민들이 직접 새로 이장을 뽑은 것이다. 주민들 몰래 허위민원서를 만들어 토지용도 변경을 주도함으로써 아파트 사업을 불러늘인 근본책임이 전 이장에 있었기에 마을 주민들은 그에게 이장 자질이 없다며 사표를 요구했다. '주민소환제'가 우리 마을에서 이뤄진 셈이다. 가히 '5·18 마을혁명'이었다.

이장이 되던 그날은 내가 대전 지역 교사들을 위한 특강을 하고 오던 길이었다. 오래전부터 약속이 된 터라 날짜 변경도 어려웠다. 그래서 부득이 마을회의엔 처음부터 참여하지 못했다. 특강 뒤, 택시를 타고 급하게 마을로 달려갔다. 마을회관 문을 열고 들어가자마자 주민들이 "드디어 새 이장님 오셨습니다."라며 환호했다. 나는 "무슨 말씀이십니까?" 하고 놀란 표정을 지었다. 주민들은 "우리가 회의를 하고 투표를 했는데, 강수돌 씨 표가 가장 많이 나왔다. 수락만 하면 된다."고 했다. 알고 보니, 새 이장 후보가 4명이나 되었는데, 주민들이 의견을 나눈 결과, 다른 3명은 이래저래 어려운 사정이었거나 지지를 얻지 못했다. 마을 회의치고 사람이 가장 많이 모였다고 했다. 대개 20~30명 모이면 많이 모이는 건데 이번엔 60~70명 이상이 모였다. 마을회관이 뜨거웠다.

그런데 한두 사람 정도는 "절대로 강 교수가 이장을 하면 안 된다.

교수도 바쁜데 어떻게 이장을 하느냐?"고 반대를 했다고 한다. 연세가 지긋한 한 분은 이미 술이 만취한 상태에서 "강 교수가 이장을 하면 큰일이 난다. 제발 말려야 한다."고 소리를 질렀다. 주민들이 그에게 "무슨 소리냐? 강 교수가 아파트 문제를 가장 먼저 지적하고 나섰으니, 우리 주민들과 함께 아파트를 막는 싸움에 최고 적임자다."라고 했다. 내가 앞으로 나가서 물었다. "여러분, 정말로 저를 이장으로 뽑은 것이 여러분의 뜻입니까?" "예——" 주민들이 이구동성으로 말했다.

나는 순간 아찔하기도 하고 어리둥절하기도 했다. "이 사태를 어찌할 것인가?" 두렵기도 하고 불안하기도 했다. 하지만 곧, '이왕 나섰으니 어디 한번 제대로 해보자.' 라는 생각이 들어 다시 주민들 앞에 말했다. "만약 여러분의 뜻이 정 그러시다면, 제가 여러분의 제안을 수락하겠습니다." "와——" 하고 박수가 터졌다. "다만, 여러분이 저와 함께 아파트를 막는 싸움에 같이 나선다는 전제 아래 제가 이장직을 수락하는 것입니다." "예——" 하고 또다시 박수가 쏟아졌다. 나는 곧 "그렇다면 저와 함께 약 15명 정도의 공동대책위원을 새롭게 구성하여 체계적으로 싸워봅시다." 하고 제안했고, 주민들은 나도, 나도, 하며 서로 나섰다. 그중에는 약간씩 주저하는 이도

작은 마을 혁명이 일어나던 날 - 2005년 5월 18일
전 이장 사퇴 후 5월 24일 새 이장 선출

있었지만, 전 이장이 그따위로 이장 일을 했다는 사실에 분개하기도 하고, 아파트가 오면 마을이 다 망가진다는 위기의식에 동참하겠다고 나서기도 했다. 그렇게 15명 공대위가 새롭게 꾸려졌고, 나는 "우리 15명 모두가 '공동 이장'을 맡은 것이라는 자세로 함께 일을 해봅시다."라고 제안했다. 위원들은 모두 "그렇게 합시다."라고 동의했다.

바로 이 순간, 우리도 모르는 사이에 마을회관 맞은편 작은 술집에서는 시행사 사람들이 술을 마시며 초긴장 상태에서 우리의 회의를 주시하고 있었다는 사실이 나중에 밝혀졌다. 도청 아니면 원격 교신을 하고 있었음에 틀림없었다. 이들은 대개 손목시계나 만년필, 보청기 같은 것을 이용해 도청 또는 녹음을 한다. 풀뿌리 싸움을 하는 사람들은 매우 주의할 일이다. 꼬투리 잡힐 단어를 쓰거나 폭언, 근거 없는 논리를 펴는 것은 매우 조심해야 한다. 그리고 보니, 우리가 매우 중대한 회의를 할 때마다 아파트 유치 쪽 사람들 한두 명은 이상한 눈초리로 꼭 끼어 있었다. 게다가 어떤 경우는 회의 자체를 방해하려고 말도 안 되는 소리를 해대며 폭언으로 나를 공격하거나 횡설수설하는 논리로 방향을 엉뚱하게 끌고 가려는 경우도 있었다. 그러나 주민들이 그렇게 어리석지는 않았다.

나중에 읍사무소에 (5월 24일 주민총회 결과) 내가 이장으로 선출되었으니 임명해 달라고 당시 읍장에게 서류를 올리자 시행사 쪽에서 이를 저지하기 위해 온갖 공작을 폈다. "주민 90%가 찬성하는 일이 어디 있느냐?", '공산당식 투표 아니냐?' 며 억지를 쓰기 시작했다. 그래서 읍장이 이장 임명장을 주지 못하고 주저하고 있었다. 이에 마을 주민들 대표(공동이장들)가 읍장에게 몰려갔다. 주민들이 "총회에서 모두 의논을 하고 투표로 결정한 일인데 무슨 근거로 새 이장 임명장을 주지 않느냐?"고 따지자, 그 이틀 뒤인 2005년 6월 13일, 읍장은 나에게 이장 임명장을 주었다. 그렇게 해서 나는 난생 처음 뜻밖에 마을 이장이 되었다.

임 명 장

주소 : 조치원읍 신안리 461
성명 : 강 구 철

신안1리 장에 임명함

2005년 6월 13일

조치원읍장 김 학 현

시행사의 방해로 수여가 지연된 이장 임명장.
주민들의 항의 방문 뒤 수여됨 (2005. 6. 13)

그리고 2년 동안 숱한 투쟁의 몸부림이 있었고, 2007년 5월 말엔 이장 임기가 끝나게 되어 있었다. 나는 다른 공동이장들(14명의 다른 대책위원들)에게 "이제는 싸움도 어느 정도 자리를 잡은 셈이니 이장은 다른 어른 중에서 하시고 저는 그 옆에서 보좌를 하겠습니다."라고 했다. 대다수 주민들 반응은 "어림없는 소리"라는 것이었다. "강 교수가 힘은 들겠지만 이장직을 같이 하지 않으면 마을 싸움도 끝장이나 마찬가지"라는 것이 근거였다. 주민 총회 결과 대다수 주민들은 "아직 마을 지키기 싸움이 끝나지도 않았는데 한 번 더 해야 하지 않느냐."는 것이 중론이었다. 원로 어르신들도 그런 견해에 동의했다. 오랜만에 마을회관이 후끈했다. 덩치가 좋은 몇 명은 혹시라도 있을지 모르는 시행사 쪽의 방해 공작이나 이상한 사람들의 억지 논리를 막느라 애를 먹었다.

이런저런 논란을 벌이다가 66명의 참여 주민들 사이에 평화롭게 비밀 투표가 이뤄졌다. 새 이장 후보 대상 추천이 나 외에 한두 명이 거론되다가 "그래도 이 싸움을 이끌 사람은 강 교수밖에 없다."는 데 다수가 찬성하여 결국 나 하나를 두고 찬반을 가리게 되었다. 개표 결과, 참여 주민의 97%가 찬성이었고, 1명은 기권, 1명이 반대했다. 그리하여 나는 다시금 이장직을 한 번 더 하게 되었다. 2008년 들어 조례가 바뀌면서 이장 임기가 2년에서 3년으로 늘어났다. 그래서 나는 공식적으로 2010년 6월 12일까지 두 번째 이장 임기를 수행하게 되었다.

2007. 5. 31 〈오마이뉴스〉

이장이 된 교수, 머리띠 질끈 동여매다
- "마을 공동체 문화 지켜낼 것"

▲ 마을 이장으로 재선출된 강수돌 고려대 교수 ⓒ오마이뉴스 심규상

이장과 교수. 영화 〈이장과 군수〉에서 이장과 군수는 서로 다른 사람이다. 하지만 조치원 신안1리에 사는 강수돌 교수는 이장이면서 교수(고려대 경영학부)다.

영화에서는 어린 시절 라이벌이었던 친구가 이장과 군수로 만나 경쟁심과 시기심에 티격태격한다. 반면 강 이장은 '마을 환경권'을 놓고 군수와 기업을 상대로 수년째 싸움 중이다.

또 있다. 영화는 현실을 풍자한 '코미디극'이지만 강 이장이 머리띠를 동여맨 곳은 실제 삶의 현장이고 냉혹한 현실이다. 강 이장은 어느 날 몰아닥친 한 건설사의 고층아파트 건립계획에 맞서 '생태마을' 조성을 외치며 '새로운 마을 만들기'를 진두지휘해왔다.

그는 5월 28일 밤 열린 마을 총회에서 이장에 재선출(임기 2년)됐다. 지지율은 97%(투표인 66명)로 전폭적이다. 그는 지난 2005년 전 마을이장이 '가짜 허위민원서류'를 주민 몰래 군청에 제출한 사건으로 사인하자 90%가 넘는 지지율로 새 이장에 당선됐다. 그의 호칭이 '이장'으로 바뀌는 순간이기도 했다.

그는 그동안의 이장 경험을 토대로 "단체장과 일선 공무원들이 최소한 마을총회 때는 모습을 드러내는, 발로 뛰는 현장행정을 해야 한다"고 주문했다. 학자 입장을 전제로 "공무원들 스스로 '법적 테두리에서만 움직인다'고 말하고 있다"며 "공무원은 행정관이지 집달리(執達吏)는 아니지 않느냐"고 지적하기도 했다.

강 이장은 "이장과 교수라는 두 가지 업무로 시간이 부족하고 힘들다"면서도 "진정한 마을 주민이 돼 학문과 삶의 '지행합일(知行合一)'을 경험하게 돼 보람을 느낀다"고 말했다.

1999년 신안1리 주민이 된 강 이장은 마을 앞 대규모 고층아파트 건립이 전 마을이장이 주민들 몰래 가짜민원서류를 내 '1종 일반주거지역'(4층 이하 제한)이 '2종 일반주거지역'(15층까지 건축 가능)으로 바뀐 사실을 밝혀냈다.

조치원 신안1리는 고려대 세종캠퍼스와 홍익대 신안캠퍼스 사이에 있는
마을이다. 30일 오후 충남도와 연기군을 상대로 고층아파트 건립(약
1,000세대) 승인 철회와 대학문화촌 중심의 생태마을 조성을 요구하며
싸우고 있는 강 이장을 마을회관에서 만났다.

▲ 강수돌 신안1리 이장이 주민대표들과 충남도 건설국장과 간담회를 갖고
고층아파트 사업승인에 항의하고 있다. ⓒ 오마이뉴스 심규상

다음은 강 이장과 가진 주요 인터뷰 내용이다.

– 마을 이장으로 재선출 됐는데?
"결론이 어떻게 나든지 고층아파트 건립을 저지하고 대학문화촌 건립
사업을 현실화하는 데 힘써 달라는 의미로 받아들이고 있다. 무거운 책
임감을 느낀다."

- 대학문화촌 건립 사업이 어려워질 경우 복안은?

"대학촌이 안 된다면 최소한 신안1리 저수지 부근을 주민 운동장과 공원으로 조성해 인근 학생들이 마음껏 뛰어 놀 수 있도록 해야 한다. 뒷산이 오봉산과 연결돼 있어 경치도 좋고 등산객도 많다. 뒤에 말을 뒤집었지만 현 군수 또한 '경관이 뛰어나다'며 '공원으로 만들도록 노력하겠다'고 약속한 바 있다."

- 마을 이장직을 맡게 된 배경은?

"1997년에 (고려대 세종캠퍼스로) 발령받았고 신안리에 집 짓고 살기 시작한 것은 1999년 가을부터다. 하지만 마을 앞 고층아파트 건립소식을 확실히 안 것은 2005년 행정도시특별법 통과 직후인 3월 초다. 당시 이장이 '아파트사업이 (다시금) 본격 착수된다'고 말하더라. 하지만 그때까지만 해도 마을이장이 관련된 일인 줄은 전혀 몰랐다.

군청에서 경위를 확인해보니 논과 밭, 과수원 등 농경지가 15층 고층아파트 건립부지로 변해 있었고 이 과정에서 마을이장이 허위문서를 제출한 사실도 발견했다. 마을총회를 열어 이 같은 사실을 알리고 이장을 추궁해 사실을 자백받고 사퇴서를 받았다. 마을 이장 '주민소환제'가 신안1리에서는 이미 이때 일어난 셈이다.

그 뒤 대전에 강의 갔다 돌아오는 택시 안에서 전화를 받았다. '마을 주민들이 총회를 통해 강 교수를 이장으로 뽑았으니 수락해 달라'는 요구였다. '주민들이 원하신다면 이장을 맡아 같이 싸워보겠다'고 수락했다. 말하자면 이장을 하게 된 발단은 마을 앞 고층아파트 건립 사업이고 배경은 전 이장의 허위민원서류 제출에 따른 사퇴다."

'신안1리'는 이미 '이장 주민소환제' 실행

- 2년간 마을이장을 하면서 느낀 점이 있다면?

"마을이장을 하기 전에는 몇몇 이웃과 친한 정도로만 약한 관계를 맺고
살았다. 이장직을 맡은 후 구체적으로 마을사람들과 만났다. 진정한 마
을 주민이 된 것이다. '지행합일'이라고나 할까? 이론적으로 꿈꿔온 이
상과 이를 실천할 수 있는 새로운 장을 찾은 셈이다. 최근 마을회관에서
하는 글쓰기 교실, 요가 교실도 좋은 호응을 얻는 등 마을 분위기가 바뀌
고 있어 보람을 느끼고 있다."

▲ 강수돌 이장 ⓒ오마이뉴스 심규상

- 마을 주민들은 어떤가?

"주민들의 풀뿌리 민주의식이 크게 높아졌다. 1종지와 2종지의 의미를 비롯, 고층아파트 건립 저지 이유에 대해서도 공감하고 있다. 최근에는 지주 130명이 2종지를 1종지로 바꿔 달라는 요청서에 도장을 찍었다. 통상적으로 재산 가치를 높이기 위해 5층 건물 이상이 건립 가능한 2종지를 요구하는 것과는 반대의 현상이 일어나고 있는 것이다. 이는 주거환경을 지키기 위한 회의와 토론의 결과라고 본다."

- 대학 교수직과 마을 이장직을 함께 수행하는 데 따른 어려움은 없나?

"시간적 어려움이 가장 크다. 모시고 있는 노모와 대화하거나 개인시간이 부족하다. 다행히 시간적 자율성이 있어 힘들긴 하지만 병행해나갈수는 있다. 강단에서 이상만 그리는 게 아닌, 피곤하더라도 사람들과 부대끼며 살아가는 것이 참된 삶이라고 생각한다."

- 오늘 항소심 선고공판에서 소송이 기각됐다. 어떤 소송이었나?

"한마디로 이장의 허위민원서류를 근거로 주거용도를 1종지(4층 이하 제한)에서 2종지(15층까지 건축 가능)로 변경한 결정을 취소해 달라는 소송이었다. 1심에 이어 오늘 오전에 열린 2심 선고공판에서도 기각됐다. 정확한 이유는 판결문을 받아봐야 알 수 있다."

각서 쓴 군수, 현장지시한 도지사 약속 어디로……

- 이 밖에 아파트건립 승인을 취소해 달라는 소송을 제기한 것으로 안다. 아파트건립 취소 소송을 제기한 근거는 뭔가?

"먼저 고층아파트 토지이용결정 과정이 불법적이다. 당초 우리 마을은 1종지로 입안이 돼 있었음에도 전 마을이장이 '허위민원서'를 제출해 고층아파트 건립이 가능한 2종지로 재입안됐다. 둘째 연기군수와 충남도지사가 공개약속을 위배하고 사업을 승인했다. 연기군수는 주민들에게 '아파트사업 대신 공원화 또는 대학문화촌 건설을 위해 노력하겠다'는 쪽지를 썼고, 도지사는 '대학촌 건립'을 지시하기까지 했다. 하지만 이 같은 약속을 지키지 않았다.

교통영향평가도 허위로 이뤄졌다. 평가보고서에 따르면 아파트 1,000세대 입주완료 후 4년간 승용차 증가대수가 불과 4대로 돼 있다. 또 '충남도시계획위원회'에 제출된 경관 시뮬레이션 자료 일부가 조작돼 거주민들의 환경권이 제대로 반영되지 않았다. 게다가 조치원 지역은 아파트 공급과잉에 허덕이고 있다. 이 때문에 주민 80% 이상이 아파트건립에 반대하고 있다. 기존 원주민들의 사회경제적, 환경적 권익을 침해하는 아파트사업은 민주사회의 질서나 이념에 걸맞지 않는다."

- 소송에서 패소할 경우 대책은?
"절차상 하자도 있고 타당성이 없는 사업이 분명한 만큼 긍정적 결과를 기대하고 있다. 하지만 최선을 다했는데도 법적으로 안 된다면 청와대 1인 시위 등 좀 더 대응강도를 높일 수밖에 없다."

- 아파트 건립 저지 싸움을 하면서 가장 어려운 점이 있다면?
"공무원이나 자본가들과 싸우며 모멸감을 느끼는 얘기를 듣는 것까지는 넘어갈 수 있다. 하지만 같은 주민들이 업자 편에서 싸움을 폄훼하거나 모욕적으로 이야기 할 때는 가슴이 꽉 막히고 너무 힘들다. 하지만 이 또한 주민들의 학습과정이라 생각한다. 시간이 흐르면 무엇이 옳은 것인지 느끼고 지지할 것이라고 본다."

법에 없더라도 지역주민과 상의하고 사업했으면……

- 학자와 마을이장의 입장에서 각각 행정에 바라는 것이 있다면?
"학자 입장에서, 행정이 '철학적 마인드'를 갖고 일을 했으면 좋겠다. 공무원들이 이구동성으로 '우리는 법적 테두리 내에서 움직일 뿐이고 법적 하자가 없으면 승인해줄 수밖에 없다'는 말을 당당하게 한다. 법을 존중하되 소신과 재량권을 갖고 민주행정을 하는 것이 공무원이지 법대로만 하는 '집달리(執達吏)'는 아니지 않은가.

이장 입장에서는 '현장 행정'을 하라고 말하고 싶다. 단체장과 일선 공무원들이 선거 때나 민원 제기할 때만 나타나지 말고 평소 관심을 갖고 발로 뛰는 행정을 해야 한다. 최소한 마을 총회할 때는 나타나야 하지 않겠나."

- 학자와 마을이장의 입장에서 각각 기업에 바라는 것이 있다면?
"학자 입장에서 기업이 이윤추구를 목적으로 할 수밖에 없지만 법률적, 도덕적으로 위배되지 않는 범위 내에서 활동해야 한다고 강조하고 싶다. 지역사회에 공헌한다는 의미에서 사회적, 경제적 책임을 성실히 완수하고 존경받는 기업 활동을 해 달라.

이장 입장에서 말하자면, 법에 명시돼 있지 않더라도 지역주민과 공개적으로 논의하고 동의를 확보하는 방식을 통해 사업을 진행해 달라고 요청하고 싶다."

- 끝으로 마을 주민들에게 하고 싶은 얘기가 있다면?
"평소 주민들에게 무슨 일이든 마을 주민들이 똘똘 뭉쳐야 하고, 뭉치기 위해서는 스스로 자유로워야 자기 목소리를 낼 수 있다고 말해왔다. 나아가 싸워 이기기 위해서는 포기하지 않아야 한다고 강조해왔다. 이기기 위해 최선을 다하겠지만 설령 진다 하더라도 마을 공동체를 지키고 좋은 마을을 만들기 위해 고민하고, 토론하고 단결하는 과정 자체가 아름답고 의미 있다고 생각한다." (심규상 기자)

군수 면담, 도지사 면담과 마을 주민의 투쟁

2005년 6월 3일, 허위민원서에 기초해 진행된 토지용도 변경과 아파트 사업 추진에 격노한 마을 주민들은 몇 차례 주민총회를 거친 끝에, 군수 면담을 통해 아파트 사업이 추진되지 못하게 하려고 연기군청으로 달려갔다. 처음에는 직원들이 당황하고 놀라서 이런저런 궁색한 변명을 하며 면담을 주선하려고 하지 않았다. 그러나 분노한 주민들이 군수 면담을 못하면 나가지 않을 듯한 기세를 펴자 마침내 군수와 회의실에서 면담을 할 수 있었다. 지방지 기자들도 참여하고 있었고 우리도 녹음기와 비디오를 준비하여 일거수일투족을 기록하고자 했다.

마침내 신안1리 주민 50여 명과 군수 및 군청 직원 사이에 질의 토론이 오갔다. 가장 먼저 도시과장이 그간 신안리 토지용도 관련, 도시계획이 어떻게 변했는지 설명했고 이어 도시과 계장이 좀 더 구체적인 설명을 했다. 핵심은 이랬다. 전 마을 이장이 허위민원서를 안 넣었다면 연기군 도시계획에 따라 신안리 땅들은 현재의 농지를 제1종 일반주거지역으로 종세분화할 터였다. 그런데 2004년 6월 4일, 전 이장이 허위민원서에 주민 7명을 포함한 도장 8개를 찍어 "신안리 415-1번지 일대 땅을 제2종지로 해야 한다."는 취지의 민원을 올리자 이에 근거하여 연기군에서는 당초 계획을 돌려 제2종 일반주거지역으로 만들기 위해 계획을 변경시킨 것이다. 1종지란 용적률 200%로, 대략 5층 이하 건축이 가능한 땅이고, 2종지란 용적률

250%로, 15층 정도의 건축이 가능한 땅이다. 달리 말해 2종지가 되어야 15층 아파트 단지 건축이 가능하다는 것이다. 내가 도시과 담당 계장에게 "만약 L 이장의 민원서가 없었다면 어떻게 되었겠는가?"라고 묻자 그 계장은 분명히 "그야 물론 제1종지로 되었겠지요."라고 말했다.

3	조치원읍 신안리 329일원	자연녹지지역	제1종 일반주거지역	4,080	250% 이하	원 김동철대의 주택지에 대하여 용도지역을 현실에 맞추어 조정변경
4	조치원읍 신안리 376-6일원	자연녹지지역	제2종 일반주거지역	1,330	250% 이하	중로 2~9호선 선형변경에 따라 용도지역 경계기준에 맞추어 용도지역 조정변경
5	조치원읍 신안리 419일원	제2종 일반주거지역	제1종 일반주거지역	56,140	200% 이하	고려대와 홍익대사이 기존 미개발 주거지역에 대하여 양호한 경관을 보호하고 저층중심의 주택지로의 개발을 유도하기위해 1종일반주거지역으로 계획
6	조치원읍 신안리 360-1일원	제2종 일반주거지역	준주거지역	27,910	500% 이하	고려대와 홍익대사이에 입지한 지역으로 대학지원기능과 장래 대학촌 중심기능을 담당하는 시설의 입지를 유도하기 위해 준주거지역으로 변경

군청이 당초 신안리 419 일대를 "양호한 경관을 보호하고자 1종지로 계획한다." 고 작성한 결정조서 (2003. 9)

이에, 우리 주민들이 말하기 시작했다. "군수님, 잘 아시다시피 신안리는 고대와 홍대 캠퍼스가 있는 마을로, 대학촌이 되어야지 어떻게 고층아파트가 옵니까? 민원서류가 가짜로 드러났으니, 지금부터라도

우 339-966 연기군 조치원읍 신안1리 364-2 T (041)865-3041

수신 : 연기군수

참조 : 도시과장

제목 : 신안1리 도시계획재정비사업 이의 건

신안1리 426번지 (과수원)외 49필지가 조치원도시 계획재정비
사업으로 인하여 현재 2종일반주거지역에서 1종일반주거지역으로
확정공고 될 경우 용적률 저하로 지주들의 재산권 침해 논란이
예상되어 신안1리 발전에 지장을 초래하므로 현행대로 2종일반주
거지역으로 유지시켜주실길 간곡히 당부 드리며 저희들의 의견이
관철 될 때까지 어떠한 투쟁도 불사하겠습니다. (2004. 6. 4)

첨부 : 신안1리 개발위원회원 및 지주명단 1부
      도면자료 1부

신 안 1 리 개 발 위 원 회

성 명	주 민 번 호	주 소	날 인
이 기	-1450??	신안리 364-??	
박 ?	-1450738	" 436	
허 ?	-1450??	" 364-1	
이 기	-145070	" 378-4	
황 종	-140???	" 373-1	
황 ?	-134118	" 384-3	
이 ?	-165???	" 360-10	
이 기	-145012	" 332-1	

전 이장 L에 의해 제출된 허위민원서-"1종지가 아닌 2종지로 바꿔야 한다." 는 내용 (2004. 6)

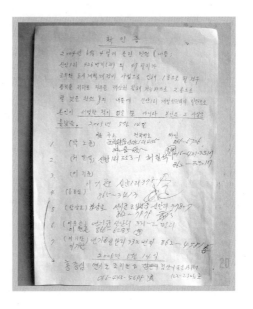

허위민원서에 이름을 도용당한 7명이 그 민원서가 사실 무근임을 확인한 증서 (2005. 5)

아파트 사업을 중단해야 합니다." "주민들을 얼마나 무시했으면 전 이장이 가짜 서류를 들고 왔는데, 도장 찍은 사람을 하나도 확인도 안 하고 그걸 믿고 토지 용도를 변경했습니까?" "신안리는 고대, 홍대 학생들이 자취도 하고 하숙도 하는 대학마을인데 아파트가 오면 기존 주민들은 망한다. 제발 살려 달라." "땅이 넓고 확 트인 곳에 아파트를 짓는다면 몰라도 신안리는 땅도 좁은데 거기에 아파트 지으면 병풍처럼 꽉 둘러막히고 길도 좁아 생활에 불편이 이만저만 아니다." 등등 주민들의 불평과 불만이 쏟아졌다.

그래도 공무원들과 군수는 이리저리 피해 가려 했다. 화가 머리끝까지 치민 내가 탁자를 세게 치며 가짜 도장들을 꺼내 보여주었다. "군수님, 바로 이것이 그 가짜 도장들입니다. 이 가짜 도장들, 바로 여기에 직접 오신 마을 어른과 주민들이 도용당한 도장들입니다. 만약 군수님이 이 사태를 바로잡지 않으면 이 도장을 찍은 사람들은 자기도 모르게 아파트를 불러들인 공범이 됩니다. 이 가짜 도장이 찍힌 서류 때문에 '1종지가 될 것이 2종지로 되었다'고 분명히 담당 계장님이 말했는데, 도대체 아파트 사업을 해야 될 근거가 어디에 있습니까? 군수님은 그것도 모르고 지금도 아파트를 해야 한다고 하시는 겁니까?" 하고 내가 이성을 잃을 정도로 격노하여 고함을 질렀다. 뭔가 비상한 일이 일어날지 모르는 다급한 상황이었다. 50여 주민들도 모두 나의 분노에 찬 목소리에 놀라면서도 여기저기서 고함으로 호응하며 거들었다.

연기군수로부터 "아파트 안 짓겠다."는 공언을 받아낸 공개 면담의 참여 주민 일부 (2005. 6. 3)

주민들의 분노가 보통이 아님을 알아차린 군수도 "자, 제 말 좀 들어보세요. 나도 어릴 적에 신안리 개울가에서 썰매도 타고 놀았습니다. 지난 3월 초에 강 교수가 찾아와 소견서를 주기에 나도 한 번 신안리에 살짝 가보았습니다. 지금도 나는 아파트가 아니라 공원 같은 것이 오면 좋겠다고 생각합니다. 그래서 나는 (15층 아파트가 아니라) 5층 아파트도 반대합니다."라고 했다. 내 눈과 귀가 번쩍 뜨였다. 군수가 이어 말했다. "알았습니다. 신안리에 아파트 안 하겠습니다. 도청에서 군수 의견 내라 하면 아파트는 부정적 소견이라고 하겠습니다." 이말에 주민들은 "와—— "하며 박수를 쳤다. 이에 내가 "군수님, 정말 감사합니다. 군수님의 그 말씀을 여기에 쓰시고 서명을 해주세요."라고 하니 "여기에 내 형님 같은 분도 많으신데, 나는 거짓말 안 한다. 강 교수가, 아니 강 이장님이 나에게 그러는 것은 지나친 것 아니냐. 그렇게 안 해도 되니 나를 믿어 달라."는 취지로 역정을 내듯 말했다. 순간, 나는 "이쯤 하면 되겠지. 설마 군수가 이 정도로 말했는데, 속이겠는가?" 하는 생각이 들었다. 게다가 이미 공개적으로 녹음과 녹화도 해 증거 자료도 있으니 괜찮겠다 싶었다. 그래서 다시 한 번 군수님께 주민의 말을 수용하기로 한 데 대해 감사의 손뼉을 치고 우리 주민들은 가벼운 마음으로 마을로 돌아갔다.

연기군수 3차 면담 내용 정리(녹취록)

* 면담 장소 : 연기군청 군수실 옆 회의실
* 면담 시간 : 2005년 6월 3일 09:30~11:00
* 참여자 : 신안1리 주민 50여 명
* 면담 방식 : 공개 면담, 면담 내용을 공개 녹음, 녹화함. 기자들 동석함

1. 주민 대표 강수돌 이장이 군수님께 세 가지 질문을 하다.

  1) 4월 29일 및 5월 16일에 군수 면담에서 군수께서 답변하거나 약속하신 내용과 민원 회신 내용(모든 게 적법 처리되었으므로 아파트 단지 계획은 별 하자 없다는 내용)에 불일치가 있는데, 그에 대한 솔직한 답변을 구함

  2) 아파트 찬성 주민과 반대 주민 서명 받은 내용에 대한 정밀 분석 결과, 찬성자는 많아도 80명 정도, 반대자는 340명 내외인데 이렇게 80% 이상의 실제 거주민이 반대하는데도 아파트 단지 계획을 일방적으로 밀어붙이려는 처의가 무엇인지에 대한 답변을 구함

  3) 허위 문건에 관한 건으로, 2003년 9월 2일까지 연기군에서 두 차례에 걸쳐 해당 지역을 "고대 홍대 사이의 경관이 양호한 미개발 지역을 저층중심으로 개발을 유도하기 위해" 1종 일반주거지역(4층까지

건축 가능)으로 하겠다고 공람 공고했고, 2004년 3월 3일에는 충남도청에 그렇게 결정해 달라고 신청을 올린 상태에서, 갑자기 6월 4일 전 L 이장 이름으로 7명의 개발 위원들과 지주들이 연서하여 "1종이 아니라 2종(15층까지 건축 가능)으로 해 달라"는 내용의 허구적인 민원(2004년 6월 4일자 민원서류에서 전 이장 L과 함께 연서한 것으로 된 7명은 2005년 5월 중순, 모두 그런 사실이 전혀 없을뿐더러 본인들은 개발위원도, 지주도 아님을 확인함)을 올린 것에 근거하여, 해당 지역이 2종으로 확정된 것은 누가 보아도 탈법적인 것인 바, 이를 다시 철회하고 원래 종세분화하려던 대로 1종으로 함이 바람직하다는, (현재 80% 이상의 주민들의) 요구에 대한 답변을 요구함

2. 이 질문에 대해 군수께서 <u>도시과 LYS 계장에게</u> 답변해보라고 함. LYS 계장이 답변함

- (LYS 계장) "당해 지역이 2종으로 된 것은 2004년 6월 1일날 월하리와 번암리 주민들이 아파트 등 개발업자들이 부지 매입에 들어가자 지가를 높이 받기 위해 달걀 세례까지 하면서 2종 일반주거지역으로 해 달라고 강력 요구하는 바람에 그렇게 되었는데, <u>바로 그 시점에 신안1리도 L 전 이장이 다른 분들과 함께 민원 서류를 넣었기에 원래 2종이던 것을 1종으로 하려다가 다시 민원 서류에 근거해서 2종으로 하게 된 것이다.</u>"

신안1리 주민들이 그 당시 다른 동네 주민들처럼 시위를 한 사실이 없지 않은가? 라는 질문에 대해

- (LYS 계장) "시위를 하지는 않았지만 전화도 많이 받았고 또 L씨 한 명이라도 민원을 넣은 것이면 우리로서는 그것을 믿을 수밖에 없었다."

이러한 답변에 대해 참여 주민들 사이에서 여기저기 항의와 불만의 목소리가 터져 나옴. ("결국은 책임을 지려 하지 않고 책임을 회피하려는 발언이다", "공무원들이 이래서야 하는가", "원래 1종으로 하려던 것을 허위 문건 때문에 아파트 업자 입맛에 맞게 2종으로 바꾼 것이니 다시 돌려야 한다", "초등학생이 들어도 말도 안 되는 소리다", "열린 행정이 아니라 닫힌 행정이다" 등등)

3. 이어 군수께서 답변함

- 나도 여기 어르신들, 형님뻘 되는 어르신들 계시지만 어릴 때 썰매 타고 놀던 곳이고, 전에도 강 교수를 비롯한 주민 대표 분들께 말한 바 있지만, 나라가 부지 매입이라도 해서 공원화사업을 한다면 좋겠다고 생각했다.
- 나는 거기에 아파트가 오는지 안 오는지도 몰랐다.
- 그런데 이 지역이 2종이 된 것은, 사실은 나도 1종, 2종이 뭔지도 잘 몰랐고, 원래 2종이던 것을 1종으로 하려다가 민원 요구가 있었기 때문에 그렇게 된 것이니 사실은 원래대로 한 거나 다름없다.

"여기에 확실한 근거 자료들이 모두 있는데, 도대체 어떻게 해서 잘 모른다, 아니면 잘못된 게 없다고 할 수 있는가."라고 따짐(2003년 9월에 공람공고 나갔던 서류랑, 전 이장에 의한 허위 문건, 그리고 그에 대한 연기군의 긍정적 답변 문건을 제시함)

"군수님, 여기에 허위 문건에 이름을 올린 도용된 도장들이 있습니다. 이 도장을 허위로 찍지만 않았다면 도청에 건의 올린 대로 1종으로 가는 것 아니었습니까? 도대체 왜 아무 문제가 없다고 하십니까?" (허위 문건에 도용된 도장들을 제시함) "이 공문이 없었다면 어떻게 2종으로 되겠습니까?"

"그리고 바로 이 시점이 아파트 업자들이 부지 매입을 하던 시점과 정확히 일치하고 있다는 증거가 있습니다. 이것을 보세요."(업자들의 부지매입을 돕던 용역업자들에게 보낸 공문 두 가지를 군수께 제시함)

"군수님께서 '모른신다, 모르신다' 하니까 이렇게 보여드리지요. 허위서류, 모두 알려드리겠습니다. 이성적으로 이야기해도 말을 잘 못 알아들으시니 저도 고함을 좀 질러야겠습니다."

기타 여러 주민들이 분노의 목소리를 높이고 분위기가 대단히 격앙됨.
"어린애들 앉혀놓고 말을 해도 말이 안 되는 거 아닙니까?"
"이거 오늘 결판 안 나면 이거 큰일 나요."

5. LKB 군수께서 최종 답변을 함

- "내 말씀 좀 들어보세요. 나는 아파트 반대다. 군수 결정에 따르는 것이라면 나는 아파트 반대다."

- "도에서 군수의 의견을 참고한다 했어요. 나는 절대 아파트 찬성 안 한다, 그렇게 낼 거예요."

- 주민들 모두 박수를 침

(대표 : 군수님 사인을 한 장 받아야겠다. 군수님 말씀대로만 그대로 적어서 서명을 해주세요.)

- "나는 강 교수 당신은 잘 몰라도 여기 계신 분들은 내가 잘 아는 친구 분들이다. 사인 안 해도 된다."

(주민 : "강 교수, 강 교수, 하시지 마시고 이장님이라 불러주세요.")

(대표 : 그렇게 주민을 믿으신다면 믿기 때문에 사인 하나만 해주세요.)

- "며칠 전에도 아파트 짓는 몇 사람들을 만났는데, 여기 아파트 짓지 마세요, 나는 공원화를 좋아합니다, 라고 말했어요."

(대표 : 그러니 제발 여기에 아파트 반대하신다고 사인 하나만 해주세요.)

- (도시과 담당자들에게) "절대로 도청에 군수 의견을 참고한다면, (아파트 사업에) "부정적으로 생각한다"고 적어 나한테 확인받고 올리도록 해. 알았어?"

- 주민들 모두 확인 박수를 침

- (강수돌 대표) 사인 안 받아도 믿어도 되겠지요?

"여기 계신 분들이 몇 분입니까? 사인을 하라고 하는 것은, 교수님이……"

"부정적으로, 여기 지으면 안 된다고 하는, 그 내용으로만 소견을 도청에다 올릴 겁니다."

(주민 일동 박수)

6. 기타 안건

(강수돌 대표) "주민 숙원 사업 중에 헐떡고개라고 해서 고려대에서 신안1리로 넘어가는 길이 있는데, 혹시 이씨 문중에서 허가를 안 해주더라도 그 상태에서 그 길을 좀 재정비해서 학생들이 많이 넘어올 수 있게 하면 좋겠습니다."

(LKB 군수) "전 이장 때 주민 분들이 함께 오셔서 이미 이야기한 바 있다. 나도 그 문제를 알고 있다. 이씨 문중에게 동의를 받아 달라고 한 상태에서 지금까지 못하고 있으니까 앞으로 추진하도록 하겠다."

(주민들 일제히 박수)

그런데 그 뒤로 정말 이상한 점이 몇 가지 생겼다. 우선 그렇게 획기적인 변화, 즉 '아파트 사업 대신 공원화 사업 같은 것을 추진하겠다.'는 군수의 전향적인 태도 변화, 그것도 50~60명의 주민들 앞에 공개적으로 약속한 내용이 대단히 획기적이었음에도 어느 신문에도 이 내용이 보도되지 않았다는 점이다. 분명히 내가 믿지 않던 다른 기자들도 있었지만, 내가 믿는 기자들도 참여했었는데 말이다. 보통 같으면 지역에서 이런 사건은 제1면의 톱기사로 나와야 할 정도다. 그보다 훨씬 시시한 것들도 톱기사가 되는 경우가 많은데 말이다. 그래서 나중에 한 기자를 만나 "왜 신문 보도가 안 나왔냐?"고 나는 참 순진한 마음으로 물었다. 그 기자는 "그날은 금요일이었는데, 시간이 너무 지나서……"라며 얼버무렸다.

지금 생각해보면 건설 시행사 측이나 공무원 측에서 결코 그날 내용이 언론에 보도되도록 가만히 두지 않았을 것이란 생각이 든다. 그 기자 입장에서도 '말 못할' 사정이 있었음에 틀림없다. 이것이 한국 사회다.

또 그 뒤로 이상하게도 '아파트 사업' 진행을 위한 실과별 협의라든지, 한전, 가스, 통신 당국과 협의하는 등등의 일이 진행되고 있다는 말이 들려왔다. 아파트 사업 대신 공원화 사업이 될 것이라는 말은 한 번도 들려오지 않았다. 연기군 의회에서 아파트 사업이 제대로 진전되지 않을까봐 걱정하는 (건설업자와 이해관계를 같이하는) 군 의원들에게 군수가 "설사 내가 아파트를 못 오게 한다 하더라도 건설회사가 행정소송을 하면 이기게 되어 있다."는 취지의 발언을 하는 것을 보고서 나는 다시 한 번 허탈감을 느꼈다. 배신감이요, 인간에 대한 신뢰 상실이요, 행정 당국, 정치권력에 대한 불신을 재확인하는 과정이었다. 감히 말하건대, 대부분의 행정과 정치는 자본의 이해를 대변하기 위한 도구에 불과하다는 것을 다시 실감했다. 그리고 이 결론은 지금도 변함이 없다. 내가 이장 이상의 권력을 탐하는 사람들을 별로 믿지 않게 된 것도 이런 깨달음 때문이다.

참다못해 마침내 2005년 11월 7일, 우리는 그 이전부터 몇 차례 총회와 대책회의를 연 끝에 다시금 군수 항의 방문 및 면담을 대대적으로 진행했다. 기자회견용 피켓과 머리띠, 어깨띠, 그리고 퍼포먼스를 위해 달걀도 준비했다. 그 사이에도 나와 대책위 위원들 몇이서 여러 차례 군수를 면담해 아파트 사업이 왜 중단되지 않느냐고 항의했으나 두루뭉술한 답변만 들었고, 확실하다는 느낌보다 뭔가 구리다는 느낌만 받았다. 그래서 그날은 마음먹고 몰려갔다. 역시 50~60명의 주민들이 결사 항전의 자세로 달려간 것이다.

기자회견 중 퍼포먼스를 하기 위해 준비한 달걀. 아파트 대신 대학문화촌을! (2005. 11. 7)

지금 생각해보면 우리의 싸움이 가장 치열했던 순간 중 하나였다. 공무원들은 이미 6월 3일에 우리 주민들에게 한 번 당했기 때문에 이번엔 절대 군수 면담을 안 시켜주려 했다. 우리는 군수실 앞 휴게실에 죽치고 앉아 "군수가 오지 않으면 안 가겠다."고 했다. 최후의 수단으로는 군수실 점거 농성까지 각오했다. 혹시 몰라 머리띠와 어깨끈까지 준비했다. 그리고 군수가 "아파트가 아니라 대학문화촌이나 공원화 사업을 하겠다."는 취지의 각서를 쓰도록 미리 문건도 만들어 갔다. 왜 주민들 앞에 공개 약속하며 또 절대 안 어긴다고 사인도 거부한 공인이 거짓말을 손바닥 뒤집듯이 하는가에 대한 항의와 분노가 극한에 치달았다.

우리 입장에서 보면, 경찰서 정보과 형사나 경찰도 군청과 한통속이었다. 우리를 군수실 근처에서 끌어내리려고 사냥개처럼 달려들었다. 나는 이왕 싸우기로 한 이상 그런 자들이 전혀 겁나지 않았다. 속으로 X자식들, 국민 세금으로 먹고살면서도 국민의 요구가 뭔지도 모르고 탐욕가의 하수인을 자처하는 자들, 이라 외치고 싶었다. 주민 중에도 훌륭한 싸움꾼이 몇 있었다.

한참 뒤 군수가 나타났다. 회의를 끝내고 온 듯했다. 우리는 "군수님, 왜 우리한테는 '아파트 못 오게 한다.'고 해놓고 실제로는 아파트 사업을 진행합니까? 지금 바로 여기서 아파트 사업 못 하게 한다고 각서를 쓰지 않으면 우리는 돌아갈 수 없습니다."라고 항의했다. 여기저기서 우리 주민들의 분노한 외침이 쏟아졌다. 사태의 심각성을 깨달은 군수는 우리가 경찰이나 공무원과 실랑이를 벌이던 휴게실에서 "잘 알았다. 내일 공문을 만들어 보낼 터이니 걱정 말고 돌아가라."고 했다. 그러나 이를 믿을 사람은 아무도 없었다. 우리는 '한 번 속자, 두 번 속을 수 없다.'는 자세였다. 나는 "도저히 믿지 못하겠으니 지금 당장 도시과에서 공문을 만들어 올리고 군수가 사인을 한 뒤 복사본을 가져와야 우리 주민들은 안심하고 돌아가겠다."고 했다. 군수와 공무원은 "어떻게 공문을 그렇게 빨리 만들 수 있느냐?"고 항변했다.

나는 속으로, (2004년 6월) 가짜 문서에 '긍정적 답신'을 보낸 걸 보면 '짜고 치는 고스톱'일 적에는 일사천리로 가지만, 주민들의 진짜 민원 앞에는 앞뒤가 다른 얼굴을 보이는 자들이기에 절대 믿을 수 없다고 다짐했다. 한 발자국도 물러설 수 없었다. 마을 사람 중에 욕도 잘 하고 겁도 없는 분이 몇 분 있어 마침내 (사업자나 다름없이 행동하는) 공무원이나 경찰들을 물리치고 군수와 내가 군수실 옆 대기실에서 일대일 면담을 할 수 있게 되었다. 군수실엔 아무도 들어가지 않았다. 연기경찰서 형사가 절충한답시고 다리를 놓은 것이다.

그러나 지금 생각해보면 그것도 기만이었다. 군수와 내가 일대일이 아니라 50~60명의 주민이 모두 모인 자리에서 각서에 사인을 받았어야 하는 건데, 라는 생각이 든다. 하지만 당시엔 일대일 면담조차 우리가 제대로 싸우려 했기에 실랑이 끝에 별 사고 없이 군수 면담과 서명을 받아낼 수 있었다고 본다. 내가 준비해 간 문건은 "각서"라고 되어 있었는데, 군수는 "공무원으로서 각서 같은 건 안 되고, 군수가 이런저런 말을 했다고 확인한다."는 취지로, 각서라는 글자를 지우고 확인서로 고친 뒤 맨 밑에 사인을 해주었다. 우리는 다시 한 번 환호성을 질렀다. "군수의 사인 정도라면 믿을 수 있는 것 아니냐."는 것이었다. 나는 오마이뉴스, 디트뉴스 등 믿을 만한 기자들 앞에 확인서를 들어 보이며, "군수가 이런 사인을 해주셨으니, 이제 우리 주민들은 군수가 아파트 사업이 안 되게 바로잡을 것이라 믿어보자."고 했다.

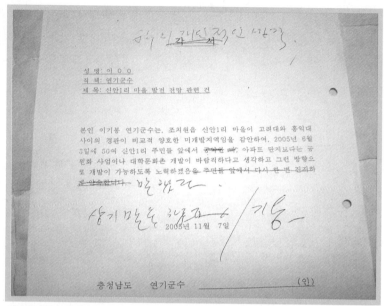

성 명: 이 ○ ○
직 책: 연기군수
제 목: 신안1리 마을 발전 전망 관련 건

본인 이기봉 연기군수는, 조치원읍 신안1리 마을이 고려대와 홍익대
사이의 경관이 비교적 양호한 미개발지역임을 감안하여, 2005년 6월
3일에 50여 신안1리 주민들 앞에서 ~~공약한 대로,~~ 아파트 단지보다는 공
원화 사업이나 대학문화촌 개발이 바람직하다고 생각하고 그런 방향으
로 개발이 가능하도록 노력하겠음을 주민들 앞에서 다시 한 번 진지하
~~게 약속합니다.~~

2005년 11월 7일

충청남도   연기군수   _____ (인)

당시 연기 군수 항의 방문에서, 우리의 각서 요구에 대한 '군수의 개인적인 생각' 문건 (2005. 11. 7)

군수로부터 각서 아닌 각서를 받고 난 뒤 기쁜 마음으로 가진 기자회견 (2005. 11. 7)

그러나 결국은 우리가 또 속고 말았다. 당장 오마이뉴스 보도엔 담당 공무원이 "그런 확인증이야 법적 효력이 없는 것이다."고 말했다. 한마디로, 우리는 헛수고만 한 셈이었고, 군수와 공무원들은 우리를 놀려댄 셈이다. 달랑 '확인증' 하나 써주고 우리를 돌려보낸 뒤 저들끼리는 우리더러 '순진한 사람들'이라며 시시덕거리고 있었을 것이다. 주민을 위한 행정을 한답시고 입에 거품을 물며 선거에 나서서 당선된 자들이 이런 식으로 우리를 기만하는 나라, 과연 이런 나라에 세금을 꼬박꼬박 내며 살아야 하는가, 하는 허탈감과 상실감이 몰려왔다.

그러나 그런 허탈감을 느끼기 전에 우리 주민들은 군수 서명이 포함된 '확인증'을 들고 환호성을 지르며 일단 군수실에서 나와 충남도청으로 달려갔다. 도지사 면담을 해서 사태를 확실히 하고 싶었기 때문이다. 아파트 500세대 이상 규모에 대한 최종 승인권자는 도지사다. 군수도 수시로 "도지사가 결정권자이니, 나도 여러분처럼 도청 앞에 가서 데모할까?"라고 한 바 있다. 그런 말도 모두 '위기의 순간만 넘기기 위한' 제스처임을 아는 데 그리 오래 걸리지 않았다.

지금 생각하면 행정가나 정치가에겐 '결정적 위기의 순간을 얼마나 교묘히 넘길 수 있는가'가 중요한 역량이다. 한마디로, 타자에 대한 사기와 자기에 대한 기만의 달인이 되어야 한다. 그렇지 않다면 주민의 다양한 요구 앞에서 돈과 권력의 논리를 일방적으로 관철하기 어렵게 되어 있다. 이것이 냉정한 정치 논리다.

도청 도지사 부속실로 몰려가니 직원들은 국장부터 만나라고 꼬드겼다. 못 이기는 척하고 국장, 과장을 모두 만났으나, 속으로 "헛방이다. 시간 낭비다." 싶어 박차고 나왔다. 부속실로 다시 갔다. 도지사실

옆에서 기다리라 했다. 기다려도, 기다려도, 우리한테 "들어오라."는 소리를 안 했다. 우리를 지치게 하고 도지사가 나가길 기다리는구나, 라는 생각이 퍼뜩 스쳤다. 겉으로는 친절한 척하면서도 속으로는 엉터리 생각을 하는 자들이구나, 하는 걸 거듭 확인하는 순간이었다. 우리 아이들이 커서 공무원 시험을 치고 고시 공부를 해 저런 사람이 되면 저렇게 살까, 하는 생각에 만사가 허무하게 느껴졌다. 나 스스로도 사법고시나 행정고시 같은 것을 치지 않기를 너무나 잘 했다는 생각이 들기도 했다.

마침내 내가 참다못해 부속실 문을 불쑥 열고 들어가니 문틈으로 도지사가 보였다. 순간, "속을 뻔했다."는 생각이 들어, 부속실 직원들에게 화를 냈다. "왜 도지사님이 안 계신다고 거짓말을 하느냐?"고 언성을 높였다. 일부러 높였다. 그래야 높은 분이 들을 것 같아서. 마침내 도지사께서 우리한테 "들어오라." 하셨다. 대표 5명 정도만 들어갔다. 이장인 나와 부녀회, 노인회, 청년회 대표 및 회원이 들어갔다.

이미 도지사는 우리 사안을 잘 알고 있었고 우리 이야기도 잘 들어주었다. 도지사는 자신의 집 앞에도 고층아파트가 들어서려 해 막아보려 했는데 도지사인 자신도 못 막겠더라고 이야기했다. 뭔가 복선을 까는 듯했다. 나는 오전에 연기군수가 우리 주민들에게 해준 각서 아닌 각서 즉, 확인증을 도지사한테 보여주고, 군수가 이렇게 약속하고 사인도 했으니, 군청에 가면 도청으로 가라 하고 도청에 오면 군청으로 가라는 식으로 미루지만 말고 결정권자인 도지사께서 확실히 결단을 내려 달라고 했다.

그렇게 한참 이런저런 얘기를 나눈 끝에 도지사는 동석한 부지사 및 담당 공무원을 보고 "이거, 원래 연기군이 대학촌을 만든다고 하던 곳이고 충남도에서도 '대학로 순환도로' 공사를 한다고 수억 원을 지원한 곳이니, '아파트 사업은 안 된다.'고 연기군에 아예 공문을 내려보내세요. 알았지요?"라고 통쾌하게 말했다. "이게 웬 일인가?" 우리는 속으로 쾌재를 불렀다.

코가 땅에 닿도록 절을 거듭하고 우리는 정말 가벼운 마음으로 도지사실을 빠져나왔다. 도청 기자실에도 들러 그런 경과를 이야기해주고는 널리 보도해 달라고 이야기했다. 이상하게도 분위기는 좀 썰렁했다. 그리고 우리는 또 한 번 더 속았다. 충남도와 연기군 공무원들이 하나도 움직이지 않았기 때문이다. 되레 연기군은 착실히 실과 간 협의를 거쳐 '아파트 사업'을 위한 서류를 만들고 있었고, 충남도는 모른 척하고 있었다. 요컨대, 행정당국과 마을 주민 사이의 갈등과 싸움은 결국 (업자와 당국의) 교활함과 (주민과 운동의) 순진함 사이의 싸움에 다름 아니었다.

대전문화방송 라디오 '시대공감' 인터뷰

사회자 : 고층아파트 건설을 반대하는 연기군 조치원 신안리 주민들이 어제 연기군청을 항의 방문한 데 이어 SDP 도지사 면담까지 했습니다. 신안리 아파트 건설은 오래전부터 불거졌지만 해결의 실마리가 안 보입니다. 주민들의 요구는 무엇인지 마을 이장을 맡고 있는 고려대 강수돌 교수를 만나보겠습니다.

– 아파트 건설과 관련해서 어제 연기군수, SDP 도지사와도 면담한 걸로 알고 있는데요, 그 면담의 주요 내용을 정리해주실 수 있으신지요?

강수돌 : 우선 (2005년 11월 7일) 아침 9시 반경에 우리 주민 50여 명과 시민사회단체까지 해서 약 70여 명이 연기군수와 면담을 요청했습니다. 그래서 핵심은 지난 6월 3일 군수께서 주민들에게 약속하신 내용들이 제대로 이행되고 있지 않기 때문에 그 부분에 대해 확인받으러 간 것입니다. 어떤 내용이냐 하면, 고려대 홍대 사이 우리 마을을 고층아파트 단지보다 지역 여건에 어울리는 대학문화촌이나 공원화 사업이 바람직하다는 군수 의견이 전혀 가시화되지 않고 오히려 아파트 사업이 착착 진행되고 있어 주민들이 분노한 것입니다. 그래서 군수와 면담해서 그 당시 말씀하신 내용과 일치되는 군수 소견서에 사인을 받아 왔습니다.

– 도지사와의 면담 내용은 어땠습니까?

　SDP 도지사와 우리 주민 대표 15명이 짧게나마 면담을 했습니다. 도지사께서는 저희 마을 안건에 대해 자상히 알고 계셨습니다. 왜냐하면 도지사도 우리 마을 '대학촌 계획'과 관련해 (수억의) 도비를 지원한 적이 있습니다. 도로 개설 같은 건도 잘 알고 계셨지요. 우리가 (마을 문제에 대해) 간단히 말씀드리니 이미 10가지를 다 알아들으셨습니다. "어떻게 대학촌이 사라지고 갑자기 아파트로 돌변하게 되었는가?" 하시면서, 동석한 담당 공무원들께 "즉각 연기군수에게 공문을 보내 아파트 계획을 시정하도록" 지시했습니다.

– 군수가 각서까지 써주신 걸로 알고 있는데요, 일각에서는 그건 군수의 '개인적 생각'이라 행정 진행 과정에 별 영향을 끼치지 않을 것이라는 견해가 있습니다. 이에 어떻게 생각하나요?

　군수님은 각서라는 표현은 적절치 않다며 '군수의 개인적 생각'이라 했습니다. 그러나 우리가 중요하게 보는 것은 군수께서 의견을 표명하신 것, 재차 확인한 것에 의미를 둡니다. 또한 군수님은 그런 내용을 공식 결재 라인을 통해 같은 내용의 공문을 도지사에게 올리도록 지시하셨습니다. 그래서 저희 마을 주민들은 그런 군수 의견이 반영되어 각 실과 담당 계장, 과장이 그러한 취지로 공문을 올려 도지사 견해와 발맞추어 도와 군이 서로 미루지 않고 주민들 의견을 일관되게 반영할 줄로 믿습니다.

– 군수나 도지사 면담이 주민들 의견에 힘을 실어준 것으로 느껴집니다. 신안리 아파트 논란은 오래전부터 시작되었는데, 어떻게 진행되었나요?

부지 매입을 한 업자들은 실은 2004년 3월경부터 비밀리에 추진했습니다. 제가 2005년 3월부터 아파트 본격 추진 이야기를 듣고 '소견서'를 발표하고 '서명 운동'도 시작했습니다. 그래서 이 지역에는 도저히 아파트가 들어서서는 안 되고 대학촌이나 전원마을이 들어서야 옳지 않겠느냐 하는 의견을 서명운동을 통해 확산하기 시작했고요, 그러던 중 전 이장이 허위문건을 올려 아파트가 불가능한 땅을 가능한 땅으로 둔갑시킨 사실까지 폭로했습니다. 이에 주민들이 분개하며 일어섰습니다. 그래서 최근까지 1~3차 서명운동 통해 총 주민 1,200여 명 중 약 1,100명 가까이가 아파트에 반대하고 대학문화촌을 찬성한다, 우리 (주민) 여론은 주민들 압도적 다수가 아파트보다는 지역 여건에 맞는 대학촌을 만들자, 이렇게 의견이 모아졌습니다.

– 주민입장에서는 전원마을이나 대학문화촌을 통해 마을을 보존하자고 주장하고 아파트 업자 측에서는 아파트 건설 등 개발을 원하는데, 신안리라는 마을은 어떤 마을인지 소개 부탁드립니다.

우선 우리는 개발 자체를 반대하기보다는 이른바 지속가능한 개발, 지역 여건에 맞는 개발을 하자는 건데요, 저희 마을은 북으로 홍익대, 남으로 고려대가 위치한 조치원의 얼굴이 되는 마을입니다. 그 두 대학 사이에 우리 마을이 있습니다. 고대와 홍대는 정문끼리 700미터 떨어진 곳이고 저희 마을에서 전부 걸어 다닐 수 있는 거리입니다. 일반주민이 약 400가구 있고, 학생들 원룸이 약 400세대 해서 모두 1,200여 명이 살고 있습니다. 주민 중 일부는 농업, 상업에, 일부는 100여 가구 넘게 원룸 등 (학생들을 상대로) 임대업에 종사합니다. 그래서 아파트 단지가 오면 원룸 하는 분들이 타격이 큽니다. 또 우리 지역은 저수지도 있고, 복숭아 및 배꽃이 아름다운 과수원, 구릉지와 산으로 둘러싸여 경관이 매우 좋습니다. 그래서 자연환경도 보존하면서 양 대학 학생들과 주민들이 어울려 사는 대학촌을 희망합니다. 이것이 주민들의 대다수 의견이죠.

– 대학촌이기 때문에 아파트 건설 계획을 바라보는 학교 측이나 학생들의 반응은 어떠한가요?

우선, 학교 측에서는 내부 현안 때문에 이 문제에 대해 큰 그림을 그리지 못하는 형편입니다. 각 캠퍼스 안에서의 발전이 더 급하니까요. 점차 저희가 운동도 하고 또 제가 학교에 있으면서 만나는 선생님들께 건의도 하고 보니까, 이제는 많은 고려대 선생님들도 대학촌이라는 커다란 전망을 갖고 조치원이 발전해야 연기군도 행정도시와 관련해 더욱 빛나지 않겠느냐 하는 견해를 표명하십니다. 특히 최근엔 건강도시, 행복도시 개념을 행정적으로나 도시계획상으로도 반영해야 한다는 견해가 나오고 있습니다. 또 우리 대학생들도 어제 군수님을 면담할 적에 숫자는 많지 않았지만 연대 차원에서 적극 동참했고, 또 인터넷에서도 군수님이나 도지사께 아파트보다는 대학문화촌 개발을 촉구하는 건의를 많이 올리고 있습니다.

– 행정도시 관문이기도 한 이 마을에 장기적 안목으로 개발 방안을 찾자는 것이 주민들 의견인 것 같습니다. 조금 전 교수님 말씀에 마을 주민 도장을 무단 이용한 문서조작이 있었다는 말씀이 있었는데 그게 어떤 내용입니까?

그게 바로 핵심인데요, 처음엔 연기군 당국에서 이 지역을 '1종 일반주거지역'이라 해서 개발을 하더라도 4층까지만 해서 자연을 살리자, 이런 취지로 도시계획을 입안했지요. 이걸 2004년 3월에 충남도에다 결정 신청한 상태였는데, 갑자기 아파트 업자들이 토지 매입을 개시한 직후인 2004년 6월 4일, 전 이장이 주민 7명의 도장을 허위로 찍어 "우리 주민들이 15층 아파트가 가능한 2종 일반주거지역을 원한다, 1종으로 가선 안 되고 2종으로 해야 한다"며 허위문서를 올려 그것을 근거로 2005년 3월 말, 그것도 비밀리에 2종으로 결정이 나고 말았습니다. 충남도청과 연기군에서요. 그 전모가 2005년 5월 들어 폭로된 겁니다.

– 그와 더불어 교통영향평가도 문제점이 많다고 하는데 어떤 문제점이 있나요?

'교통영향평가'는 아파트를 지으려면 단지가 도로 교통에 어떤 영향을 미치는가에 대한 전문가들의 의견서입니다. 첫 번째 문제는 아파트가 가능한 토지용도 결정이 2005년 3월에야 비로소 났는데, 아파트 건설을 전제로 한 교통영향평가는 이미 2004년 9월에 통과되어버린 사실입니다. 절차상 문제가 크지요. 두 번째는 내용적 문제입니다. 1,051세대가 입주할 아파트 단지에 교통증가량 예측이 1년에 승용차가 고작 1대꼴로 증가한다고 되어 있습니다. 도로망 확충에서 턱없이 축소 평가된 거지요. 아무래도 의심스러워 환경단체나 다른 교평 기관에 질의하니 "교통지표 자체가 잘못되었고 내용상 문제 있다."는 의견서가 왔습니다. 또 충남 도청에 가서 담당국장께 여쭈니 "아, 이거 오타 아닌가?" 이렇게 답하더군요. 전문가들이 검토한 내용에 대해 이런 답을 들으니, 참담한 심정이었습니다. 어떻게 이런 분들이 행정을 담당하는가, 하고 서글퍼졌지요.

– 토지용도변경서부터 문서가 조작되었기에 행정상, 절차상 문제를 안고 있다고 보는데요, 해당 관청인 연기군이나 충남도청의 입장은 어떻습니까?

지금까지는 크게 움직임이 없고, 주민들 앞에서는 소견이나 민원을 들어줄 것처럼 얘기하지만, 실질적으로는 최근(2005년 10월 21일) 연기군 도시계획위원회에서 사실상 아파트를 하는 걸로 확정 짓고 충남도로 서류를 넘기려 하는 찰나에 저희가 군수 및 도지사 면담을 한 것이지요. 강력한 항의 면담을 통해 "더 이상 우리 주민들이 표리부동한 행정을 참을 수 없다"고 했고, 그래서 우리는 군수님이나 도지사 면담에서 "아파트를 안 하는 것"으로 다시 확답을 받았습니다. 그래서 아파트가 아니라 대학촌으로 방향 전환을 하기로 한 것이라 믿습니다. 이것이 표리부동하게 되지 않도록 주민들이 두 눈을 부릅뜨고 지켜보아야 합니다.

– 건설사는 이미 2004년 3월부터 토지를 매입한 걸로 아는데, 이미 매입된 토지에 대해서는 어떻게 해결이 날 것 같습니까?

거기에 대해선 저희도 대안이 있는데요. 주민들이 반대하고 허위문서에 기초한 계획을 일방적으로 강행하기보다는 차라리 연기군이나 충남도에서 국비지원을 받는 한이 있더라도 이 토지만을 좀 매입하라, 그래서 대학촌으로 발전시켜 '교육문화도시'로 개발한다면 건교부에서도 지원할 것입니다. 그러는 한 저도 헌신적으로 도울 것입니다. 아니면 두 번째 대안으로 시행사와 '빅딜'을 해서 행정도시가 오게 되면 다른 곳에 개발할 곳이 많이 생기니 그쪽으로 도와주되 이 지역을 어느 정도 싼 값으로 반 정도는 기부하고 반 정도는 파는 형식으로 해서 '대학문화타운'으로 개발하는 것이 바람직하다고 생각하고 있습니다.

– 아파트 개발 및 난개발에 대한 반대 여론이 지배적인 주민 생각이라면, 토지를 도지로 매입해서 올바르게 개발하도록 도 차원에서 추진되어야 하지 않을까 하는 생각이 드네요. 이제 마무리하는 차원에서 농촌 지역 무분별한 대단위 아파트 건설에 대해 어떤 문제가 있다고 보시는지요?

우리가 차를 타고 가다 보면 농촌 지역에 흉물스럽게 아파트 단지가 들어서는 걸 볼 수 있습니다. 그런 것은 참 적합하지 않다고 생각하고요, '전원형 계획도시' 개념으로 가야 합니다. 주변 지역 여건이나 자연 경관도 살리면서 고층형이 아니라 저층형의 아름나운 공동주택들, 그런 것이 들어서면 좋겠습니다. 독일 같은 경우 2차 대전 후 주거 사정 악화로 아파트를 많이 지었다가 60년대 이후로 이걸 허물기 시작해 오늘날 유럽 여행을 하다 보면 거의 아파트를 보기 힘듭니다. 자연 속에 어우러져 살고 있는 것이 시사적입니다.

저는 특히 아파트나 부동산을 주거 개념이 아니라 재산 증식이나 투기 개념으로 갖고 있는 우리 자신의 의식도 문제라고 봅니다. 자연 속에 어울리면서도 공동체적인 정을 나눌 수 있는 그런 마을을 만들어야 하죠. 단순히 자기 이익만을 위해 재산 증식 차원에서 아파트를 한 채 사고 투기하고 또 프리미엄 붙여 팔고 하다 보니까, 봉급생활자들이 알뜰살뜰 모아 집 한 채 장만하고 인간답게 살아가기가 점점 어려워집니다. 결국 우리 자신도 집을 주거 개념으로 바라보아, 재산 증식이나 투기 개념이 사라지도록 해야 할 것 같습니다.

– 잘 알겠습니다. 말씀 감사합니다. 연기군 신안리 아파트 건설과 관련해서, 신안리 이장을 맡고 있는 고려대 강수돌 교수와 말씀을 나눠보았습니다.

허위민원서를 둘러싼 음모들

그렇다면 그 민원서가 허위로 밝혀진 지금, 그 허위민원서에 기초해 '1종지(4층 정도 개발 가능)가 되려다 2종지(15층 정도 개발 가능)로 둔갑한 것' 이 원점으로 돌아가야 하지 않는가? 그것이 상식이요 이성적인 귀결이다. 그러나 연기군과 충남도는 "허위민원서를 만든 그 사람만 처벌하면 되지, 도시계획 결정은 별개의 문제다."라는 식으로 대응했다. 자, 이것을 한번 따져보자.

이렇게 비유해보자. 만약 어떤 고교생이 실력이 부족하여 그 아버지가 대신 대입 시험을 쳤다고 하자. 시험을 잘 친 덕에 아이가 일류 대학에 합격했다. 약 1년 뒤에 그것이 들통이 나고 말았다. 이때 그 아버지만 벌금 200만 원 받고 끝나야 하는가, 아니면 아버지도 처벌받고 아들의 합격도 취소되어야 하는가? 상식과 이성, 판단력과 양심을 가진 당국이라면 아이의 입학은 취소되고 아버지도 벌을 받아야 한다. 그것이 순리다. 그러나 연기군과 충남도의 대응은 아버지만 벌금 좀 내면 그만이라는 식이다. 과연 이런 나라에 세금을 내며 '애국심'을 갖고 살아야 하는가? 근원적인 회의가 들기 시작했다.

또 다른 측면을 보자. 지금도 수많은 주민들은 군청이나 시청에 온갖 민원을 낸다. 그 민원은 대개 "우리 행정에 관심을 가져주셔서 대단히 감사합니다. 귀하의 민원은 이러저러한 사유로 참고는 하겠습니다만 원하는 대로 해주기는 곤란합니다. 앞으로도 계속 우리 행정에 사랑과 관심을 가져주시기 바랍니다."는 식의 답변으로 돌아온다. 한마디로, "니 혼자 열심히 짖어 보아라."는 식이다. 이런 문건을 받는 순간 나는 "참, 말이란 게 뭔지…… 그럴듯한 친절로 포장하지만 결국은 애절한 간청이나 탄원에 대해 개똥 취급을 하는구나. 해 봐야 별 볼 일 없구나. 결국 시간 낭비구나. 괜히 돈과 시간만 낭비했구나." 하는 생각이 들었다.

자, 이제 전 이장이 허위민원서를 넣은 시점이나 전후 맥락을 보자. 내가 마을 이장을 하는 이 순간에도 당국에서 도시계획 변경 절차가 어떻게 진행되는지 전혀 모른다. 공무원들이 나한테 일일이 절차를 보고해야 할 의무도 없고 내가 굳이 쫓아다니면서 물어볼 필요도 없다. 혹시 내가 돈에 눈이 멀어 땅값 좀 받을 데 없나 싶어 군에 가서 물어본다 하더라도 친절히 가르쳐줄 공무원도 없고 사실은 그래서도 안 된다. 그런데 도대체 어떻게 해서 (업자들이 한창 아파트 부지 매입을 하던 시점인) 2004년 6월 초, 전 이장이 "지금 신안리 땅이 1종지로 결정되기 직전인데 그렇게 되면 지주들의 재산권이나 마을 발전에 지장이 초래되니 2종지로 함이 마땅하다."는 취지의 민원을 올리게 되었을까?

이 지역의 도시계획이 변경되는 과정을 빤히 알고 있거나 그 변경 과정에 막대한 이해관계를 갖고 있지 않다면 그런 민원서를 올릴 수 있는 사람은 아무도 없다. 게다가 사전에 의논이 안 되었다면 이장이 제아무리 수십 차례 도시계획 민원을 올려봐야 "감사합니다. 안녕히 계십시오."라는 겉치레식 답변만 받고 만다. 그런데도 연기군 당국은 그 허위민원서를 받고 1주일 만에 "적극 검토하겠다."는 답신을 했다. 한마디로 도시과 공무원이나 아파트 개발업자, 전 이장 사이에 내통이 없었다면 불가능한 일이 아닌가?

현재 논밭과 과수원인 땅인데, 이것이 5층까지 건축 가능한 제1종지로 되는 것만 해도 엄청난 개발 붐을 조장한다. 그래서 연기군 도시계획 변경과 관련, 2002년 12월과 2003년 8월에 이미 두 차례나 신안리 해당 지역이 "1종지가 될 것"이라는 공고가 나갔을 적에 전 이장도 속으로 좋아했을 것이다. 기존의 자연녹지(논밭, 과수원)가 제1종지(5층까지 개발 가능)로 되어 개발이 가능하게 되는 것이니까. 왜 2종지가 안 되냐고 악다구니를 쓰거나 허위민원서를 만들 필요가 전혀 없었다. 나지막한 집을 지을 수 있는 땅이 되면 족했지, 굳이 이것을 15층 아파트가 가능한 2종지로 만들 필요가 없었던 것이다.

그러나 2003년 말부터 불기 시작한 '행정수도' 바람 때문에 2004년 초부터 수도권의 대형 건설사들이 연기군 일대에 눈독을 들이고 몰리기 시작했다. 이것이 사태의 비밀을 푸는 열쇠다. 당시 행정수도가 온다고 선수를 친 DW건설의 푸르지오 아파트 분양 때에는 지난 70년 이상 읍으로 존속된 조치원에 유례없는 100대 1 이상의 경쟁률이 나오기도 했다. 이를 본 다른 건설사들도 눈이 뒤집히기 시작했다. 다른 곳은 이미 L건설사나 S건설사, U건설사가 땅을 차지해버린 상태에서 신안리에 눈독을 들이기 시작한 R건설사가 있었다. 이들이 우연히 찾은 어느 부동산, 거기서 "신안리에 남은 땅이 좀 있을 것"이란 정보를 얻었다. 업자들이 이 말을 듣고 현장을 보니 지금은 논밭인데 곧 충남도에서 1종지 결정이 날 판국이었다. '서둘러 손을 쓰면' 안 될 것도 없는 시점이었다. 그래서 분명히 누군가 손을 썼다. 'O 박사'란 별명의 공무원이 협조하고 'J 박사'란 자가 요령을 부렸다. 내가 수사권이 있다면 명백히 밝혀냈을 것이다. 불행히도 그런 제보를 했는데도 수사는 이뤄지지 않았다.

국토계획법에 따라 2003년부터 일반주거지역을 '종세분화'하는 계획이 있었다. 따라서 모든 지자체는 그 이전부터 종세분화 준비를 했다. 연기군은 2000년부터 항공 용역으로 촬영을 하는 등 종세분화 작업을 준비했다. 2002년 12월, 제1차 공람공고가 나갔다. 신안리 해당 지역은 당시는 자연녹지(논밭)지만 그 이전부터 도시계획 지역(일반주거지역)으로 분류가 되었기에 종세분화를 한다면 (5층 정도 건축 가능한) 제1종지로 하기로 명시되었다. 도면에도 그렇게 나왔다.

그런데 국토계획법 경과 규정엔 "2003년 6월 말까지 종세분화가 안 된 일반주거지역은 2종지로 간주한다."는 것이 있었다. 그래서 신안리 사건 지역은 그대로 두면 2종지로 간주되는 것이었다. 그런데 연기군은 종세분화 취지상 "고려대와 홍익대 사이의 경관이 양호한 미개발지로 저층 중심의 개발을 유도하기 위해 제1종지로 하겠다."고 그 입안 취지를 명시해놓았다. 맞는 말이었다. 논밭, 과수원의 땅을 개발하지 않고 그냥 두는 것이 가장 좋지만, 이왕 도시계획에 포함된 땅이라면 저층 중심의 개발이 가능한 1종지라는 것이 상식에 부합했다.

그런 맥락에서 2004년 3월 3일, 연기군에서 최종 확정된 안이 충남도로 서류가 이관된 상태였다. 개발업자들이 '서둘러 손을 쓰기' 시작한 것은 2004년 5월경이었다. 땅은 1종지 예정지이니 15층 아파트가 불가능하고 이미 서류는 연기군을 거쳐 충남도로 넘어가 있으니, 이를 아파트가 가능한 2종지로 돌리려면 서류를 다시 연기군으로 돌려야 한다.

그런데 무슨 근거로 충남도 서류를 연기군으로 내려 보내게 하나? 'O 박사'와 'J 박사'는 비상하게 머리를 돌린다. 아마도 머리가 잘 돌아가니 자기들끼리 "박사님"이라 부르며 어둡고 화려한 곳에서 술잔을 돌리곤 했을 터이다. 바로 그때 필요한 것이 마을 이장이었다. 이장이 민원서류를 올리면 '근거'가 된다. 그것도 혼자서 올리면 의심을 받을 수 있으니 주민들, 특히 당시 '개발위원회'라고 불리는 마을 간부들의 도장이 필요했다. 실은 개발위원들이 아닌 사람들의 도장을 몰래 찍고 '개발위원회'라 했다.

그러나 진실로 그 개발위원들에게 알리고 공개적으로 일을 추진하면 문제가 생긴다. 첫째, 고층아파트 개발 사업에 반대하는 이가 생길 수 있고, 둘째, 땅이 2종지가 된다고 알려지면 나중에 땅값을 평당 500만 원 가까이 달라고 할 것이기에 남는 게 없으며, 셋째, 거액의 수익사업을 하더라도 너무 많은 사람들이 알면 떡고물을 나눌 때 내부 분란이 커진다. 그래서 이장을 포섭하되 주민들 몰래 진행해야 수지가 맞는다. 전 이장이 2005년 6월경, 대전지검에 불려와 내 앞에 마주앉아 대질심문을 받으며 말한 바에 따르면 그 허위민원서는 "지나가는 대학생을 불러 타자를 쳤든지, 아니면 잘 아는 설계사무소에 가서 쳤을 것"이라 했다. 자기가 직접 도장을 찍고, 다른 주민들, 그것도 개발위원도 아닌 다른 사람 도장을 7개나 찍은 자가 "서류를 누가 만든 것이냐?"는 수사관의 질문에 "A 아니면 B일 것"이라고 추측성, 양자택일성 답변을 할 수 있는가? 상식과 양심으로 판단한다면, 서류 자체는 개발업자(토목회사, 시행사, 설계사무소 등) 중 누군가 컴퓨터를 잘 다루는 자가 만들었을 것이고 거기에 도장 찍는 것만 전 이장이 했을 가능성이 크다. 불행하게도 검찰조차 이를 명백히 찾아내지 못하고 수사를 종결하고 말았다. 전 이장에 대한 처벌은 '사문서 위조죄'로 단돈 200만 원 벌금형으로 끝나고 말았다.

그리고 고층아파트 사업은 아무 문제가 없다는 듯 속행되었다. 나는 도대체 공무원들의 양심은 어떻게 생겨먹었는지 한번 그 양심에 손을 대보고 싶어졌다. 한국 사회의 대부분 국민들이 그토록 벌벌 떠는 사법 당국도 이 정도밖에 안 되는가, 하는 생각에 다시 한 번 허무감을 느꼈다.

지금이라도 이 사건의 또 다른 비밀을 알고 계시거나, 내가 알고 있는 것과 다른 차원에서 열쇠를 가지신 분이 계시다면 언제라도 나에게 연락해주시기를 간절히 기다린다. 설사 모든 사태를 원점으로 돌릴 수 없다고 하더라도 진실이라도 명백히 밝혀야지만 다시는 이런 잘못을 반복하지 않을 것이기 때문이다.

중독 조직, 중독 사회

중독 이론이란 게 있다. 원래는 알코올 중독자의 행위를 연구하다 가 그러한 행위 원리가 다른 영역에서도 본질상 그대로 발견된다는 데 서 착상한 것이다. 예컨대 알코올 중독자는 매일 술에 찌들어 살면서 도 자신이 알코올 중독임을 인정하지 않는다. 게다가 갈수록 알코올 도수를 높여야 술기운을 느끼고 약효를 본다. 만일 술을 끊으면 손이 떨리거나 마음이 불안해지는 등 금단 현상이 나타난다. 나중엔 금단 현상이 두려워 더욱 술을 사랑하거나 견딜 수 없는 현실적 고통을 잊 기 위해 더 깊이 술을 사랑한다. 마침내 스스로 조절이 어려워지고 몸 과 마음이 치명적으로 된다.

이러한 중독 행위자의 원리를 조직에 적용하면 중독 조직론이 되 고 사회 전반에 적용하면 중독 사회론이 된다. 예컨대 한 회사나 조직 조차 알코올 중독자처럼 움직일 수 있다. 한 사회도 그렇게 느끼고 생 각하고 행동한다. 물론 그 속에 속한 사람 개개인이 그렇기도 하고 조 직적·사회적 결정과 시스템 전체가 그렇게 움직이기도 한다. 나는 우 리 마을(충남 연기군 조치원읍 신안1리)의 고층아파트 건설 사업(15층 짜리 15개 동)에 반대하는 운동을 반년 남짓 하면서 이런 중독 조직론 과 중독 사회론이 현실적 설득력이 있음을 느끼고 있다.

첫째, 당초에 "고려대와 홍익대 사이의 경관이 양호한 미개발 지역으로 저층 중심의 개발을 유도하기 위해" 1종 일반주거지역(4층까지 건축 가능)으로 지정하려던 계획이, 15층 아파트 단지를 만들어 500억 이상의 순수익을 올리려는 업자들과 전 이장이 긴밀히 협력해 갑자기 "지주들의 재산권 행사와 마을 발전"이라는 명분을 내세워 2종 일반주거지역(15층까지 건축 가능)으로 바꾸기 위해 7명의 주민들의 도장을 도용하여 허위민원을 올렸음이 만천하에 드러났는데도 전 이장과 아파트 업자들은 "아파트가 와야 마을이 발전한다."고 자기기만을 하며 버젓이 마을을 활보하고 있다. 자기 잘못을 인정하지 않고 오히려 그것이 진리라는 듯이 떠벌리는 것, 이건 중독 행위의 특징 중 하나다.

둘째, 연기군과 충남도라는 조직의 행위다. 담당 공무원과 책임자들은 "2종 결정은 원래 2종으로 간주하던 것을 2종으로 확정한 것 뿐"이라며 "결코 1종을 2종으로 바꾼 것이 아니다"라고 말한다. 그러나 2002년 12월과 2003년 8월 두 차례에 걸쳐 연기군에서 "1종 지역으로 하겠다"고 공람 공고까지 내어 널리 주민들에게 알린 사실과, 2004년 3월 충남도청에 "(1종지로) 최종 확정해 달라"고 공문까지 올린 사실까지 숨길 것인가? 그런 공문을 올린 지 3개월, 그리고 2차 공람 공고 나간 지 9개월 만에 전 이장이 주도한 허위 공문(아파트 사업을 하기 위한 토지용도 변경)을 연기군이 접수해준 것은 무엇이며, 그런 허위 서류를 근거로 2종으로 확정해준 충남도는 무엇인가? 국민의 세금으로 행정을 하는 사람들이 그런 중대 결정을 하루아침에 바꾸는 것은 올바른가? 그렇게 엉터리 같은 결정을 하고도 지금 문제가 불거지자 "엉터리 결정이라 하는 것은 전혀 근거가 없는 것"이라고 부정하는 것이야말로 중독 조직의 특성 중 하나이다.

셋째, 나는 앞의 아파트 사업 계획이 구체적으로 착수되기도 전에, 또 토지 매입이 되기도 전에 충남도로부터 교통영향평가를 받았고 '조건부 통과'가 된 사실에 깜짝 놀랐다. 그런데 더욱 놀란 것은 1,051세대가 입주할 아파트 단지에 차량 보유 대수 증가가 전체로 1년에 1대꼴로 예측된 것이다. 담당 국장을 면담하여 "이것이 말이나 됩니까?"라고 묻자 "아, 그건 아마 오타일 거예요."라고 답했다. 한 마을의 운명을 좌우할 아파트 단지 계획에 대해 교통량 예측이 축소 조작된 것이 분명한데도 "오타일 것"이라는 말로 위기를 모면하려 한다. 정말 오타라면 오타임에도 심의에서 통과시킨 것은 원천 무효이고, 축소 조작을 알고도 인정한 것이라면 유착 의혹이 생긴다. 지금까지 책임 있는 당국자 중 어느 누구도 '교통영향평가가 잘못 되었으니 다시 하겠다'고 솔직히 시인하지 않았다. 최근엔 "평가가 통과된 것은 이미 오래된 일이고, 전문가들이 실시한 심의 결과에 비전문가가 왈가왈부하는 것은 적절치 않다"는 답변을 보내왔는데, 스스로 했던 말을 뒤집을 뿐만 아니라 거짓을 거짓으로써 돌려막기 한다는 점에서 전형적인 중독 조직의 특성을 드러낸다.

단언하건대, 이런 사례는 전국의 아파트 건설 현장이나 대형 건설 현장에서 비일비재한 일이다. 또 이런 기만과 조작, 부정과 부인, 합리화와 정당화 등 중독 행위자의 특성 또한 보편적이다. 한국 사회가 진정 진일보하려면 과거와 현재의 잘못을 솔직하게 드러내고 고백하고 참회한 바탕 위에서 새로운 화합과 대안을 모색해야 한다. 그렇지 않으면 아무런 희망이 없다. 갈수록 '진흙탕 속, 개싸움'만 있을 뿐이다.

전화폭력 사건과 해프닝

내가 이장이 된 지 얼마 되지 않았을 때(2005년 6월 경)로 기억한다. 마을 주민들 사이에 아파트 반대 운동 분위기가 고조된 상태에서 마을 총회가 열렸을 때다. 마을 총회니까 아파트 사업에 반대하는 사람은 물론이고 그렇지 않은 사람도 참여할 수 있었다. 그런데 내가 아파트 저지 운동과 관련한 주민들의 생각을 묻고 있는데 갑자기 한 아주머니가 격앙된 목소리로 외쳤다. 별로 익숙하지 않던 얼굴이었다.

약간 이상한 기분은 들었지만 아주머니더러 "말씀해보시라."고 했다. 아주머니가 말을 시작했다. "내 말 좀 들어보세요. 당신네들 아파트 반대하는 자들이 전화해서 중학교 다니는 우리 딸에게 '니네 아빠가 아파트 찬성하고 다니는데 잘못하면 너도 위험하고 아빠도 위험하니 절대 설치지 말라고 해라. 그리고 너희 앞집도 꼭 마찬가지라고 전해라.' 고 했다는 거예요. 세상에, 이래가지고 어디 사람이 살겠어요? 안 그래도 예민한 아이가 그 전화를 받고 신경이 예민해져서 학교도 가기 싫어하고 밥도 잘 못 먹어요. 아무리 당신들이 아파트 반대를 한다고 해도 이런 식으로 해서 되겠어요? 내가 발신자 표시 전화번호도 똑똑히 기억하고 있어욧!" 이라면서 나를 노려보며 "꽥!" 하고 소리치듯 말했다.

나는 그 말을 듣는 순간, '뚜껑' 이 열리는 기분이었다. 그 아주머니는 알고 보니 아파트 사업에 개인적 이해관계가 얽힌 이였다. 이른바 '찬성파' 였다. 그러나 나는 마음을 차분히 가다듬고 '아파트 저지 주민대책위' 위원들에게 물었다. "혹시라도 우리들 중에 그런 전화 하신적 있나요?" 그러나 아무도 없었다. 순간 나는 "오히려 우리한테 뒤집어씌우려는 작태가 아닌가" 하는 의심이 들었다. 바로 그것이었다. 나는 속으로 "아하, 이 작자들이 정말 저질 수법을 쓰는구나. 이런 식의 유치한 작전을 써서 우리를 도덕적으로 나쁜 놈들로 몰아가려고 하는구나, 그래, 차라리 잘 되었다. 이참에 끝까지 추적하여 이 나쁜 놈들을 잡아내고 말아야지."라 다짐했다.

그래서 내가 말했다. "아주머니, 그런 전화를 받았다니, 참 있을 수 없는 일이군요. 우선은 저도 아이를 키우는 사람으로서 절대 그런 일이 일어나선 안 된다고 봅니다. 마음이 아프시겠지만, 흥분을 가라앉히고 저와 함께 그 범인을 끝까지 추적합시다. 아파트 반대냐 찬성이냐를 떠나서 그런 일은 인간적으로 있어선 안 되지요. 그 전화번호가 몇 번입디까?"라고 물었다. 지역번호가 대전 전화번호이고 몇 번에 몇 번이라 가르쳐주었다. 나는 일단 메모를 했다. 그리고는 당장 경찰에 신고를 하라 했고 그 번호로 범인을 추적하자고 했다. 그렇게 마을 회의장에서 소동은 정리되었다.

그런데 다음 날 내가 그 아주머니 집에 전화를 해서 "아이와 함께 경찰서로 가서 제대로 범인을 잡아 달라고 요청을 하자."고 했다. 그랬더니, 아니, 이 아주머니의 태도가 전혀 딴판으로 변했다. "에이, 그런데 아이가 학교도 빼먹으면서 경찰서에 가려고 하지 않아요. 일이 이렇게 커질 줄 몰랐어요. 그냥 그만둘래요." 그랬다. 아니, 이게 무슨 말인가? 어제 마을 총회 할 적에는 마치 내가 범인인 것처럼 몰아세우더니, 내가 차분하게 "범인을 꼭 잡고 말겠다."는 자세로 나서니, "일이 이렇게 커질 줄 몰랐다"니, 이 무슨 뚱딴지같은 소린가?

나는 아직도 이 수수께끼를 이해하지 못한다. 그 전화번호로 내가 두세 차례 전화한 결과, 그 동네는 대전 관저동이라 했고, 목소리가 걸걸한 남자가 하는 말이, "그런 전화 안 했다고 하는데 자꾸 나한테 전화하면 좋지 않을 줄 알어!" 라 했다. 알고 보니 대전의 새로운 아파트 단지에 해당하는 번호였다. 그 순간, 내 느낌에 자기들끼리 '짜고 치는 고스톱' 을 친 것 같았다. 그 분노했던 아주머니나 아이조차 개발업자들에게 이용을 당한 것이 아닐까, 하는 의구심이 들었다.

그렇다고 그 아주머니가 잘 처신했다고 보기는 어렵다. 아파트가 와야지만 자기 집 앞의 땅도 비싸게 팔아먹을 수 있고, 아파트 앞쪽이니까 가게라도 하나 내면 돈을 잘 벌 수 있을 거라는 생각에 앞뒤 못 가린 채 나한테 전화폭력을 뒤집어씌우려 했다는 점에서 문제가 있다. 게다가 내가 그렇게 모욕을 감수해가며 범인을 찾아보자고 하자, 마치 아무 일도 없었다는 듯 꼬리를 내리는 모습은, 업자들의 입장에서 바로 그 중요한 순간에 마을 총회의 분위기를 엉뚱한 데로 흐르게 만든 뒤 사실상 마을 회의를 방해함으로써 이미 그 목적이 달성된 셈이니 더 이상 범인 추적 같은 건 필요 없었을 터이다.

나는 지금도 내가 수사권이 있고 강제집행권이 있다면, 그 범인을 끝까지 추적해 잡아내고 싶다. '짜고 친 고스톱' 이라면 전화를 한 범인이나 그 배후 세력을 엄벌해야 한다. 나는 그 아주머니가 혼자서 자작극을 벌였다고 보진 않는다. 아주머니 입장에서 뭔가 짚이는 데가 있으면 진작 나에게 아는 대로 이야기했어야 옳다. 죄지은 자가 제대로 벌을 받을 때 오히려 본인도 마음이 편해지지 않을까? 또 그렇게 죄를 지으면 반드시 벌 받는 사회 풍토가 되어야 사회가 올바로 진보한다. 그런데 요즘 세상 돌아가는 꼴을 보라. 죄 지은 자가 영웅이 되고 착실하게 산 사람이 바보가 되는, 이 전도된 세상에서 과연 우리는 후손들에게 떳떳할 수 있을까?

2005 · 6 · 10

신안 1리 대학 문화타운 마스터플랜

위의 고층아파트에 대한 대안으로 우리 주민 측에서 내세운 생태적 대학문화타운 설계도 (2006)

같은 마을에 살면서도 돈에 눈이 멀어 개발업자들의 앞잡이 노릇을 하는 사람이 있는 반면, 다른 마을에 살면서도 공동체를 같이 지키자고 우리 투쟁에 함께 한 시인이 있다. 김만진 시인이다. 서울에 사는 김 시인을 〈작은책〉에서 기획한 '작은 강좌'에서 만났다. 내가 강의에서 우리 마을 공동체 투쟁에 관해 이야기를 했더니 적극적으로 연대하겠다고 했다. 2005년 6월 3일 군수 면담 때, 굳이 서울서 조치원까지 내려와 증인이 되어주었다. 주민들의 단합된 투쟁 의지에 군수도, "더 이상 아파트를 하지 않겠다. 믿어 달라."고 했다. 그는 이 공개 약속을 같이 본 증인이다. 그 말을 듣고 우리 주민들이 환호하며 손뼉을 크게 치던 감동적 모습, 또 주민들이 다시 마을회관으로 돌아와 면담의 성과를 공유하며 기쁨에 넘쳐 손뼉을 치던 모습을 그는 "손뼉소리"라는 시로 멋있게 재현했다.

손뼉소리

김만진

손뼉소리가 쩍쩍
우리 마을에 하나 둘 모였어요
온갖 구린내 거시기 헌 것들을
왼갖 찌린내 뭐시냐 헌 것들을
화악 쓸어낼 수 있는
손뼉소리가 쩍쩍

거미줄로 동그랗게 모였어요
우~으,
나는 거센 바람에 끊어지는
거미줄은 지금껏
단 한 번도 보지 못 했어요
가슴이 모르는 마음의 손뼉소리
쩍쩍
머리가 모르는 슬기의 손뼉소리
쩍쩍
우리 마을에 서이 너이 모였어요
우르릉
우르릉
천둥소리는 하늘에만 있는 것이 아닐 거예요
오천년 호미와 낫 삽을 쥔
우리네 굳은살 손뼉소리가
천둥소리일 거예요
하늘이 가려지면 땅이 갈라질 터
땅이 갈라지면 우리네
숨소리도 갈라질 터
오 숲을
숲으로
벌레를
벌레로
물줄기를

물줄기로
마을을
마을로
땅을 가리면 또 하늘이
갈라질 터
햇볕을 가리면 우리네 눈동자도
가려질 터
손뼉 소리가 쩍쩍
우리 마을에 하나 둘 모였어요.

제3부

투쟁이 남긴 상처,
연대와 사랑으로 치유하다

폭설이 내린 뒤 충남도청으로 도지사 항의 면담 가던 날의 상처

    2005년 12월 21일은 내가 결코 잊을 수 없는 날이다. 그날은 우리 주민들이 총회에서 도지사 항의 면담을 가기로 한 날이다. 2005년 6월 3일과 11월 7일 등 두 차례에 걸쳐 저항하는 주민들 앞에 공개적으로 "아파트 건설 사업이 취소되길 원한다."고 의견을 피력한 바 있던 연기군수가 약 한 달 뒤 주민들 몰래 정반대의 의견을 전달했기 때문이다. 주민들이 자발적으로 결의해서 항의 면담을 가기로 되어 있던 참인데 출발 직전에 참 기막힌 일이 벌어졌다.

    하필이면 그 전날 밤에 폭설이 내렸다. 온 세상이 하얗게 변했다. 마치 우리 주민들더러 도지사 항의 면담을 가지 말라는 듯 말이다. 아니나 다를까, 만반의 준비를 해서 출발 시각에 맞춰 약간 일찍 마을로 조심조심 내려갔을 때, 나는 내 눈을 의심하지 않을 수 없었다. 도지사 항의 면담을 가야 할 대절 버스는 잘 안 보이고 어디서 도깨비같이 나타난 듯 경찰차들이 줄을 서 있고 전투경찰들이 대열을 지어 서 있는 게 아닌가? 저쪽 전 이장 집 옆엔 형사들이 탄 지프차가 서 있고, 시행사 사람들이 왔다 갔다 하고 있었다.

    우리 아파트 반대 측 주민들은 폭설이 내린 뒤인데도 불구하고 이미 버스를 한가득 메우고 계셨다. 시골 마을에서는 이런 일에 잘 나서려고 하지 않는데 40~50명이 나서서 도청까지 가겠다는 건, 한편으로 나를 믿고 같이 마을을 지키려 하기 때문이고 다른 편으로 연기군청과

우리 대책위가 충남도지사 면담을 못하게 가로막는 공권력. 민중의 편인가 자본의 편인가?

충남도청에 맞서 싸우려는 저항 의지가 강한 것 아닌가?

　내가 속에서 울화가 치미는데도 참으면서 경찰 책임자가 누구냐고
묻고 "왜 헌법에도 보장된 주민들의 자유 통행권을 방해하느냐?"고
따지자 그는 더욱 기막힌 답을 했다. "아파트 반대 주민들도 도지사 면
담을 가지만 찬성 주민들도 면담을 가기로 되어 있다. 지금 양쪽의 감
정이 격한 상태이므로 도청에까지 가서 서로 싸울 가능성이 높다. 그
래서 경찰이 싸움을 말리기 위해 예방 차원에서 온 것이다. 가능하면
도지사 면담을 안 가는 것이 좋겠다." 이런 취지였다. 기가 막히지 않
은가? 우리 주민들이 마을 공동체를 지키려고 터무니없는 고층아파트
건설을 막으려 하는데, 도대체 누가 누구와 싸운다는 말인가? 아파트

찬성 주민들이 탔다고 하는 다른 버스를 보니 고가로 땅을 판 일부 지주들과 땅을 팔고 싶은 몇몇 사람들, 호프집 주인들 몇 명에다가 시행사가 동원한 자들로 가득했다. 정말 어이가 없었다. 80년대 군사 독재 정권 시절에 대학생으로서 익히 보았던 전경과 닭장차 풍경이 바로 내가 사는 마을에 재현되다니……. 악몽이었다. 동시에, 바로 이 순간은 어떻게 건설업자와 경찰, 행정당국이 밀접히 유착되어 있는지 똑바로 두 눈으로 확인하는 때이기도 했다.

그러나 나는 그런 방해 공작이나 거짓이 눈에 빤히 드러날수록 더욱 물고 늘어지고 싶은 사람이다. 잘못된 것은 '끝까지' 추적해 잡아내야 분이 풀린다. 더구나 그들 앞에 무릎을 꿇을 순 없었다. 시행사 사람들과 경찰을 상대로 한참동안 옥신각신 다투다가 일종의 협상을 했다. 지금 생각하면 말도 안 되는 이들을 상대로 말조차 하기 싫은데, 어디서 그런 에너지가 솟았는지 나도 모르겠다. 경찰이 우리 주민의 출발을 허가하는 대신, 반대 측 주민 버스와 찬성 측 버스에 형사가 각기 한 명씩 타기로 했다. 개인적으로는 대단히 불쾌한 일이었고 협상이라는 말조차 불필요한 어이없는 상황이기에 거부하고 싶었다. 그러나 그래갖고선 도지사 면담 시간을 맞추기 곤란하고 그 시간을 놓치면 도지사실에서는 "얼싸 좋다." 하고 다신 면담을 받아주지도 않을 것이기에, 울분을 참고 일단은 출발하기로 했다.

그러나 이미 도지사 면담은 비서실 차원에서 제동이 걸렸다. 자기네들에게 돈이 되거나 표가 되지 않을 자들에게 무슨 시간을 나눠준단 말인가? 앞에서는 친절한 척, 헤헤 실실거리지만 머릿속에서는 계산하기 바쁘지 않은가? 진심에서 나오는 친절과 계산된 친절은 느낌부터 다르다. 나는 그걸 직감으로 안다. 경찰은 우리를 이미 출입구서부터 막았다. 주민들이 현관 출입구에서 경찰들과 옥신각신하는 사이 나는 몰래 뒤쪽 출입구로 올라갔다. 도지사실이 있는 이층으로 통하는 다른 길을 요행히 찾아냈던 것이다.

통쾌하게 이층으로 올라가 비서실 문을 두드리니 비서관들이 난색을 표했다. 이미 내 얼굴이야 비서실이 다 아는 터였다. "죄송하지만, 도지사님 오늘 도무지 시간이 없어요." 였다. 나는 속으로 '당신들이 언제 도지사님은 우리 도민들을 위해 친절히 기다리고 계십니다, 라고 한 적 있더냐!' 고 소리치고 싶었다. 그래서 나는 "단 1분이라도 도지사님을 뵙기 위해 하루 종일이라도 출입구에 붙어 있겠다." 고 말하고 무작정 출입문 앞에 서서 기다렸다. 아마도 저들은 애가 탔을 것이다.

아니나 다를까, 한 10분 뒤에 그 앞 방문자와 면담이 끝난 도지사가 문을 열고 손님을 배웅했다. 그 순간 나는 "도지사님, 조치원 신안리 이장입니다." 하며 인사를 했다. 인사를 받아주는 도지사에게 "지난 11월 7일에 분명히 도지사님께서 '연기 군수에게 공문을 보내 아파트 촌이 아니라 대학촌을 건설하라.' 고 지시하셨는데, 이번에 연기군수가 아파트 건설이 가능한 쪽으로 공문을 올렸다고 해서 그걸 바로잡으러 온 것입니다."라고 똑똑히 말했다. 그 순간 언제 올라왔는지 시행사 측 검은 양복들이 우르르 몰려들었다. 그들은 도지사와 나 사이를 가로막으며 "무슨 소리 하느냐?" 며 말도 안 되는 욕설을 해대며 대화를 방해했다. 지사도 험악한 분위기 아래 더 이상 이야기가 어렵다는 듯 "이장님의 의견은 잘 알았으니 다음에 보자." 며 들어갔다. 나도 이 정도면 그래도 도지사가 이 건을 좀 챙기시겠지, 라고 자위하며 도지사실 앞 계단을 내려가려 했다.

그 순간 시행사 측과 그 추종자들이 마치 피에 굶주린 늑대가 덤비

듯 나를 초점으로 쏘아대며 "야 이 새끼야, 너도 교수냐?" "너 빨갱이지. 좌파 교수라는 거 신문에 다 나왔어." "저거 이북 넘어가는 거 아닌가 몰라. 공산당하고 접촉하는지 잘 봐."라고 말하는 것이었다. 그 말을 듣는 순간, 나는 피가 거꾸로 솟는 기분을 느꼈다. 총이라도 쏘고 싶은 심정이었다. 아마도 시행사 측에서는 내가 실제로 폭력을 휘두르기를 바랐을 것이다. 그래야 꼬투리를 잡을 수 있으니까. 그걸 아는 나는 끙끙 참을 수밖에 없었다. 참, 법이란 게 정말 웃기구나, 싶은 순간이었다.

저들이 그날 한 모든 행동은 나와 주민들에겐 엄청난 폭력이고 협박이었으며 이장 업무 방해였음에도, 도리어 저들은 우리 주민들을 업무방해죄와 명예훼손 혐의로 고발 조치를 하고 손배 가압류까지 걸었다. (그날 벌어진 일과 관련, 아직도 인터넷엔 '코리아포커스' 의 이문영 기자가 동행 취재해서 쓴, "이장 강수돌의 개발주의 저항기" 두 가지가 블로그 등에 떠 있다. 불행히도 당일 허태주 기자가 찍은 사진들은 어찌된 영문인지 더 이상 검색이 안 된다. 다행히 최근에 당시 신문 보도를 컬러로 프린트한 자료를 하나 찾았다. 나는 그날 시행사 사람들 및 그들과 유착된 지역 신문 L 사장을 폭행죄와 명예훼손죄로 고발하고자 '코리아포커스' 에 연락을 취했으나 전혀 납득이 안 되는 이유로 홈피 자체가 사라지고 말았다. 내 추측엔, 누군가 벌써 손을 쓴 결과 코리아포커스도 해체를 당한 것 같다. 그런 식으로, 그 이전에 우리 마을 문제를 심층 취재했던 〈말〉지의 어떤 기자도 기사를 채 완성하기도 전에 〈말〉지 자체를 떠난 일이 있다. 이것도 수사감이다.)

충남도지사 면담을 마치고 계단을 내려오다 언어적, 물리적 폭행을 당한 직후 (2005. 12. 21)

바로 이런 일을 겪으면서 내가 마음으로 정리한 것은, 아파트 시행
사는 살벌한 지옥이라도 돈이 된다면 끝까지 쫓아가 임무를 완수하고
야 만다는 것이다. '미션 임파서블' 조차 수단과 방법을 가리지 않고
'완수'하는 셈이다. 그러나 자연의 순리는 모든 걸 가능하게 하지는
않는다. 마을 공동체를 지키려던 우리 주민들이 권력과 자본의 유착
앞에 심한 좌절감을 느낀 것처럼, 저들도 시장 실패와 경영 실패의 결
과 심대한 좌절감에 잠 못 이루는 밤이 허다할 것이다. 그렇게도 자기
들 마음대로 승승장구하던 것처럼 보이던 아파트 공사가 2009년 들어
어느 날 갑자기 중단되고 철수한 사태가 이를 증명한다. 그래서 내가
또 정리한 결론은, 오만함이 극치에 이를수록 그만큼 값비싼 대가를
치르게 되어 있다는 것이다.

2005. 11. 30 〈이코노미21〉

시장독재와 합법적 개발마피아

1960년대 이후 약 20년간 남한 사회를 지배해온 박정희식 '개발독재' 시대가 1979년에 마감되고 1980년 초부터 전두환으로 상징되는 신군부 세력이 5월의 광주를 피로 물들이며 남한 역사에 두각을 드러냈다. 내가 대학을 다닌 시절도 바로 그 무렵이다. 당시는 대학을 다녔는지 데모를 다녔는지 모를 정도로 대학=데모였다. 물론 나는 주동자급은 아니고 피라미 수준이었다. 우리의 열망은 군부 독재 타도 및 민주주의 쟁취였다. 나는 일반 신문에 나오는 기사들이 왜 그토록 한심한 논조를 갖고 있는지 안타까웠다. 동시에 나는 대학생들이 쓴 '대자보'를 보면서 한국 사회가 이 대자보 내용들만 잘 공유한다면 참다운 선진 사회가 될 것 같다고 느끼기도 했다. 그런 민주화 투쟁들은 1987년 6월 항쟁과 1987년 여름의 노동자대투쟁에서 절정에 이르렀고 마침내 한국 사회 민주화도 급물살을 탔다. 마침내 90년대 초에는 군사독재가 종식되고 문민 시대가 열렸다. 이제 누구도 대학가나 일반 사회에서 한국 사회의 민주화를 외치는 데모는 찾아보기 힘들다.

그러나 이제 우리는 의식하지 않던 사이에 신자유주의적 '시장독재'를 경험하고 있다. 그것은 쌀 시장 개방 문제와도 맞물린다. 한국 입장에서 보면 세계시장에서 경쟁력 있는 반도체나 휴대폰, 자동차 따위는 살리고 경쟁력 없는 쌀농사 같은 것은 죽여야 한다고 한다. 개발

독재 대신 시장독재다. 어떤 의미에선 이게 더 위험하다. 차라리 개발 독재 시대엔 잘 사는 농촌을 만든답시고 여러 시도도 했고 그린벨트를 두어 자연도 보존했다. 그러나 시장독재 시대엔 농촌 죽이기와 동시에 그린벨트를 체계적으로 죽인다.

이런 시장 독재와 함께 '개발마피아' 문제도 심각하다. 개발마피아란 국가와 자본, 공무원 등이 유기적인 협력으로 천문학적인 개발이익을 도모하는 것이다. 박정희식 개발독재는 이에 비하면 차라리 '소박한 밥상'이었다. 그런데 흥미롭게도 개발마피아 시대는 이미 신군부인 전두환 시절에 '제도화'되었다. 그중 하나가 국가가 주도하고 건설자본이 보조 역할을 하는 방식으로, 대표적인 것에 '택지개발촉진법'이다.

쉽게 말해 주택공사나 토지공사가 어떤 땅이든 건교부 장관의 이름으로 '택지개발예정지구'로 지정하면 그 지역은 강제 수용된다. 예컨대 시가로 평당 10만 원 하는 땅을 국가가 30만 원씩에 산다. 국가는 다시 이를 평당 300만 원에 건설자본에게 넘긴다. 건설자본은 아파트를 지어 평당 500만 원 이상에 소비자인 국민들에게 분양한다. 국민들끼리는 먼저 산 사람이 일정한 프리미엄을 챙기고 후배 소비자에게 팔아 넘긴다. 여기서 생기는 프리미엄은 개발마피아들이 가져가는 어마어마한 이익에 비하면 '새 발의 피'다.

그런 식으로 약 20년 이상 개발마피아 시대가 작동함으로써 서울의 상계동, 목동, 평촌, 산본, 일산, 분당 등지가 대형 아파트 단지로 변했다. 용인과 수지, 판교 등은 현재진행형이다. 최근 경기도 광주의 오포 비리는 그러한 개발마피아 시대가 가진 문제 중 빙산의 일각이다. 전국 각지가 이로부터 자유롭지 못하다.

물론 개발마피아 구조가 작동하는 또 다른 방식은 이미 오래전부터 존재해온, 건설자본이 주도하고 국가 행정이 보조 역할을 하는 형태다. 개발독재 시대가 지나고 시장독재 시대가 오자 건설자본들은 국가 행정을 적극적으로 '활용'하는 방식으로 주도권을 쥔다. 이에 국가 행정은 "법적인 문제만 없다면 모두 인허가를 내준다."는 식으로 건설자본에게 문을 활짝 연다. 물론 이 과정에서 '법적인 문제'를 해결하기 위해 건설자본과 국가 행정은 유기적 협동을 한다. 이 협동의 과정이 단순한 기술적 협동으로만 끝나면 별 문제가 없겠지만 '누이 좋고 매부 좋은' 경제적 거래로 이어지는 경우, 그것이 바로 부정부패다. 누군가 대한민국을 "ROTC(Republic of Total Corruption)"라 표현한 것은 정곡을 찌른다. 요컨대, 자본이 주도하든 국가가 주도하든 국토와 국민을 상대로 거대한 돈벌이 사업을 합법적으로 하는 것이 '개발마피아 시대'다.

2005년 11월 24일엔 '행정도시 합헌' 판결이 났다. 행정도시 예정 지역엔 '토지개발공사' 명의의 '축하' 풍선들이 춤을 추고 있다. 부디 이 축하가 수도권에서 개발마피아들에 의해 저질러진 난개발과 투기, 부정부패를 반복하는 역사적 오류로 이어지지 않길 바랄 뿐이다. 이를 예방하는 유일한 길은, 국토와 국민을 살리기 위한 아래로부터의 운동, 자본과 국가로부터 독립적인 풀뿌리 민주주의 운동이지 않을까 싶다.

새 도지사가 아파트 승인 내준 뒤 데모하던 날

　　우리 주민들이 그렇게도 완강히 투쟁을 해대니 도지사 입장으로서도 참 힘이 들었을 터이다. 당시는 S 지사였는데, 그분은 그래도 우리 주민들 의견이 옳다는 입장이었다. 그래서 2005년 11월 7일, 우리 주민들이 연기군수를 항의 면담한 뒤 어렵사리 "신안1리에 고층아파트가 아니라 대학촌이나 공원이 오도록 노력하겠다고 말했다."는 '확인서'를 하나 받아 곧이어 도지사 앞으로 달려가 지사님을 면담했을 때, 그는 사태를 딱 알아차리고 국장 및 과장급 부하 직원들에게 "연기군수의 의견을 기다리지 말고 아예 공문을 내려 아파트촌이 아니라 대학촌으로 가닥을 잡으라."고 지시한 바 있었다. 우리로서는 눈이 번쩍 뜨이는 기분이었다. 코가 땅에 닿도록 절하고 나왔다. 아직도 양심이 있는 분이 행정을 하시는구나, 하고 감사하며 돌아온 것이다.

　　그러나 불행히도 실제 행정은 다르게 가고 있었다. 지금 생각하면, 도청 공무원과 건설사 사이에 뭔가 협의가 있었을 것이다. 그들은 S 지사 아래서는 사업 진행이 안 될 것 같으니 2006년 자자체 선거 이후를 보자고 했을 터이다. 불행히도 2006년 지자체 선거는 우리 입장에서는 불리하게 결론이 났다. 우선, 군수 선거는 우리 주민들이 원하던 분이 될 듯하다가 막판에 뒤집어졌다. (이상하게도 개표 현장에 시행사 측 사람이 왔다 갔다 하는 것을 본 우리 주민들은 개표 과정상 여러 의혹을 제기했다.) 결국, 예전 L 군수가 재집권을 했다.

　　우리로선 낭패였다. 주민들 앞에 공개적으로 두 번이나 공언("아파트 대신 대학촌이나 공원을 만들겠다.")을 하면서 끝까지 확인 도장을 찍거나 공문서를 만들어 달라는 나를 보고 "제발 내 말을 믿어 달라. 젊은 사람이 너무 불신하는 태도가 강한 것 아니냐."는 식으로 인격적으로 면박까지 준 사람을 더 이상 군수로 인정하기 어려웠던 것이 사실이다. (나는 개인적으로 그 군수도 나와 인격적으로 다를 바 없는 사람이라 본다. 그러나 행정가로서의 군수는 명확한 소신과 일관된 철학으로 공개적이고 민주적인 행정을 펼쳐 나갈 때 자본이나 더 큰 권력의 유혹이나 협박도 꿋꿋이 물리칠 수 있다. 그런 점에서 그분은 우리 편이 되기 어려웠다.)

그리고 2006년 5월 선거에서 충남도지사는 건설업 출신의 새 인물 L이 당선되었다. 시행사 입장에서는 얼마나 반가운 일인가? 우리 주민 중에 새 도지사의 취임식에 참여한 사람이 있다. 그분이 돌아와 하는 말이, "시공사의 임원 한 분이 새 도지사 취임식장에 와서 꽃다발과 명함을 건네더라."고 했다. 나는 속으로, '그것은 겉으로 드러나는 것에 불과하지요. 우리가 안 보이는 곳에선 무슨 일이 일어나는지 거의 모르는 수준일 정도지요.'라 말했다.

이제 남은 것은 군수와 도지사를 상대로 우리 주민들의 의견을 꾸준히 개진하고 잘못된 고층아파트 사업을 철회하라고 요구하는 일뿐이란 생각이 들었다. 우리의 대안은 생태적 대학문화타운이나 전원단지, 아니면 공원화 사업이었다. 그래야 고려대와 홍익대 학생들, 그리고 지역 주민들이 어우러지면서도 살기 좋은 마을이 된다는 입장이었다.

그러나 불행히도 우리의 소망과는 달리 사태는 급격히 악화했다. 새 도지사 취임 일주일 만인 2006년 7월 11일, L 도지사는 업무 파악도 채 하기 전에 우리 마을 고층아파트 사업을 승인해주고 말았다. 강한 배신감이 드는 순간이었다. 심하게는 그 이전 S 지사가 우리에게 트릭을 쓴 게 아닐까, 하는 의심마저 들었다. 확실히 챙겼다면 물러나기 전에 모든 걸 정리하고 나가야 하는 게 아닌가, 하는 입장에서였다. 다른 편으로는, 도대체 지사 아래에 있는 공무원들이 업자들과 얼마나 얽히고설켰기에 S 도지사의 합당한 지시를 거부하다가 새 지사가 오자마자 승인 도장을 찍게 했는가, 하는 의심도 들었다. 우리가 할 일은 하나뿐이었다. 도청 앞으로 달려가 승인 취소를 요구하는 항의 시위를 조직했다.

조용하게 살던 순박한 시골 사람들이 피켓과 현수막을 들고, 나를 따라 함께 구호를 외치는 일은 대단히 어려운 일이다. 그런데도 우리 주민들은 사전 준비를 위한 총회도 개최하고 결의를 모아 버스를 대절하고 40~50명이 충남도청 앞으로 시위를 하러 함께 길을 나섰다. 대전환경운동연합과 대전충남녹색연합에서도 우리 주민과 연대를 위해 길을 나섰고 시위 과정에서 여러 도움을 주었다. 눈물겨운 순간들이었다. 그러나 도청 직원들과 전경들, 형사들, 시행사 측 사람들은 마치 하나의 기계처럼 움직였다. 돈벌이 기계요, 돈벌이 기계를 도와주는 기계였다. 관청이 주민들을 위해 일한다고 하는 말들은 위선임이 분명히 드러나는 순간이었다.

그리고 그것이 사실임이 거듭 증명되었다. 2009년 들어 노무현 전 대통령의 가족조차 뇌물 의혹을 살 지경이었으니 더 이상 할 말이 있겠는가? 아니나 다를까, 최근엔 국회의원, 군수, 시장, 군의원, 시의원, 도의원 할 것 없이 뇌물죄나 선거법 위반죄로 탈락하거나 심지어 수사를 견디다 못해 자살까지 줄을 잇고 있지 않은가. 과연 대한민국은 "총체적 부패공화국(ROTC)"이라는 비아냥거림에 대꾸할 말이 있는가?

어쩌면 자살을 한 이들은 수치심이라는 내면의 '인간성'을 지키기 위해 최후의 몸부림이라도 쳤는지 모른다. 지금 이 순간에도 들키지 않았다는 이유로 뻔뻔스레 살아남아 정직한 '척' 하는 이들은 사람이라기보다는 사람의 탈을 쓴 '돈 기계'요, 짐승보다 못한 존재들이다.

2006년 7월 새 도지사 취임 일주일 뒤 아파트 사업 승인에 항의 시위. 충남도청 앞 (2006. 7. 24)

2007년 1월 아파트 터파기 공사 개시 직후 충남 도청 앞 대학문화타운 촉구 기자회견 (2007. 1. 10)

2007년 6월 이후 한 달여 '릴레이 일인시위' 후 시가행진 데모 행렬 (2007. 7. 24)

토건국가와 개발공사

'토건국가'란 "토건업과 정치권이 유착하여 세금을 탕진하고 자연을 파괴하는 국가"다. 이 개념은 본래 현대 일본 사회의 부정적 특성을 한마디로 나타내려고 만든 것이다. 『일본, 허울뿐인 풍요』란 책을 쓴 거번 매코맥에 따르면, 제2차 세계대전 뒤 장기간 지속된 일당 지배 체제 아래 대규모의 체계적 부정부패와 정경 유착을 대변하는 것이 토건국가다. 바로 여기서 '건설' 사업은 권력 재생산과 잉여의 분배에서 핵심 역할을 한다. 토건국가란 한마디로, 마피아에 필적할 만한 집단들이 주도하는 일종의 '나눠먹기 체계'다.

그러면 이 토건국가는 어떻게 작동하나? 우선 건설성(건교부)은 공식적으로 인정되는 카르텔 소속 회사들에게 발주를 한다. 이미 정치가나 공무원, 건설회사 사이엔 술자리와 골프 등을 통해 끈끈한 인적 관계가 형성되어 있다. 자연스럽게도 이들 건설회사에게는 대규모 수주가 보장된다. 공개경쟁은 형식적이다. 공사 수주 가격은 초기에 이미 뻥튀기처럼 부풀려진다. 그래서 통상 1~3%에 이르는 상납금을 준 뒤에도 충분한 이윤이 보장된다. 일종의 뇌물이나 각종 향응을 위한 여유분을 이미 수주 가격에 포함시켰기 때문에 뇌물이나 상납은 '비공식의 공식'이다. 그런 돈은 당연히 사업 규모에 비례한다. 수억 또는 수십억이 예사다. 이 뭉칫돈은 지방이나 중앙의 정치 조직이나 '같은 식구'들을 챙기는 데 요긴하게 쓰인다. 또 건설사들은 형식적으로나마 합법적이고 적절한 절차를 밟아 건설부 퇴직 관료들에게 편안하고 짭짤한 일자리를 마련해준다. 일종의 노후 보장 시스템이다. 이런 면에서 건설회사는 퇴직 관료들에게 일종의 '보험회사'다. 풀뿌리 민중이 세상이 어떻게 돌아가는 줄 모르는 사이에 공무원, 정치권, 자본가 사이엔 '공동운명체'가 형성되고 수많은 풀뿌리의 혈세, 노동 착취와 억압, 자연 파괴, 공동체 파괴 등을 토대로 부와 권력이 독점된다.

건설자본의 수익, 즉 개발이익이 천문학적으로 높은 '노다지'임이 드러나자 국가는 스스로 사업체를 만들어 거대한 개발이익의 일부를 차지한다. 그래서 온갖 '개발공사'가 탄생한다. 예컨대, 한전, 주공, 도공, 토공, 수자원공사, 농업기반공사 등 6대 개발공사가 바로 그것이다. 『개발주의를 비판한다』의 저자 홍성태 교수에 따르면, 이렇게 토건국가의 3자동맹이 완성되는데, 그것은 바로 정치권, 토건업체, 개발공사다. 정치권은 토건업체 및 개발공사로부터 정치자금을 조달한다. 토건업체는 정치권이나 개발공사로부터 옹골찬 수주를 받아 막대한 돈을 번다. 개발공사는 정치권이나 국가의 주문으로 직접 개발 사업을 시행함으로써 민원이나 저항을 합법적으로 손쉽게 잠재우고 천문학적 수익을 올린다.

이 토건국가의 3자동맹 외곽에는 당연히도 학계와 언론이 자리 잡고 있다. 3자동맹이 간혹 흘리는, 그러나 엄청 뭉치가 큰 '떡고물'을 주워 먹고 사는 존재들이 바로 친자본, 친권력을 특성으로 하는 일부 학계와 언론이다. 학계는 각종 개발 사업을 '전문가'라는 이름 아래 정당화한다. 언론은 광고비 명목으로 합법적 돈 뜯기를 한다. 겉으로 내세우는 객관적이고도 공정한 보도는 뒷전이고 언론이라는 브랜드 아래 돈 장사를 함과 동시에 국민들에게는 건설자본의 역할을 선전하기 바쁘다. 특히 언론은 유명 탤런트들을 상품으로 내세워 고가의 '아파트 상품'을 선전하는 데 활용한다. 유명 연예인의 인기를 상품화하는 것이다. "거지가 되거나 영혼을 팔거나"라는 구호가 이 분야의 슬로건인 것은 결코 놀라운 일이 아니다.

그러나 더욱 걱정스런 것은, 그런 선전과 광고에 노출되는 정도가 심해질수록 일반인의 느낌과 사고, 행동은 건설자본이나 광고자본의 논리 속에 포섭되고 만다는 점이다. 예컨대, A라는 인기 연예인은 "사랑하는 당신, 사랑하는 가족"을 말하면서 동시에 "B 아파트에서 살게 해주고 싶다"고 선전한다. 이런 광고에 반복 노출되면 우리는 가족을 사랑하고 배우자를 사랑하고 있음을 드러내기 위해서라도 B 브랜드의 아파트를 꼭 사야만 하는 것처럼 느낀다. 만약 B 아파트보다 못한 집에 살게 되면 배우자나 가족에게 '미안함'이나 '죄책감' 또는 '무능력'을 느낀다.

이런 모순을 극복하려면 토건국가의 동맹 고리를 해체하고 개발공사를 친환경적, 친주민적, 친지역적으로 개혁해야 한다. 예컨대, 자료 및 진행 과정의 철저한 공개, 주민 의견의 진실한 수렴, 시민사회에서의 심층 토론 등을 거쳐 민주적, 생태적 방식으로 각 지역의 개발이나 변화를 조심스레 추구해야 한다. 정작 우리에게 필요한 것은 '토건국가'가 아니라 '행복사회'이기 때문이다.

세 종류의 재판 과정에서 느낀 것들

　나는 우리 주민들과 함께 행정심판청구(2005년 7월)를 거쳐 두 가지 소송, 즉 도시계획 결정 처분을 취소하라는 소송과 고층아파트 사업 승인을 취소하라는 소송을 걸었다(2006년 4월). 행정당국과 벌이는 법적 싸움이었다. 우습게도 시행사 측에서 선임한 변호사가 행정당국을 변호했다. 저들이 한통속임이 공식적으로 드러나는 순간이기도 했다.

　반면, 시행사 측은 나와 우리 대책위원회 주민 11명을 상대로 업무방해죄와 명예훼손죄로 형사 고발을 했고 손해배상 가압류라는 민사소송까지 걸었다. 집과 땅, 자동차와 통장 등 모든 것이 가압류되었다. 순식간이었다. 손배 가압류, 바로 이것은 자본이 노동자와 노동조합을 목 졸라 죽일 때 쓰는 전형적 수법 아니던가. 가진 자들의 폭력은 그렇게 합법을 가장해서 벌어지고, 힘없는 풀뿌리들의 저항과 요구는 제아무리 법의 논리를 들이대더라도 온전히 관철되는 법이 없다.

　게다가 얄궂게도 또 하나의 재판이 추가되었다. 2007년 7월 9일 주민총회 때였다. 마을 공동체 파괴의 책임을 추궁하는 주민들 앞에서 앞뒤도 없는 말을 하다가 마침내 말문이 막힌 전 이장 L이 내 눈을 빼려고 갑자기 헤드락을 한 채 눈 주위를 긁어내려 했다. 이 폭행 사건을 당한 내가 바로 그 다음 날 고소했을 때, 그도 터무니없이 나를 맞고소했다. 그 바람에 불필요한 재판을 또 받게 되었다. 이런 식으로 나는 2006년부터 2008년까지 약 3년 동안 이런저런 송사에 휘말리게 되었다. 가만히 있었다면 아무 일도 없었을 걸, 하는 후회가 들 때도 있었지만, 이런 일 아니고서야 재판정 구경을 옹골차게 할 수 있었겠나 싶기도 하다.

우선 두 가지 행정소송에서 느낀 것은, 행정법원 판사들조차 법정의 우리 주민들 앞에서는 그럴싸하게 우리 편을 드는 척했지만 막상 판결문을 보면 개발업자 편이란 점이다. 나는 판사님들께 "제발 현장을 한 번 실사를 해보시고 도시계획상 아파트 자리인지 아닌지 판단해주십사." 하고 신신 당부했다. 그러나 내 제안은 그냥 무시당했다. 흉물 아파트가 마을 공동체를 망가뜨린 지금, 그 당시 판사와 업자 측 변호사가 일말의 양심이라도 갖고 현장을 방문한다면, 과연 전문가로서 조금의 책임이라도 느낄까?

그들은 누가 보아도 허위민원서가 없었다면 불가능했을 연기군의 도시계획 재입안 과정과 충남도의 도시계획 결정 과정에 대해서는 하나도 검토하지 않고 '형식 논리'로만 따져 '도시계획 결정 처분 취소'를 요구할 '처분'이 없다는 이유로 그냥 '각하'하고 말았다. 나아가 그에 토대하여 아파트 건설 사업 승인 철회 소송도 승인을 철회할 이유가 없다며 그냥 '기각'하고 말았다.

문외한인 내가 보기에도 신안리 땅 수만 평에 이르는 부분을 제1종지로 하려다 허위민원서로 인해 제1종지 세분화 계획이 중단되고 '경과' 규정에 따라(2003년 6월까지 종세분화가 안 된 일반주거지역은 제2종지로 간주한다는 규정) 그냥 2종지로 간주되다가, 2005년 3월 말, 충남도지사의 결정고시로 인해 비로소 예비 효력이 발생하고, 그 고시 이후 1개월이 경과한 시점에서 완전한 효력이 발생하게 된 것이 분명하다.

소 장

원 고   강   수   돌
              충남 연기군 조치원읍 신안리
위 원고의 소송대리인
변호사   김   ㅇ   ㅇ
              청주시 상당구 ㅇㅇㅇ ㅇㅇ
피 고   충청남도지사
              대전시 중구 중앙로 155

도시관리계획변경결정처분취소

청 구 취 지

1. 피고가 2005. 3. 21. 결정·고시한 연기군 도시관리계획변경 결정처
   분은 이를 취소한다.

2. 소송비용은 피고의 부담으로 한다.

라는 판결을 구합니다.

청 구 원 인

1. 원고는 충남 연기군 조치원읍 신안리 일대에 거주하는 주민 등
   1,059명이 구성한 위 신안리 아파트 건축을 반대하는 집단의 대표
   자로 선정된 자입니다.

   원고 및 위 신안리 일대의 토지주 및 주민들은 연기군이 이 사건 지
   역을 공익성 있고, 환경 등을 파괴하지 않은 채 당초 계획을 수립한
   대학촌을 개발하기를 바라고, 위법한 행정에 대하여 시정을 바라
   는 자들로서 피고의 아래와 같은 처분으로 인하여 헌법에 보장된
   재산권 및 행복추구권 등 권리 및 법이 보호하는 이익을 침해당하
   여 원고를 대표자 및 선정당사자로 하여 이 사건 소송을 제기하게
   되었습니다.

2. 피고의 이 사건 처분에 대하여
   피고는 2005. 3. 21. 원고 및 인근 주민 소유 토지를 포함한 충청남
   도 연기군 조치원읍 신안리 419번지 일대(이하, 이 사건 지역)에 대
   하여 용도지역을 제2종 일반주거지역으로 그대로 존치시키고 다른
   지역에 대한 용도지역 등을 변경·결정하여 충청남도고시 제 2005-
   50호로 연기군 도시관리계획(재정비)변경 결정을 고시하였습니다.

3. 이 사건 처분의 위법성
   가. 원고를 비롯한 신안리 인근주민들이 거주하는 이 사건 지역은
      일반주거지역으로 결정고시된 지역이었으나 2003. 1. 1.자 시행

된 국토의 계획 및 이용에 관한 법률 제 36조 및 같은 법 시행령 제 30조의 규정에 의해 일반주거지역을 제 1종, 제 2종, 제 3종 일반주거지역으로 종세분할 수 있으나 연기군이 2003. 6. 30.경 까지 종세분을 하지 않아 위 같은 법 시행령 부칙 제 9조의 규정에 의거 2003. 7. 1.부로 공부상에만 제 2종 일반주거지역으로 되어 있었습니다.

나. 그러나 연기군은 1999년경 전문연구기관에 이 사건 지역에 대하여 도시개발 연구에 대한 용역을 주었고, 위 용역보고서 및 원고를 비롯한 인근 주민들의 의견을 수렴하여 이 사건 지역은 고려대학교와 홍익대학교 사이에 위치하고, 미개발지역으로 환경적으로 자연녹지, 보존녹지, 근린공원 등이 양호한 환경 유지 및 저층 개발을 유도하기로 하며 지역발전 등을 위해 대학촌을 개발하여 활성화하는 것이 공익성이 상당하다고 판단하였습니다.

(1997년부터 1999년까지 약 2억 원이 소요된 연기군 조치원읍 〈대학촌 기본계획〉 연구 프로젝트와는 별개로, 그 뒤에 2000년부터 〈조치원도시계획변경〉을 위한 항공촬영용역 등이 전개되고 2002년 12월에는 상기 지역을 "고려대와 홍익대 사이의 경관이 양호한 미개발지역에 대해 저층중심의 개발을 유도하기 위해" 제1종 일반주거지역으로 잠정 지정하여 제1차 공람공고함)

이에 연기군은 공부상은 아니지만 묵시적으로 이 사건 지역을 제1종 일반주거지역으로 결정하였고, 연기군의 계획도에도 이 사건 지역에 대하여 제 1종 일반주거지역으로 표시하다가 2003. 8. 20.부터 2003. 9. 2.까지 이 사건 지역에 대하여 제 2종 일반주거지역(간주됨)을 제 1종 일반주거지역으로 변경한다는 입안을 작성하고, 도시개발법에 따라 제2차 공람절차를 거친 바 있으며, 공람 당시 주민들의 이의도 없는 등으로 2004. 3. 3.경 위 변경안에 대하여 피고에게 변경결정 신청을 한 바 있습니다.

다. 그런데 위 사정을 알고 있는 소외 건설회사가 이 사건 지역에 (제2종 일반주거지역에서나 가능한 15층짜리) 아파트 신축을 위해 2004. 5.경부터 이 사건 지역 일부를 매수하기 시작하였고, 당시 신안1리 이장 소외 L은 무슨 의도인지는 모르나 신안리 주민들과 협의 한 번 없이 2004. 6. 4.경 신안리에 거주하는 소외 박노준 외 6인의 도장 등을 도용하여 연기군이 이 사건 지역을 도시계획재정비사업 제 1종 일반주거지역으로 확정 공고한 것을 공고기간에 이의를 제기치 아니하고 공람공고가 끝난 지 9개월 뒤에, 또 연기군이 피고에게 변경결정신청까지 한 지 3개월이나 지난 상태에서, "현행대로 제 2종 일반주거지역으로 유지하지 않으면 관철될 때까지 투쟁하겠다."는 문서를 위조하여 연기군에 제출한 바 있습니다.

라. 또, 연기군은 위 위조된 이의문서가 접수되기 꼭 하루 전인 2004. 6. 3.경 피고에게 석 달 전(2004. 3월)에 제출한 조치원 도시계획재정비 결정신청을 철회하였고, 피고는 행정관청으로 면밀한 검토 등도 거치지 않고, 2004. 6. 8. 연기군의 위 철회를 받아주며 연기군에 신중히 처리하라는 주의만 한 바 있습니다.

이에 연기군은 위 위조문서를 근거로 이 사건 지역을 1종 일반주거지역으로 변경하는 것에 대하여 재검토하고 제2종 일반주거지역으로 보고서를 작성하여 피고에게 연기군 도시관리계획(재정비) 변경신청을 하였고, 피고는 이에 따라 이 사건 처분결정을 하기에 이른 것입니다.

피고 및 연기군은 위 소외 건설회사가 이 사건 지역에 아파트사업을 추진할 수 있도록 허가를 해 주는 관리관청으로 위 아파트 건설회사와 밀접한 관계가 있음을 알 수 있다 할 것입니다.

마. 피고 및 연기군이 이 사건 처분을 하고, 이 사건 지역에 아파트 신축사업을 하려고 하는 것은 공익성이 없고 타당성 없는 위법 부당한 것입니다.

즉, 위 소외 건설회사는 아파트 사업을 위해 2004. 5.경부터 이 사건 지역 일부를 매수하기 시작하다가 헌법재판소에서 신행정수도 이전에 대하여 위헌결정을 하여 신행정수도건설에 차질이 생기자 2004. 10. 22.경 아파트 사업을 포기하고 위 부동산 매수를 중단한 바 있습니다.

그 후 2005년 3월 2일, 국회에서 행정도시특별법이 통과되자 위 소외 건설회사는 다시 아파트 사업을 추진하기 위해 위 부동산을 매수하기 시작하는 등 지역의 공공의 이익을 위해 개발하는 것이 절대 아니라 투기성이 강한 개발 또는 난개발을 하려고 한 것으로, 피

고가 이 사건 처분을 하고 아파트 개발을 하려고 하는 것은 공익성
이 절대 없는 것입니다.

바. 반면에 연기군 및 피고가 추진하려고 하였던 이 사건 지역의 환
   경파괴 등이 없이 대학촌으로 개발하려고 하였던 사업(그 중에
   서 고층원룸들은 제외)은 그 기본 성격상 지역환경 및 지역발전
   을 위한 공공사업입니다.

사. 따라서 피고의 이 사건 처분은 공익성이 결여되고 지역에 투기
   를 조장하고 난개발에 동조하는 위법 부당한 처분인 것입니다.

4. 결어
   이상과 같이 피고의 이 사건 처분은 위법 부당한 처분으로 취소되
   어야 마땅할 것이며, 원고를 비롯한 인근주민들은 이 사건 처분에
   대하여 2005. 7. 12.경 행정심판을 제기하였으나 2006. 1.경 각하되
   어 이 사건 청구에 이른 것입니다.

2006.   4.

위 원고의 소송대리인
변호사 김 ○ ○

대 전 지 방 법 원   귀 중

결국, 2005년 3월 말의 충남도지사 결정고시에 명시적으로 포함된 지역이든 묵시적으로 포함된 지역이든 그 결정고시야말로 행정 처분임에 분명하다. (시행사가 충남도청에 아파트 사업 승인 신청을 한 날짜가 2005년 4월 26일인 것도 이를 방증한다. 2005년 3월 말의 충남도지사 결정고시가 신안리 땅에 대해서도 도시계획 결정 '처분'이었음을 증명하는 것이다.)

다시 말하면, 신안1리 사건 지역(아파트 사업 지역 약 2만 5천 평)은 당초에 "고려대와 홍익대 사이의 경관이 양호한 지역으로 저층 중심의 개발을 유도하기 위해 제1종 일반주거지역으로 한다."는 연기군의 입안대로 "제1종지로 한다."고 모든 공람공고가 끝나고 충남도로 이관된 뒤 2004년 7월 무렵 충남도지사 결정고시를 기다리고 있던 참인데, 느닷없이 2004년 6월 초에 '허위민원서'가 들어와 재입안을 하면서 더 이상 1종지를 안 하는 것으로, 다시 말해 경과 규정을 이용해 그냥 종세분화를 하지 않은 것으로 둠으로써 저절로 2종지 효력을 갖게 만들었던 것이다.

그러나 그렇다고 곧장 그 땅이 2종지로 '결정'된 건 아니다. 왜냐하면 재입안 과정의 끝에 2005년 3월 말, 충남도지사의 '결정고시'가 나야지만 비로소 행정처분상의 '효력'이 발생하기 때문이다. 결국, 신안1리 사건 지역은 "이 지역은 제2종지로 한다."는 명시적 글귀가 없다 하더라도 그것은 경과 규정 때문에 굳이 명시를 안 한 것이지 내용상으로는 "제1종지 입안을 포기하고 (아파트 사업이 가능한) 제2종지로 재입안을 한다."는 '묵시적 처분'에 의해 제2종지가 된 것이 분명하다. 이렇게 1종지 잠정 결정지를 다시금 2종지로 돌리는 과정조차 연기군 도시계획위원회에서 안건으로 토의가 있었던 사실, 그렇게 해서 충남도 도시계획위원회로 올라가서는 사건지역이 예의 일반주거 지역으로 존치되는 걸로 '바뀜'으로써 2종지로 결정된 사실, 이 일련의 과정은 결국 행정 '처분'의 결과가 아닌가?

사태가 이러한데도 형식 논리상 신안리 지역은 도지사의 처분이 없이도 경과 규정에 의해 2종지가 되었다는 근거로 "처분이 없다."고한 것은 "처분 없이 효력이 발생한다."는 자가당착적 논리가 아닌가. 그래서 나는 아직도 위 행정법원의 각하 결정에 수긍을 못 한다. '눈 가리고 아웅'인 것이다. 왜냐하면 2005년 3월 말의 충남도지사 결정고시 이전엔 (아래처럼 시행사가 지주에게 보낸 편지에서도 고백하듯) 도시계획 결정 과정 자체가 완결된 것이 아니기 때문이다.

그 결정고시가 중요했다는 점은 역설적으로 시행사가 증명한다. 시행사가 2005년 3월 초에 지주들에게 보낸 비밀 편지엔 "마침내 행정 도시 특별법도 통과되고 충남도지사 결정고시가 2005년 3월 말로 내려지게 됨에 따라 드디어 지체되던 아파트 사업이 잘 진행될 수 있게 되었다."고 하며 "사업 승인이 나면 땅값의 잔금을 다 줄 수 있다."는 취지로 자상하게 설명하고 있는 것이다. 하루에도 수백만 원씩 뭉칫 돈이 소요되는 건설 사업이 왜 2003년 7월 1일 이후 (자동으로) 2종지로 효력을 발휘했다면 자기들이 눈독을 들이고 몰려든 2004년 초라도 왜 사업승인신청서를 바로 내지 않았던가? 모두 합법적 절차를 거치기 위해 주민들 몰래 살금살금 시간만 기다리고 있었던 것 아닌가?

결국, 아파트 못 지을 땅을 허위민원서를 조작하여 연기군청에 밀어 넣고 해당 공무원들은 이미 내밀한 과정 속에서 담합이 된 채 그 허위민원서를 모르는 척 받아주었다(민원서 받아서 재입안을 할 수 있는 시점은 이미 9개월여 지난 시점인데도). 동시에 충남도청에 계류 중이던 서류를 거꾸로 돌려받아 2종지가 되게 만든 다음 은밀하게 재공람하고(재공람 시엔 전 이장, 시행사, 설계업자, 아파트 사업에 이해관계가 걸린 자들의 공람 사인이 되어 있다. 반면, 아파트 사업으로 인해 피해를 보게 될 일반 주민들은 이를 전혀 모르고 있었다.) 2005년 3월 말의 결정고시 시점만 기다리고 있던 차였다.

바로 그 시점에 내가 군수 면담 및 소견서 제출, 충남도지사 면담 등을 추진하고 있었던 것이다. 뻔뻔스럽게도 연기군과 충남도 공무원들은 내가 그런 소견서를 내면서 문제제기를 하는데도 전혀 개의치 않고 나도 모르는 사이에 '결정고시가 나버렸다.'며 만세를 부르고 있었다. 막상 중요한 시점에는 비밀로 했다가 나중에 모든 것이 확정되고 나면 그제야 비로소 알려지고, 뒤늦게 그것을 알고 문제제기를 하면 '이미 늦었다.'고 발뺌을 하는 방식, 바로 이것이야말로 행정 당국이 시민을 속여먹는 전형적 수법이다. 자기들끼리 이해관계가 맞물린 것은 시간이 지난 것도 시간을 바꾸어가며 이런저런 이유를 달아 억지로라도 만들어주면서, 그렇지 않고 양심적인 시민들이 정식으로 문제제기하는 것은 이리 미루고 저리 미루거나, 도청은 군청으로 가라 하고 군청은 도청으로 가라 하면서 지치고 포기하게 만든다. 늘 이런 식이다.

그래서 내가 내린 결론은, 행정 당국이나 사법 당국은 결코 시민의 편이 아니라는 것이다. 권력과 자본의 편이라 하는 것이 정확하다. 문제는 우리가 세금 내고 일을 시킨 사람들이 우리를 위해 일을 하지 않는 것, 그런 줄도 모르고 우리는 계속 국가에 '충성' 하자는 구호 아래 그런 자들을 믿고 순종하는 것, 이게 문제다. 정신 똑바로 차려야 한다!

다음으로 나를 비롯한 대책위 구성원들 11명이 명예훼손, 업무방
해 건으로 형사 소송을 당하고 그와 더불어 민사상 손해배상 가압류를
당한 사건은 그야말로 법이 누구를 위해 존재하는 것인지 명백하게 보
여주었다.

　　우리 주민들은 헌법 35조의 '환경권' 에 기초하여 좋은 자연 환경을
지키고 마을 공동체를 지키면서도 지역 여건에 걸맞은 개발 행위를 촉
진하고자 정당한 저항 운동 및 대안 제시를 하였다. 반면, 저들은 온갖
조작, 협박, 관제 시위, 언론 조작, 여론 조작, 위협, 이간질, 공작, 욕
설, 협잡 등으로 주민들의 정당한 저항 행위를 박살내려 했다. 경찰,
사법, 행정, 지방언론, 자본이 마치 '독수리 오형제' 처럼 일사분란하
게 움직였다. 손배 가압류를 당한 주민 중에는 "더 이상 같이 못하겠
다."며 두 손 들고 떨어져 나간 사람도 있었다. 어떤 이는 결정적 순간
에 주민 회의를 방해하거나 분위기를 이상하게 만들기도 했다. 이해가
안 되는 일이 여러 차례 발생하기도 했다. 하지만 대부분은 끝까지 가
겠다고 결의를 다졌다. 저들이 예상치 못한 결과였으리라.

　　우리 주민들은 대책위 중심으로 돈을 갹출하고 또 대책위 이름으
로 후원 통장을 만들어 소송비용을 마련했다. 수많은 사람들이 지지하
고 응원을 해주었다. 정말 눈물 나게 고마운 과정이었다. 이 기회에 다
시 한 번 감사드린다. 결국 우리는 본안 소송에서 명예훼손이나 업무
방해 혐의가 없는 것으로 '무죄' 판결을 받았다. 거꾸로 말해, '유죄'
라고 꼬투리를 잡힐 것이 하나도 없었다. 자발적이고 공개적인 주민총
회에서 주민 15명으로 구성된 주민대책위원회가 꾸려졌고, 군수 면담,
도지사 면담, 일인시위, 집단 시위, 감사원 청원, 청와대 청원, 검찰청
청원 등 가능한 한 합법적인 틀 안에서 할 수 있는 모든 것을 다했기

때문이다. 마을에 사는 주민들로서 자기 마을이 망가질 것을 뻔히 보고서 모른 척 않고 그것을 적극 막아내고자 몸으로, 시간으로, 돈으로, 열정으로 나선 것은 칭찬할 일이면 칭찬할 일이지 죄가 될 일은 결코 아니었기 때문이다.

이 부분은 결국, 시행사가 결과를 알면서도 우리 주민대책위 내부를 '분열' 시키거나 주민대책위와 다른 주민들을 '이간질' 하기 위한 전술에 불과한 것이었다. 그들은 재판 결과가 주민들에게 무죄가 나올 줄 알면서도 '시골 사람들에게' 재판을 걸고 기압류만 하면 모두 벌벌 떨면서 두 손 들고 나자빠질 줄 알았던 것이다. 그러나 나와 우리 대책위 사람들은 하루도 빠지지 않고 회의에 회의를 거듭하면서도 "이건 인간이 할 짓이 아니다."라고 맞서면서 투쟁의 결의를 더욱 다졌다. 강철은 두들겨 맞으면서 오히려 더 단련된다고 했던가?

한편, 시행사가 터무니없는 이유로 가압류 처분을 신청하고, 법원이 이를 받아준 과정은 내가 보기에 '법률 시장' 만 활성화하는 꼴이었다. 굳이 법원으로 갈 필요가 없는 하찮은 것도 법원으로 보내 변호사를 사게 하고 판사에게 일거리를 주는 것, 그렇게 해서 일거리가 많아야 사법 시장에서 먹고사는 사람들이 밥걱정을 안 하게 된다. 다른 건 몰라도 정말 우리에게 가압류를 걸고 그것을 법원은 받아주고, 우리에겐 '억울하면 변호사를 사서 풀어보라' 고 하는 짓은 '쓸 데 없는 낭비' 였다. 오로지 생산적인 것이 하나 있었다면, 이런 법률 행위들이 낭비라는 것을 내가 제대로 깨닫게 된 점이다. 우리나라 사법시장이 이런 식이라면 정말 한심하다는 생각이 들었다.

특히, 나는 행정소송과 민사소송을 맡은 변호사에게서 큰 실망을 하게 되었다. 처음에 나는 우리 사건을 환경 단체 자문 변호사에게 위

임하려고 했다. 그런데 주민대책위의 한 형님이 "지역에서 아주 소문 난 변호사가 있다."고 해서 인근 지역의 변호사를 쓰기로 결정했다. 그 러나 처음 수임을 할 때랑 나중에 재판을 진행하는 과정은 너무나 달 랐다. 성의도 없고 논리도 없다는 생각이 들었다. 이름만 일류대 법대 를 나왔지 마음은 딴 데 있는 것 같았다. 재판 기일이 잡히면 미리 그 전에 만나든지 통화를 하든지 해서 반박 논리를 꼼꼼히 챙기고 필요한 자료를 잘 챙겨서 상대방을 이길 수 있도록 만전을 기해야 하는데, 이 상하게도 그냥 시간만 보내는 듯한 인상을 주었다. 심지어는 우리 변 호사가 시행사 측에 넘어간 게 아닌가 하는 의심마저 들 지경이었다.

게다가 민사소송에서 우리가 이겼는데도 변호사 사무실에서는 소 송비용을 상대방에 청구하여 일정 부분을 우리에게 돌려주어야 하는 데도 아직도 돌려주지 않고 있다. 승소 직후부터 이미 수차례 요구를 했는데도 말이다. 이와 관련, 나는 과연 '일류대'가 무엇을 의미하는 지, 우리 사회가 일류대 맹신주의에 빠진 것이 얼마나 위험한 일인지 처절하게 깨달았다.

또 하나, 재판을 거치면서 내가 깨달은 것은 우리 평범한 주민들은 일생일대의 '사건'으로 재판정을 들락거리지만, 시행사 사람들은 대 단히 평범한 일상의 '사무'로서 재판정을 출퇴근한다는 점이다. 우리 사건의 앞뒤로 비슷한 사건들이 꽤 보였는데 건설사와 주민들 사이, 건설사와 지주 사이에 문제가 발생한 것이 많았다. 시행사들은 일단 사업을 성사시키기 위해 지주를 설득하는 과정에서는 온갖 달콤한 제 안을 하지만 막상 자기들의 계획이 완수되면 입을 싹 닦는다. 저들에 게 불리한 것은 결코 문서로 남기지 않는다. 유리한 것만 문서로 남기 되 상대방 당사자인 순진무구한 주민들은 물론 돈에 눈이 밝은 지주들조차 잘 알아채지 못하게 '특약 사항'으로 작은 글씨를 써서 남겨 놓거나 별도의 조항을 만들어 '절대 비밀로 하도록' 하여 다른 사람들과 상의도 못하게 꼼짝없이 만들어놓는다. 이런 것에 절대 속으면 안 된다.

내가 겪은 재판 중 가장 황당한 것은 2007년과 2008년에 걸쳐 진행된 것이었다. 마침내 아파트 터파기 공사가 진행된 2007년 1월 이후 우리 주민들은 도지사 면담이나 도청 앞 시위를 통해 아파트 사업 승인을 취소하기를 지속적으로 요구했다. 무더위가 시작되던 2007년 6월 한 달 동안 우리 주민들은 터파기 작업이 한창 진행 중이던 공사 현장 앞에서 "아름다운 신안리에 고층아파트 웬 말이냐, 대학문화타운 건설하라." "아름다운 신안리를 고층아파트로 파괴 말라." "허위 문서 밀실 행정, 연기군은 각성하라." "투기조장 건설자본, 어디 가도 찬밥 대접" 따위의 구호를 내걸고 릴레이 일인시위를 계속했다. 마을을 지나다니는 시내버스 안에서 사람들은 고개를 내밀고 우리 주민들이 무엇을 주장하는지 유심히 바라보기도 했다. 연기군 의회에서 의원 몇 명이 마을 실사를 다녀가기도 했다. 우리 주민들이 군 의회까지 찾아가 엉터리 사업을 막아 달라고 아우성을 치고 강력히 항의를 한 덕이다.(그러나 바로 그 연기군 의회야말로 아파트를 못 지을 땅을 짓는 땅으로 재입안하는 과정에서 은밀하게 건설자본의 입장을 대변하는 구실을 했다. 당시 의사록을 들여다보면 본회의에서는 전혀 토론도 거치지 않고 의장이 "본안대로 찬성 가결하자."고 재촉하고 다른 의원들은 손뼉만 치고 끝난다. 한 마을의 운명을 바꾸는 과정에서 주민들을 대변해야 하는 의회 의원들이 마을 주민들은 전혀 모르게 주민 의견 청취 과정이나 토론도 거치지 않고 밀실에서 몰래 은근슬쩍 넘어간 행위는 내가 보기에 엄정 수사를 거쳐야 할 사안이다. 그런 사람들이 마치 주민들 의견을 듣는 척 마을을 다녀간 것은 그냥 일을 하는 '척'만 하는 것일 뿐이다. 그 뒤로 어느 의원도 우리 주민들에게 마을의 향후 전망이나 사후 대책에 대해 답변을 하지 않았다. 그런 사람들이 또다시 군의원이 되어 앉아 있다. 정말 한심한 일이다. 이런 것이 풀뿌리 민주주의라니, 어불성설이다.)

그렇게 뜨거운 여름을 보내면서 한 달간 릴레이 일인시위를 한 끝에 주민들은 2007년 7월 9일, 마을회관에 모여 한 달간의 릴레이 시위를 정리하고 향후 대책을 논의하기 시작했다. 한창 회의를 하는데, 주민 중 누군가 "저기 전 이장 L이 보인다."고 했다. 그를 데려와서 책임을 추궁하고 향후 대책을 논의해야 한다고 했다. 그래서 나랑 주민 몇 명이 그를 데리고 왔다. 주민들이 질문 공세를 퍼부었다. "왜 주민들에게 아무 말도 하지 않고 토지 용도를 불법으로 변경했느냐?" "향후 주민들이 피해를 볼 사태에 대해 어떻게 책임을 지겠느냐?" "허위민원서는 도대체 누가 작성하고 누가 도장을 찍은 것이냐?"는 등의 질문을 쏟아 부었다.

전 이장 L은 마을을 망가뜨린 죄인이 된 입장에서 목이 말랐던지 연거푸 물을 마셔댔다. 주민들의 질문 공세에 앞뒤가 안 맞는 말로 대답을 하다가 오히려 아주머니들로부터 "거짓말 하지 마라."라든지 "말도 안 되는 소리"라든지 하는 비난만 받았다. 나는 일정별로 사건의 경과를 분명히 적어가며 "도대체 그 가짜 서류는 누구와 공모해 만들었느냐?"며 따지고 들었다. "진실을 고백하고 주민들 앞에 사죄를 하든지 아니면 차라리 마을을 떠나라."고 요구했다. 말문이 막힌 그는 갑자기 나에게 달려들어 내 목을 헤드락한 채 왼쪽 눈을 파내려 했다. 만약 아주머니들이 여러 명 달려들어 힘껏 뜯어말리지 않았다면 아마도 나는 애꾸눈이 되고 말았을 것이다. 눈 주위에 피가 흘렀다. 화가 극도로 치민 나를 사람들이 붙들고 놓아주지 않았다. 아마도 내가 자유로웠다면 큰 사고를 치고 말았을지 모른다. 정말 힘든 순간이었다. 내가 아주머니들에게 붙들려 고함을 치는 사이에 폭행범 L은 마을회관을 빠져나갔다. 다른 주민이 119를 불러주어 나는 밤늦게 119 차를 타고 읍내 병원 응급실로 갔다. 망막에 이상이 있는지 검사를 받았다. 다행히 망막 손상은 없었다. 천만 다행이었다. 예수님은 "원수를 사랑하라."고 했다지만, 나는 불경하지만 예수가 아닌 것을 다행스럽게 여겼다. 증오감이 극도로 치달았다.

아내와 나는 밤새 잠을 잘 수 없었다. 그 다음 날 아침 일찍 나는 읍내 안과 두 군데를 가서 진단서를 뗐다. L을 '폭행 및 살인 미수죄'로 고소하기 위해서였다. 연기경찰서로 가서 고소장을 제출했다. 2007년

전 이장 L에게
왼쪽 눈이 뽑힐 뻔했던
위기 직후 (2007. 7. 9)

7월 10일이었다.(그 무렵은 만 81세이던 모친이 말기 간암 판정을 받고 온 가족이 슬픔에 잠겨 있을 때였다. 약 보름 뒤, 어머니는 생각보다 이른 7월 26일, 영영 우리 곁을 떠나가셨다. 나는 지금도 내 눈의 상처로 어머니 마음을 더 아프게 만든 일이 너무나 죄스럽다.)

그런데 이상하게도 한참 동안 아무 연락이 없더니 경찰서에서 뒤늦게 연락이 왔다. 내가 고소한 지 일주일이 지나서 L도 (나와 아주머니들을 공동) 폭행죄로 맞고소했다는 것이다. 어이가 없었다. 고소자 심문 및 피의자 심문을 동시에 한다고 했다. 심문 과정에서 내가 피의자가 된 근거가 무엇이냐고 하니, 나와 아주머니들이 L을 먼저 폭행해서 그에 대항하는 과정에서 어쩌다가 L의 손이 내 눈을 긁게 되었다는 것이다. 이중, 삼중의 왜곡이었다. 경찰이 L과 공모를 한 것임에 분명했다. 그렇게 의심할 만한 배경도 있다. 그 경찰서 형사 중엔 L의 처조카 사위가 있다. 나아가 또 다른 형사는 그 부인 이름으로 (우리 마을 아파트 부지에 편입될) 땅을 (토지용도가 재입안되는 과정에서 헐값에) 샀다가 (아파트 시행사에게) 비싸게 팔아먹은 자이기 때문이다. 이것도 엄정한 수사 대상이다. 양심적인 검사가 있다면 지금이라도 내밀한 수사를 진행하면 좋겠다. L이 나를 (공동) 폭행범으로 맞고소한 사실이 이중, 삼중의 왜곡인 까닭은 이렇다.

우선, 내가 증거 자료로 제출한 동영상에도 있지만, L이 나를 폭행하고 아주머니들이 뜯어말린 사실은 있어도 나와 아주머니들이 L을 폭행한 사실은 없다. 게다가 서류상 증인으로 나선 마을 슈퍼 주인 LYS는 증인 자격이 없는 이다. 내가 L을 폭행한 사실 자체도 없는 데다 오히려 L이 나를 폭행하던 시점에 그는 회의장에 없었다. 그러니 재판정에서 L(폭행범)과 LYS(증인 아닌 증인)는 아무것도 입증할 수 없었다. LYS는 그날 밤 사태(L이 내 눈을 빼려 한 사건)가 다 끝난 뒤에 마을회관으로 들어왔던 자로서 사건 자체를 직접 보진 못했다. 한마디로, 증인 자격이 없는 자다. 다만 L과 함께 주민들 몰래 아파트 사업을 불러들인 공범 관계라는 점 때문에 (아파트 저지 운동을 펼친) 나와 다른 주민들에게 앙심을 품고 있는 자에 불과하다.

결국, L은 '쌍방 고소'의 형식을 취함으로써 나와 아주머니들을 귀찮게 한 다음, 더 이상 문제 삼지 않도록 '화해'라는 형식을 빌려 공동으로 '소 취하'를 하게 만들려는 사악한 의도를 갖고 있었다. 물론 이러한 시나리오는 L이 단독으로 꾸밀 리가 없다. 경찰에서도, 또 검찰에서도 그런 식으로 '화해 의사'를 나에게 거듭 확인한 사실이 방증이다. 나는 그럴수록 더욱 집요하게 달라붙는 성격이다. 나를 잘못 건드린 것이다. '화해라는 건, 같이 치고받고 싸웠을 때 하는 것이지, 아무리 무식해도 일방적으로 당한 사람이 화해라니 개가 들어도 웃을 일'이라 마음으로 비웃었다. 나는 '예수'와 다르기에. 대한민국 경찰과 검찰이 이 정도 수준이란 게 정말 한심했다.

다음으로, 만약 나와 아주머니들이 그를 먼저 공격했다면 왜 그는 당장 그 다음 날 아침에 나처럼 진단서를 떼고 고소장을 제출해야지 내가 고소한 지 일주일이나 지난 뒤에 맞고소를 하게 되었을까? 과연 그가 '예수'처럼 '원수를 사랑하는' 마음이 있었기에 고심에 고심을 하다가 포기하고 마침내 고소를 해야겠다고 마음먹었기에 일주일이나 걸렸을까? 이것도 L의 단독 범행이 아니라 믿는 근거다. 해당 경찰서의 누군가가 L의 입장에서 고민을 하다가 고심 끝에 아이디어를 짜낸 것이리라. 맞고소를 해서 서로 '고소 취하'를 하도록 유도함으로써 막상 '진범'은 빠져나갈 구멍을 만드는 것이다. 어차피 벌금형이

174

라도 받을 바에야 잘 하면 고소 취하, 잘못되어도 어차피 받을 벌금형이 아닌가. 바로 이것이었다. 새로 더 잃을 게 없는 게임, 무승부이거나 어차피 받을 벌을 받거나. 그러나 가만히 있으면 무승부는 절대 불가능하고 혼자만 나쁜 놈이 되는 상황. 여기서 나온 아이디어가 바로 '맞고소'였던 것이다. 경찰이 이 정도 수준이라면 정말 한심하다.(그러나 이것마저도 내가 끈질긴 놈이기에 속지 않고 밝혀내는 것이지, 웬만한 사람 같으면 시간이 없거나 정신이 없어 그냥 포기하고 억울한 가슴만 두드리며 넘어간다. 나쁜 경찰과 나쁜 검찰은 바로 이런 점을 노린다. 그래서 개별적으로도 똑똑해져야 하고, 집단적으로도 뭉쳐야 한다.)

또 하나는 L이 제출한 맞고소장에 첨부된 증거, 즉 상처 자국 사진들이다. L은 읍내 모 병원에서 진단서를 발급받았다. 아주머니들은 경찰이 보여준 사진 속 L의 상처는 자작극일 가능성이 높다고 했다. 나도 이상하다고 생각했다. 지금도 나는 이 사건을 제대로 밝히려면 그 진단서조차 진실에 토대한 것인지, 그 폭행당했다는 상처 자국이 있는 사진은 언제 어디서 찍은 건지 밝혀야 한다고 본다. 그러나 이 사건이 경찰을 거쳐 검찰로 넘어가서도 이 부분에 대한 수사는 하나도 이뤄지지 않았다. 내가 진실 규명을 위해 정밀 수사를 요구하고 탄원서를 냈음에도 묵살당했다.

바로 이 지점에서 검사 이야기를 해야겠다. 나는 이 허위민원서의 탄생 과정, 그를 근거로 토지 용도를 바꾼 사건, 그를 토대로 고층아파트 사업을 진행한 사건이 분명 건설자본, 행정, 의회, 공무원, 전 이장 등의 은밀한 음모에 의해 진행되고 있다고 직감하고 있었다. 그래서 연줄이 닿는 어느 선배(당시 부장검사)를 방문하고 "선배님, 제 상식으로도 도무지 이해가 되지 않는 이 사건의 전말을 꼭 좀 밝혀주십시오."라고 정중히 부탁을 했다. 사회 정의의 차원이었다. 그 당시만 해도 나는 참 순진했던 셈이다. 판검사들은 법과 정의가 살아 있는 사회를 위해 노력할 것이란 믿음을 갖고 있었기 때문이다.

그러나 내가 들은 답변은 내 귀를 의심케 했다. "아니, 도대체 강 교수 같은 학자가 왜 연구나 하지 않고 쓸데없이 이런 일에 시간을 낭비하는지 모르겠네?"라는 것이었다. 꼭 맞는 비유는 아니지만, 나는 그 뒤에 그 선배가 그렇게 말한 이유를 좀 이해할 수 있었다. 한 뉴스에서 어느 검사가 건설회사의 법인 카드를 마음대로 쓰다가 걸린 일이 보도되었기 때문이다. 나는 아직도 사법부를 포함한 모든 분야에서 사악한 자들보다는 훌륭한 사람이 더 많을 것이라 본다. 하지만 이런 부정적인 소식 하나만 들려도 그것으로 인해 전체가 의심을 받을 수밖에 없는 것이 현재 한국 사회의 현실이다.

다시 폭행 사건으로 돌아가면, 그렇게도 나와 아주머니들이 일관되게 이야기를 하는데도 담당 형사는 사건을 이상하게 몰아갔다. 심지어는 '뜯어말리는 것도 폭행이 된다.'는 황당무계한 논리를 폈다. 어이없게도 결론은 '쌍방 기소' 의견으로 났고, 검찰도 경찰의 조사 결과를 그대로 인용해서 기소 처분했다. 약식 기소였고, 50만 원씩 벌금형이었다. 나와 아주머니들은 추가 증거 자료를 제출하며 분명히 조사부터 잘못되었다며 L의 일방적 폭행과 살인 미수를 강조했다. 만약 자기 아들이 나처럼 당했다면 그는 아마도 폭행한 자를 살인 미수죄로 집어넣었을 것이다.

그러나 이미 저들은 건설자본의 품 안에 있는 자들이고 일확천금 떡고물에 공동의 이해관계를 건 자들이 아닌가? 그러니 무엇을 더 조사하겠는가? 다만 귀찮은 사건일 뿐이다. 검찰도 미심쩍었던지 마침 내 5명의 아주머니들에겐 '기소 유예'를 내렸다. 그러나 L과 나는 똑같이 벌금형을 때렸다. 그냥 더럽다며 벌금을 내고 말 것인가, 아니면 정식 재판을 청구할 것인가? 나는 이 지점에서 '반드시 진실을 밝혀야 한다.'고 생각했다. 시간과 돈, 에너지를 들여서라도 거짓이 거짓임을, 진실이 진실임을 밝혀야 한다고 생각했고 그 생각은 지금도 변함이 없다.

정식 재판을 청구했는데, 정말 개탄할 일이 벌어졌다. 1심 판사가 3명인데 도대체 서류를 제대로 검토했는지조차 의심스런 지경이었다. 검사가 낸 공소장의 취지 그대로 판결이 나고 만 것이다. 그것도 사건 (2007년 7월 9일)이 터진 지 거의 1년 만에(2008년 6월 13일). 내가 아주머니들과 함께 L을 공동 폭행한 죄가 있다는 것이다! 피가 거꾸로 치솟으면서도 속으로 웃음이 났다. 이것도 재판인가. 저런 자들이 판사라니. 그러면서 정말, 정말 이 나라가 걱정이 되었다. 우리 아이들이 살아갈 이 땅이 걱정스러웠다.

핵심 문제는 이랬다. 3명으로 구성된 판사들은 증인 자격이 없는 위증자(LYS)의 증거 자료는 증거 능력 부족이라 판단했는지 판결 근거에서 뺐으면서도 정작 판결문에서는 그 위증자의 표현을 그대로 인용하여 그를 근거로 나를 폭행범으로 규정했다. 도대체 대학생 리포트도 이것보다는 낫지 않을까, 하는 생각이 들었다. 그래도 '법정은 신성하다.'고 했던가, 속에 불이 났지만 참고 나오면서 하늘을 올려다보았다. 야, 정말 이건 심각한 문제다.

그래도 내 경우는 아무것도 아니다. 만약 이런 식으로 살인죄로 몰리거나 사형을 선고받은 자는 어떻게 하란 말인가? 노동운동을 하다가 붙들려 간 수많은 사람, 간첩으로 몰려 억울하게 죽은 사람들의 얼굴이 떠오르는 듯했다. 눈물이 나려고 했다. 그날 밤 나와 아내는 억울한 마음에 서로 부여잡고 엉엉 울면서 진실을 꼭 밝혀야 한다고 다짐했다.

고등법원에 항소를 했다. 추가로 증거 자료를 제출하기 위해 2007년 7월 9일 당일 주민총회에 참여한 모든 참여자를 찾아가 진술서를 받았다. 그날 무슨 일이 있었는지, 누가 누구를 어떻게 폭행했는지, 누가 말렸고 어떻게 끝이 났는지, 증인으로 나선 자는 언제 회의장으로 들어왔는지, 사태의 진실이 무엇인지, 따위를 직접 쓰게 하거나 문장 능력이 떨어지는 분들께는 내용을 읽어주고 동의하면 사인이나 도장을 찍게 했다. 추가 증인도 내세웠다. 모두 진실을 위해서였다. 옳은 것은 옳다 하고, 아닌 것은 아니라고 하는 사회가 바른 사회다. 도대체 '바르게살기운동본부'는 있되, 정작 '바르게살기' 자체가 없다면 이 무슨 한심한 일인가, 하는 생각이 치밀었다.

마침내 고등법원에서는 정확한 판결이 나왔다(2008년 12월 12일). '무죄'였다. 엄밀히 보자면 나와 함께 유죄 소견으로 '기소 유예'를 받았던 6명의 아주머니들도 이제는 사실상 무죄로 판명이 난 셈이다. 굳이 하자면 아주머니들도 다시금 법적 절차를 밟아야 하지만, 그냥 두어도 이제는 우리의 누명을 벗게 되었으니 정말 함께 기뻐할 일이었다. 뒤늦게나마 고법 판사님들께 감사한 마음이 들었다. 그래도 이런 분들이 있으니 사법부 불신을 조금이라도 줄일 수 있었다.

그런데 또 황당한 일이 발생했다. 고법 재판정에 섰던 검사가 대법원 상고를 한 것이다(2008년 12월 30일). 내 생각엔 법률 상식이 조금이라도 있다면 상고할 필요를 못 느낄 것 같은데, 그가 굳이 상고를 한 까닭은 무얼까? 알고 보니, 검찰의 자존심 때문에 의례적으로 하는 일 같았다. 그리고 바로 그런 것이 '법률 시장'을 존속시키는 메커니즘이라 여겨졌다. 2009년 1월 16일자의 검찰의 '상고이유서'를 보면서 또다시 웃음이 나왔다. 이런 정도 논리로 검사직을 수행한다면 정말 웃기는 일 아닌가? 나는 불경스러움을 무릅쓰고 상고이유서에 대한 답변서를 쓰면서 검사의 논리를 조목조목 나무라듯 반박했다(2009년 1월 28일). 결과는 나의 승리였다. 대법원 선고에서 검사의 항고가 기각당하고 만 것이다. 나의 무죄가 최종 확정된 셈이다. 별 것 아닌 것 가지고도 눈물이 나려 했다. 2007년 7월 9일 마을 회의장에서 내 눈이 빠질 뻔한 사건이 이상한 과정을 거치면서 내가 폭행범으로 몰려 1심에서, 2심, 다시 3심까지 와서 2009년 2월 말에야 완전히 무죄가 확정되었으니, 그간 1년 반이란 세월 동안 마음고생이 참 많았던 것이다. 아내에게 미안하기도 하고 고맙기도 했다. 증인이 되어준 우리 주민들에게 무척 고마운 마음이 들었다. 다른 한편, 정말 아무것도 아닌 일 가지고 사건이 사건을 만든 다음 일정한 법률 시장을 거치면서 사태가 더욱 복잡하게 되고 시간 낭비, 돈 낭비, 열정 낭비가 생기는 게 아닌가, 하는 한심한 생각이 들었다.

그렇게 해서 2005년에서 2009년까지, 행정심판청구로부터 시작해서 행정소송, 형사소송 및 민사소송 그리고 또다시 형사소송 등으로 이어진, 기나긴 아파트 싸움 관련 재판들이 모두 종결되었다. 재판 과정은 내 마음의 상처들을 다시 한 번 확인하는 과정이자 새로운 상처를 덧붙이는 과정이기도 했다. 그리고 그 전체는 한국 사회가 집단적으로 갖고 있는 상처의 반영이기도 했다. 끊임없는 폭력과 거짓 속에 상처를 만들고 그 상처를 치유한답시고 새로운 시장을 만들고, 또 그 시장에서 새로운 상처를 받고, 또한 가면 갈수록 그 상처의 깊이와 폭은 커지고, 그래서 더욱 상처를 치유할 기회는 없어지는 그런 사회가 바로 우리가 살고 있는 이 사회가 아닌가. 도대체 어디서부터 어떻게 손을 대야 제대로 치유가 되어 다시금 건강한 사회로 회복될 것인가? 과연 이 나라가 건강한 사회로 거듭날 수나 있을 것인가?

신안리의 아름다운 전원 풍경이 마침내 망가지기 직전의 모습 (2006. 5)

아파트 반대 소송 패소와 이권 집단

지난 3년간 우리 마을 주민들은 터무니없는 고층아파트가 마을 한 가운데에 인접해 들어서는 것에 '목숨 걸고' 싸워왔다. 당초 이 터는 고려대와 홍익대를 남북으로 끼고 있는 마을 특성상 '대학촌'으로 개발하도록 기본 계획이 서 있던 곳이었다. 그러나 행정도시와 맞물려 수도권 부자들의 투기 수요를 노린 투기성 상품이 '토지용도' 조차 불법 변경시켜가면서 들어서려 했다. 각종 민원 제기와 군수 및 도지사 면담, 항의 방문, 집회 및 시위, 현수막 전쟁 등을 거쳐 마침내 행정기관의 밀어붙이기식 사업승인에 맞서 2006년 9월, 승인 처분 취소 소송을 냈다. 몇몇 앞장선 일꾼들이 일일이 집집을 방문하여 본 사업 승인의 부당성을 설명하고 도장을 받아 모두 233명의 주민들이 원고가 되어 아파트 사업 승인을 취소해줄 것을 법정에 요청한 것이다. 비가 오나 눈이 오나 우리 주민들은 나와 함께 법정에 나가 본 사업의 부당함이나 절차상 하자 등을 내세우며 잘못된 사업이 철회되기를 소망하였다. 그러나 1년이 지난 뒤 1심 판결은 너무나 허탈하게 나고 말았다.

우리가 본 사업의 교통영향평가가 모두 1천 세대 입주 후 승용차 증가 대수가 1년에 단지 1대 꼴이라는 식으로 너무나 엉터리여서 허구적 교평에 기초한 사업승인은 무효라고 주장한 데 대해, 판결문은 "……이 사건 교통영향평가에 관하여 원고가 주장한 이 사건 교통영향평가의 문제점들로 인하여 교통영향평가를 하지 아니한 것과 다를 바가 없는 정도의 중대한 잘못이 있다고 인정할 증거는 없다."고 한다.

또 사업 승인에 결정적 절차였던 도시계획위원회에 제시된 경관 분석 자료 등이 엉터리임을 컴퓨터 시뮬레이션 등을 들이대며 주장하자 판결문은 "……원고가 주장하는 바와 같이 이 사건 도시계획위원회의 심의 절차 등에 하자가 인정된다고 하더라도 그것이 도시계획위원회의 심의 자체를 거치지 아니하였던 것으로 보아야 할 만큼 중대한 하자가 아니라고 한다면 이 사건 처분의 효력에 영향을 미친다고 할 수는 없다 할 것이다."고 쓰고 있다.

한마디로, 교통영향평가든 도시계획위원회든 날짜만 잡고 개최되기만 한다면 그 내용이 제아무리 엉터리일지라도 "그것이 없었다고 할 정도의 하자만 아니라고 판단한다면" 그냥 무사통과라는 식이다. 이 얼마나 황당하고 맥 빠지는 판결인가!

또 위 판결문은 주민들의 일조권, 조망권 등 환경권 침해가 심각할 것이라 주장하고 마을에 이렇게 인접하여 고층아파트를 짓는 것은 문제 있으며 나아가 대학생들을 상대로 원룸 임대 등으로 생계를 유지하는 60% 이상의 주민들이 타격을 입을 것임을 강조하자, "……원고가 주장하는 일조권, 조망권 등의 환경권과 관련하여 원고가 이 사건 처분으로 인하여 처분 전과 비교하여 수인한도를 넘는 환경피해를 받거나 받을 우려가 있다는 점에 대하여는 별다른 입증이 없다."고 하며 주민들의 생계상 피해도 "이 사건 처분으로 인한 법률상의 불이익에 해당하는 것이 아니라 사실적, 반사적인 불이익에 불과한 것으로서 이를 들어 이 사건 처분이 위법하다고 볼 수 없다"고 한다. 또 이 사업은 실수요보다 투기수요를 노린 것이기에 공익성이 부재하다고 하자,

"······이 사건 사업에 투기 수요가 일체 배제되어야 할 것이 요구된다고 볼 수도 없다."고 한다.

지금도 시골 마을을 지나다보면, "누구누구 집 자제가 사법고시에 합격!"이라며 온 동네가 잔치 분위기인 것을 자주 본다. 그렇게 사법고시에 합격하려면 대개는 농촌이 망가지든 친구가 데모하다 잡혀가든 꼴통들이 나라를 망치든 아랑곳하지 않고 도서관이나 고시원만 들락거려야 한다. 그렇게 해서 합격하면 거대한 '이권 집단'의 일부분으로 살아가야 '기득권'에 손상이 오지 않는다. 김태동 · 김헌동 선생이 『문제는 부동산이야, 이 바보들아』에서 말한 '개발오적'(건설자본, 정치가, 경제관료, 언론, 학자)이 바로 그 이권 집단의 실체다. 신문이고 TV고 제아무리 '사회 양극화' 운운 해봐야 그저 뉴스거리로 지나갈 뿐, 현실의 이권 세계는 대부분 '무대 뒤에서' 은밀히 전개된다. 실상이 이렇다 보니 233명의 순수한 우리 신안리 주민들이 마을 공동체를 살리기 위해 몸부림친다 한들 저 개발오적들이 어디 코나 벙긋하겠는가? 개인적으로는 참담한 심정에, 사회적으로는 아이들의 미래가 암담할 뿐이다.

아파트 단지 정착으로 예상되는 사회적 분열

　　우리 신안리 마을의 역사를 대충 보면, 전통적으로 전형적인 농촌이었으나 1980년 이후 수도권 집중 완화 정책의 일환으로 고려대 캠퍼스가 자리 잡고 1989년 이후 홍익대 캠퍼스가 오면서 반농반도의 마을이 되었다. 그리고 2007년 이후 현재이 흉물 아파드 단지가 늘어서면서 농경지는 죄다 사라지고 아파트 단지가 기존 마을을 압도하게 되었다. 현재 공사 중단된 상태이지만 만약 공사가 속행되고 완공된 뒤 어떤 형태로라도 꾸역꾸역 입주가 시작되면 마을의 모습은 완전히 도시화할 것이다. 『오래된 미래』에 나오는 인도 북부의 라다크 마을처럼 조상 대대로 내려오던 전통적 마을 공동체가 불과 30년 만에 아파트 단지가 압도하는 도시화의 물결 속으로 편입되고 마는 셈이다. 이렇게 되면 다양한 측면에서 새로운 문제가 발생한다.

　　첫째, 이미 지금도 고려대와 홍익대 학생들을 상대로 원룸 임대나 자취, 하숙 등으로 생계를 잇는 가정이 많아지면서 전통적 농촌 인심이 많이 훼손되었는데, 앞으로는 더욱 심해질 것이다. 아파트 단지가 들어서면서 주민들의 경제적 입지가 좁아질수록 나머지 지분을 놓고 주민들끼리 겨루는, 즉 방 하나 세를 놓기 위한 경쟁이 매우 격해질 것이다. 이웃 간에 갈등이나 싸움이 더욱 빈발할 것이다. 모든 것을 돈으로 따지는 계산적인 태도가 강화되는 것이다. 박철수 교수의 『아파트 문화사』도 다음과 같이 고발한다. "아파트는 중산층과 하층을 구분 짓고 위화감을 조성하는 수단으로 변모한 측면도 있으며, 핵가족을 위한 공간으로 규정되면서 대가족 또는 이웃 사이의 관계들이 단절되고 사회적 담화 공간이 약화된 측면도 있다. 아파트가 편리함과 안온함의 상징이자 재산 증식의 상징이 되면서 돈에 대한 탐욕과 가족 관계의 해체를 조장한 면도 있다. 한 곳에 뿌리내리고 정을 붙이며 정착하기보다는 더 비싸고 더 화려한 집에 중독되어 부단히 이동하는 도시 유목민이 되는 것이었다."

둘째, 기존의 단독 주택에 사는 원주민들과 아파트 단지 입주민들로 마을이 양분될 것이다. 현재 신안1리 마을은 약 350가구 내외, 1,200명 정도의 주민으로 구성된다. 아파트 단지는 약 1,000세대로 구성되기에 (현실적 가능성은 거의 없지만 그래도 오랜 시간이 걸리더라도) 모두 입주한다면 최소한 3,000명 정도는 될 것이다. 아파트 단지 안에 새 상가가 들어설 것이고 완전히 새로운 마을이 하나 더 생기는 셈이다. 원주민과 아파트 주민들 사이엔 마음의 경계선과 거리감이 생길 것이고 서로가 서로를 이방인처럼 보는 마음이 생길 것이다.

기존 주민들 중에는 "안 그래도 허름한 우리 집이 아파트 때문에 '개집'처럼 되어버리고 말았다."고 한탄하는 이도 있다. 『아파트 문화사』는 이러한 사회심리의 탄생 배경을 이렇게 설명한다. "아파트를 일컬어 거대한 침묵의 조형물이라 부르는 데에는 '아파트 단지'가 누구와도 소통하지 않으려는 심한 자폐증을 앓고 있기 때문이며, 난수표라 일컫는 이면에는 인간의 다양한 삶의 모습에 정면으로 배치되는 획일성과 평균성 그리고 공간생산의 규칙성과 균질성이 그곳에 또한 내재되어 있기 때문이다." 이런 상황 속에서 신안리 마을이라는 작은 사회 안에서조차 사회적 분열은 불을 보듯 뻔하다.

그런데 이러한 사회적 분열은 어른들에게서만 나타나진 않을 것이다. 한창 자라는 아이들에게조차 마음의 상처를 입히며 다양한 모습으로 재생산될 것이다. 소설가 김윤영의 『루이뷔똥』에 나오는 「철가방 추적작전」 속엔 주거 양식의 차이가 얼마나 인간관계를 황폐화하는지 예고한 바 있다. "임대아파트 애들이랑은 놀지 말라며 문둥병자 취급하는 부모들 중에 박사며 교수며 의사가 있었다. 무시를 당할수록 그곳 애들은 똘똘 뭉쳤다." 어른 사회의 양극화가 아이들 사회의 양극화를 부른다는 말이다.

셋째, 실제로 거주할 수요자가 별로 없는 상태에서, 또 우리 마을에서 불과 10분도 떨어지지 않은 곳에 5천 가구 내외의 아파트 단지가 이미 조성된 상태에서 또다시 우리 마을에도 1천 가구 정도의 단지를 추가로 건설한다면 갈수록 '부동산 계급 사회'는 더 강화할 것이다. 새로 지어지는 주택 중 아파트의 비중은 IMF 사태 이후 계속 85% 수준을 웃돌고 있다. 게다가 손낙구 선생의 『부동산 계급 사회』에 따르면 1975년 74.4%이던 주택보급률은 이미 2002년을 기점으로 100%를 넘어섰다. 2010년 현재 전국 평균 주택보급률은 105% 수준으로 추정된다. 한마디로, 골고루 쓴다면 집 없는 사람이 없어야 한다는 말이다. 그러나 최고의 집 부자 한 사람이 무려 1천 80여 채를 보유하고 있고, 국민의 절반은 자기 집이 없이 전월세로 전전긍긍하는 것이 우리의 현실, 즉 '부동산 계급 사회'다. 요컨대, 지금 상태에서 분배의 균형을 생각지 않고 건설 경기만 부채질하는 정책은 투기 조장과 주택 양극화만 더욱 조장할 뿐이다. 거대한 아파트 단지를 건설함으로써 경제를 살리겠다는 발상은 처음부터 잘못된 것이지만, 백번 양보하더라도 최소한 이제는 시대착오적인 발상이 되고 말았다.

게다가 한국 땅의 시가는 지나치게 부풀려져 있어, 대한민국의 100배 크기에 이르는 캐나다를 무려 6개나 살 수 있는 돈이라 한다. 투기 붐, 즉 거품을 통해 부흥한 경제는 거품으로 망한다는 사실을 이미 일본을 통해 배우지 않았는가? 현재 한국의 주택산업은 건설업의 60% 정도를 차지하며, 국내총생산(GDP)의 10%에 육박한다. 그러나 이것은 지극히 형식적인 수치에 불과하다. 사실, 아파트 단지를 건설하려면 시멘트 업계, 레미콘 업계, 철·골재 업계, 목재 업계, 전기·가스·수도 업계, 인테리어 업계, 페인트 업계, 유리 업계 등 수많은 기업들이 꼬리에 꼬리를 물고 들어간다. 그러나 제아무리 많은 기업들을 돈 벌게 해준다 하더라도 그것이 전체 국민의 살림살이를 행복하게 한다는 보장은 하나도 없다. 단지 그 해당 업계의 대자본만 살찌게 할 뿐이다. 그리고 그 허황된 탐욕을 좇던 거품 경제는 언젠가 터지게 되어 있다. 이것이 사태의 진실이다. 2008년 이후 미국 '리먼 브라더스' 파산 이후의 세계 경제 공황도 바로 이런 배경을 한 켠에 깔고 있다.

넷째, 기존 주민들이 신안리 마을에서 오래도록 사는 데 장점으로 작용한 공통점 중 하나는 맑은 공기와 한가로운 전원 풍경이었다. 일조권이나 조망권을 단순한 보상의 문제로 치부할 일이 아니다. 대부분의 마을 사람들은 지금까지 고대 뒷산과 우리 집 쪽의 오봉산 끝자락 낮은 산을 보며 살았다. 1999년부터 내가 집을 짓고 사는 골짜기도 좌우로 낮은 산이 보이고 저 멀리 고대 뒷산도 보였다. 밤이면 저 멀리 경부선, 호남선, 충북선 기차가 지나가는 소리와 불빛을 느낄 수 있고, 마을 중심가의 가로등 불빛도 좋은 야경이었다. 그러나 이제는 고층아파트 시멘트 덩어리가 모두 가로막았다. 산과 구릉지, 맑은 공기와 새들의 지저귐 등 자연 생태계 즉, 일종의 공유지를 아파트 단지가 무단으로 독점해버린 것이다. 앞에 인용한 박철수 교수도 이렇게 말한다. "'나 홀로 아파트'와 '논두렁 아파트' 그리고 '병풍 아파트'에 공통점이 있다면 그것은 공유재산에 대한 사유화이자 매우 제한적인 집단의 철저한 독점이며, 주변지역에 대한 폭력일 것이다. …… '병풍 아파트'는 모든 시민이 함께 향유할 수변경관을 사유화하고 독점함으로써 강변을 거대한 아파트의 띠로 만들고 있으며, 자연과 더불어 풍요로울 수 있는 도시적 삶의 무한한 가능성을 원천적으로 봉쇄하는 부작용을 낳고 있다."

다섯째, 약 1천 세대의 아파트 단지가 모두 입주하면 교통대란과 더불어 공기 오염이 심각해질 것이다. 기존의 지하수를 이용하던 주택들은 물 부족에 시달릴 것이다. 또 아파트 단지 인근의 단독 주택들은 사생활 침해도 겪을 것이다.

여기서 잠시 교통대란과 관련해 문제의 심각성을 살펴보자. 우스꽝스럽게도 저들이 비밀리에 토지용도를 불법적으로 변경하고 있던 바로 그 시점인 2004년 9월에 이미 충남도 교통영향평가위원회에서는 신안리 아파트 단지에 대해 '조건부 가결'을 하고 말았다. 아니, 사업 승인서도 제출되지 않았는데(2005년 4월 말에야 제출) 무려 1년 반 이전에 벌써 사업 승인을 기정사실화한 채 교통영향평가를 하다니, 이것 또한 철저한 부정과 비리의 산물 아닌가. 비유하자면, 대학원생이 아직 학점도 채우지 않고 논문 제출 자격시험도 치지 않았는데 벌써 석사 논문 초고를 '조건부 통과' 시키고 만 격이다. 어이가 없게도, 그렇게 하는 일이 건설업의 '관례'라 한다. 더욱 웃기는 것은 약 1천 세대의 아파트 단지에 모두 입주가 완료된 이후에 차량 증가를 예측한 통계 수치다. 입주 완료 후 4년 동안 입주민이 이용할 승용차 증가 수를 모두 4대, 즉 1년에 단 1대 증가로 예측하고 있다. 1천 세대 아파트 단지에 평균적으로 일 년에 승용차가 단 1대씩 증가한다는 예측, 과연 이것이 전문가들이랍시고 폼을 잡는 작자들이 하는 짓인가? 그와 같은 엉터리 예측에 토대해 도로 개설을 하기로 되어 있다. 결론은, 터무니없이 좁은 길을 만들어놓고 아파트는 3.3제곱미터(평)당 600만 원 이상으로 팔아먹겠다는 것이다. 건설자본은 그렇게 돈만 벌고 떠나버리면 그만이다. 기존 주민들이 입을 피해, 즉 새로운 아파트 단지로 말미암아 마음이 급한 출퇴근 시간에 겪을 시간적, 심리적 피해는 누가 책임질 것인가? 그리고 비싼 돈을 주고 입주한 실 거주민들이 입을 교통대란과 그로 인해 속았음을 느낄 배신감은?

바로 이 교통영향평가와 관련해 몇 가지 에피소드가 있다. 하나는 앞서도 말한 바, 당시 충남도 건설교통국장 이야기다. 그는 행정 당국 차원에서 본 사업에 대한 사실상의 총괄 책임자로 느껴졌다. 내가 정보공개청구를 통해 받은 엉터리 교통영향평가 보고서 사본을 들고 대전의 충남도청에 국장으로 앉아 있는 그를 찾아가 "국장님, 도대체 1천 세대 아파트 단지(그 당시만 해도 1,120세대를 짓기로 계획되어 있었다.)에 입주 완료 후 승용차가 단 1대씩 증가한다는 게 말이 됩니까?"라고 따지자, 당황한 그는 "강 교수, 이거 오타네요, 오타."라고 답했다. 그 말을 듣고 나는 정말 실소를 금치 못했다. 그 어려운 행정고시를 쳐서 고급 공무원이 된 사람이 전문가 회의에 참여했으면서도 그 회의에서 가결된 내용을 사후에 "오타"라고 하다니……. 갑자기 우리나라 국민이 불쌍하다는 생각이 들었다.

내가 그 이야기를 "신안리 아파트 사업에 관한 50가지 의혹"에 실어 청와대, 검찰청, 감사원 등 가능한 한 모든 기관에 널리 공개하며 문제를 제기해나가자 그는 신변의 위협을 느꼈는지 옷을 벗고 나가버렸다. 지금쯤 잘 살고 계시길 바란다. 그 이후 본 사업의 교통영향평가는 임기응변적으로 다시 열렸다. 절차상 하자에 걸리지 않기 위함이다. 주민들이 엉터리라고 문제제기한 내용은 전혀 바뀌지 않은 채 형식적 검토만으로 모두 종결하고 말았다. 이 과정에서 내가 느낀 것은 이반 일리치 선생의 "전문가 백치"가 너무나 많다는 것이며, 그런 위원으로 선정된 것 자체가 엄청난 기득권 세력임을 의미한다는 점이다. 암행어사가 있다면 그런 위원회 위원들이 정말 학식과 양심으로 판단하고 결정하는지, 다른 변수에 의해 움직이는지 쥐도 새도 모르게 조사했으면 한다.

연 면 적		지 상 : 151,420.713㎡ 지 하 : 36,567.592㎡	지 상 : 148,100.946㎡ 지 하 : 38,321.588㎡	지 상 : ▼3,319.767㎡ 지 하 : ▲1,753.996㎡			
사 업 시 행 자		일OOO(주) 주소 : 서울시 서초구 서초동 1540-11 보광빌딩 4층 ☎137-070 TEL. 02-3482-4401　　　　Fax. 02-591-5071					
설 계 사 무 소		(주)SP 엔지니어링 종합건축사사무소 주소 : 충남 천안시 두정동 1389번지 유강빌딩 5층 ☎330-210 TEL. 041-553-8123　　　　Fax. 041-564-0563					
평 가 기 관		(주)DR 피앤디 주소 : 서울특별시 송파구 문정동 42-6 현문B/D 3F ☎138-200 TEL. 02-407-1342　　　　Fax. 02-407-1394					
주 차 시 설		·법정주차 : 1,358대 ·계획주차대수 1,416대 ·주차수요 : 1,308대(2012년, 원단위법) ·법정주차대수의 104.3% ·주차수요 1,308대의 108.3% 확보 ·장애인 주차 47대 확보(계획주차 대비 3.3%) ·100% 자주식					
발생교통량	년도	승용차		택시		계	
		유입	유출	유입	유출	유입	유출	계
사업지 첨두시 (08~09,대/시)	2008년	29	422	46	46	75	468	543
	2012년	29	423	46	46	75	469	544
주변가로 첨두시 (18~19,대/시)	2008년	288	42	33	33	321	75	396
	2012년	288	42	33	33	321	75	396
1일 총 발생량(대/일)	2008년	1,547	1,547	301	301	1,848	1,848	3,696
	2012년	1,551	1,551	301	301	1,852	1,852	3,704
진·출입구 개소		진출입 2개소						

이중의 의혹 : 도시계획 결정 전 교통영향평가 조건부 가결, 1천 가구 입주 후 1년마다 단 1대 증가

    다음으로 나는 엉터리 교통영향평가 보고서를 들고 전국의 교통 문제 전문가를 찾아다녔다. 그런데 우스꽝스럽게도 대부분의 전문가는 고개를 절레절레 흔들었다. "공개적으로 문제제기를 했다간 자기 이름이 더 이상 그 업계에서 영구 추방될 것"이란 두려움 때문이었다. 나는 속으로 학을 뗐다. 우리나라 전문가들의 모습이 바로 이런 것이구나 싶었다. 분야가 좁으니 누구라 하면 금방 안다는 것이고, 그 이름이 한 번 알려지면 공식적 위원회엔 전혀 초빙되지 못한다는 것이다. 한편으론 무서운 현실이고 다른 편으론 웃기는 현실이다. 그것이 두려워 진실을 말하는 걸 두려워하는 것이 우리 전문가들의 모습이다. 차라리 "전문가"라는 이름이나 쓰지 말 일이지. 이런 걸 거듭 경험하면서 나는 내가 가르치는 젊은이들이 "전문가 백치"가 아닌 "철학 있는 전문가"가 되길 절실히 소망하게 되었다.

    끝으로, 나는 재판 과정에서 신안리 아파트 사업의 필수 요건인 교통영향평가가 "허구"라 주장했고, 판사는 그렇다면 재판부가 신뢰할 수 있는 공정한 연구기관에 새로운 평가를 의뢰하되 그 비용은 우리더러 내라고 했다. 물어보니 대략 1억 원 이상이 든다고 했다. 만약 돈은 돈대로 들고 그 결과 사업 자체를 "원천 무효"로 돌릴 수 없다면 엄청난 타격일 판이었다. 여기저기 알아보기 시작했다. 그러나 결론은 "안 하는 것이 낫다."는 것이었다. 제3의 기관에 맡겨보아야 우리 주민들이 의도하는 대로 '완전한 엉터리'라는 결론을 얻을 수 없을뿐더러, 설사 그렇다 하더라도 다시 업자들이 교통영향평가를 한 번 더 받고 도로 폭을 좀 넓히면 그만이다. 결코 우리가 원하는 "원천 무효"는 불가능인 셈이다. 까짓것 1억이야 그들에겐 껌 값이다. 눈앞에 이윤이 1천억 내외가 일렁거리는 판국에 말이다.

그러니 이미 결론은 정해져 있고 주민들의 민원을 받아주는 척하면서 저항을 무마하는 방향으로 끝날 뿐, 주민들의 소원대로 아파트 사업 자체를 원천 무효화하지는 않는다는 것이다. 결국, 자본과 권력이 한번 하겠다고 결론을 내려놓으면 주민들의 저항쯤이야 약하면 돈이나 협박으로 뭉개고, 강하면 공권력으로 제압하면 그만이라는 식이었다. 그 전에도 숱한 사례가 있지만, 2009년 1월의 용산 철거민 참사 사태도 이를 여실히 증명한 것 아닌가.

하여간 그런 식으로 엉터리 평가나 허구적 근거에 토대한 개발 사업들이 전국 곳곳에서 펼쳐지고, 주민들은 아우성치지만 당국과 자본은 형식치레만 하고 넘어가려 한다. 당국이 민원 때문에 거부하는 척하는 경우도, '행정소송'을 거쳐서 자본은 합법성을 가장해 공사를 강행하고 만다. 건설자본이 돈이 없다고 엄살을 부리는 경우, 시·군이나 도에서 도로개설까지도 도와주거나 의무적 도로개설을 하지 않아도 눈을 감는다. 즉, 주민들의 저항을 무마하기 위해 거액의 혈세를 동원해 또다시 건설자본에게 목돈을 안겨다주는 도로 확장 사업을 당국이 별도로 속행한다. 도로만이 아니다. 수돗물도 마찬가지다. 수십억, 수백억이 왔다 갔다 한다. 아파트 단지를 조성할 때 건설자본이 부담해야 할 돈을 결국 시간을 늦추어 주민들 민원의 형식을 빌려 합법적으로 혈세만 낭비하는 꼴이다. '고급 사기극'이다. 작은 가게의 좀도둑은 확실히 절도죄로 잡아가되, 이런 큰 도둑은 행정이나 정치의 이름으로 포장되고 넘어간다. 오히려 업적이나 공적이라 칭송되기조차 한다. 그러나 그 거액의 프로젝트 과정에서 뇌물이나 부정부패의 연결망들이 작동하고, 지방이든 중앙이든 정치가들은 다음 선거를 제 돈

안 들이고 준비한다. 당선이 되면 또 다른 사업거리를 만들어주면서 자기들끼리 밀실에서 '빅딜'을 한다. 그것은 곧 선심 행정으로 연결되고 민초들을 대상으로 표밭을 관리하는 수단이기도 하다. 일거양득이다. 대부분의 국민들은 아우성치다가 돈 몇 푼에 나가떨어지거나 개발로 인해 땅값이 오르고 집값만 오르면 환호성을 지르며 손뼉을 친다. 전통적 마을을 뭉개고 고층 아파트만 수북하게 들어서고 온갖 상가가 판을 치며 4차선 도로가 뻥 뚫리면 그것을 '발전'이라 여긴다. 인간관계가 파괴되고 인간성이 상실되며 마을과 자연이 부서지는데도 고통스러워하기보다 돈독에 눈이 멀어 알코올 중독자처럼 판단력을 잃게 되는 셈이다. 그 와중에 가난한 자들은 밀려나고 마을 공동체와 자연 생태계는 말없이 피눈물을 흘리며 급속히 파괴된다. 가진 자들, 힘 있는 자들, 돈 많은 자들, 전문가 행세깨나 하는 자들의 천국이 건설된다. 이것이 대한민국 건설업의 정치경제학이요, 사회심리학이다.

마침내 망가지기 시작한 신안리 전원 풍경들. 상징적이던 전나무 한 그루조차 곧 사라졌다. (2007. 3)

논, 밭, 과수원 대신
꽉 들어찬 시멘트 덩어리
(2009. 4)

아름다운 자연 경관을
무참히 부수고 들어선
'에코 프로젝트' 라는
위선과 기만 (2009. 2)

전망과 햇볕이
모두 가려지는 중인
아파트 인근 기존
주택들 (2008. 12)

자연 경관이 완전히
망가진 뒤 신안사
저수지에서 바라본
장면 (2009. 1)

분양률이 저조하여
공사 중단하고 철수
직전에 흰 페인트칠을
기다리고 있는 시멘트
덩어리 (2009. 1)

도농 공생을 위하여

1960년대 이후 해마다 수십만 명씩 농촌을 버리고 도시로 떠났다. 그 물결의 강도는 좀 약해졌지만 지금도 계속된다. 한편으로는 돈벌이를 위해, 다른 편으로는 학교 교육을 위해 도시로 도시로 몰려든다. 본격적 '경제개발' 직전인 1960년대 초에 농촌 인구가 전체 인구의 70%나 되었지만 50년도 안 된 2007년 현재 농촌 인구는 5% 정도밖에 안된다. 도시와 농촌의 관계 측면에서 불과 50년 만에 '대혁명'이 일어난 셈이다.

문제는 과연 그렇게 도시로 도시로 몰려든 결과 '사람들이 좀 더 행복하게 살고 있는가?' 하는 점이다. 좋은 점과 나쁜 점이 섞여 있지만 여러 측면을 종합해보면, 결론은 '아니올시다' 다. 특히 1인당 국민 총생산(GNP)을 보면, 1961년의 82달러에서 2007년 약 2만 달러로 무려 200배 이상 비약적 성장을 했지만, 우리 삶은 그렇게 행복하진 않다. 갈수록 행복 지수보다는 스트레스 지수가 증가할 뿐이다. 혹시 일시적 행복감에 젖는 경우가 있더라도 행복은 순간이요, 스트레스는 일상적이다.

현재 우리 사회는 먹을거리의 75% 이상을 외국에서 수입한다. 식량자급률이 불과 25%다. 그것도 수입되는 석유에 기초한 농업 아래서 말이다. 그런데 수입 곡물의 60%는 카길이라는 초국적 자본이 장악한다. 카길, 몬산토, 네슬레 등 초국적 자본이 농·식품업에서 독과점 체제를 이뤄나가고 있다. 독점 이윤 속에 편입된 먹을거리 시스템의 세계화는 효율성, 간편성, 수익성을 중심으로 작동하기에 마침내 우리 사회의 자립성과 건강성, 생태성에 치명적 영향을 미친다.

결국, 먹을거리 시스템은 단순한 소비의 문제만이 아니다. 곡물과 채소, 과일, 육류 등의 종자, 품종, 유전자조작, 농약, 비료, 성장촉진제 등 화학 물질의 문제를 포함한 생산의 왜곡은 물론, 장거리 유통 과정에서의 문제, 그리고 생산과 유통 과정 전반이 고유의 지역 공동체를 파괴하는 문제, 결국 농촌의 희생을 대가로 겉으로만 휘황찬란한 도시의 번성 등 총체적 문제가 연결된다.

이런 문제의식을 반영하여, 농촌과 도시의 관계를 건강하게 회복하려는 대안 운동이 여러 모로 일고 있다. 예컨대, 유기농 및 생협 운동, 학교 급식 운동, 농민 장터 운동, 지역 물류 시스템 운동 등이 바로 그것이다. 보다 구체적 실례를 보면, 제주도는 전국 최초로 1994년 초등, 1996년 중고등 학교에서 완전 직영 급식을 시작했다. 2003년엔 아라중학교에서 친환경유기농급식준비위가 결성되고 '초록빛 농장'을 직영하면서 친환경 급식이 시작되었고, 친환경농산물의 학교급식화를 위한 조례 제정 운동을 전교조와 종교계 등 시민사회단체 55곳이 연대하여, 도의회가 행자부의 'GATT 위반' 지적에도 불구하고 친환경급식 조례를 제정하여 예산 지원을 하게 되었다. 2005년엔 10억 원, 2006년엔 20억 원의 예산이 편성되었다. 2006년엔 약 30%의 학교가 지역의 친환경 농산물을 학교 급식으로 공급하는 시스템을 구축했다.

또, 2003년 전북도에서는 최초로 학교 급식 조례를 제정하여 지역 농산물, 친환경 농산물의 생산과 소비를 촉진하게 된다. 나아가 강원도 원주의 상지대의 경우도 학교 생협과 연계, 대학 내 모든 식당에서 지역의 친환경농산물을 사용한다. 또한 대구경북 지역에서도 '농업회생과 지역자치를 위한 사회연대'가 결성되어 지역농산물 직거래 시스템 구축을 통한 지역 공동체의 부활을 꾀하고 있다. 농민 장터를 정기적으로 열 뿐 아니라, 식당을 운영하는 기업, 병원, 공공기관과 협약도 맺어 유기적 생산-소비 체계를 구축하려 한다.

물론 이런 시도들이 아무 문제가 없는 건 아니다. 예컨대, 농촌과 도시 사이의 연대와 공생을 표방하는 대안적 먹을거리 생산-소비 운동에서도 역시 경제성과 이념성 사이의 갈등이 상존한다. 다시 말해 올바른 철학을 견지하려니 수지가 안 맞고 수지를 맞추려니 처음의 마음을 갈수록 버려야 하는 딜레마 같은 것이 있다. 그래서 이 문제를 해결하려면 도농 간 공생을 꾀하는 더 많은 풀뿌리 모임이 큰 물결을 이루면서 하나의 생활 운동으로 나아가야 한다. 내일의 희망은 오늘 우리 자신이 뿌리는 무수한 씨앗에 달려 있다.

공사 중단 이후의 흉물 아파트

결국 2009년 하반기에 들어 건설자본은 '제 꾀에 제가 넘어가고 말았음'을 스스로 증명했다. 우리 주민들이 그렇게 반대하던 약 1,000세대 규모의 고층아파트 단지를 무슨 사명감이라도 가진 듯 한사코 강행하더니 결과는 참담했다. 마을과 자연을 무참히도 망가뜨리면서 2007년 1월부터 본격 공사에 돌입했지만 '부동산 시장'은 이미 썰렁하게 식은 뒤였다. 그것도 윤리적으로 옳지 못한 '투기 시장'을 노린 것이니 잘 되어도 문제요, 못 되어도 문제였던 셈이다. 차라리 내가 제안한 대로 처음부터 포기하고 나갔다면 거액을 절약했을 것이다. 저들은 2008년부터 팡파레를 불며 모델하우스를 멋지게 짓고서는 분양을 시작했는데, 신문 보도에 따르면 982세대를 짓고 있는데 2%도 채 안 되는 15가구 내외만이 분양되었다 한다. 엄청나게 '값비싼 코미디'를 한 셈이다.

원래는 분양 계약금을 받아야 그 돈으로 창문도 달고 인테리어 작업도 할 수 있다. 최소 30%에서 50%는 분양이 되어야 한다는데, 자본의 입장에서는 미칠 일이다. 돈이 돌지 않으니 계속 공사를 하기 어렵다. '이 편한 세상'이라는 그럴듯한 브랜드 이름을 빌려주고 시공을 해서 공사비를 챙기려던 건설 시공사도 자금난에 허덕일 수밖에 없을 것이다. 내가 2006년 여름에 그 회사 본사 앞에서 그렇게도 짓지 말라던 바로 그 아파트 아닌가? 이제 저 시멘트 흉물은 건설사 회사 입장에서나 우리 주민들 입장에서나 모두 '저 불편한 세상'이 되고 말았다.

이 사태를 어찌할 것인가.

그리하여 마침내 2009년 5월, 아파트 건설 사업은 콘크리트 벽체만 올려놓고 일단 공식적으로 중단되었다. 타워 크레인 대여섯 대가 날이 면 날마다 빙글빙글 돌며 작업을 해대더니 창피한 듯 사라지고 말았 다. 이제 우리 마을 공동체의 의사를 거슬러 고층아파트 공사를 강행 하던 건설자본은 순진한 시골 사람들에게 마음의 큰 상처만 안기고 떠 난 나쁜 존재가 되고 말았다. 자기들은 채산성에 의해 공사를 강행했 고, 이제 채산성이 없어 철수한 것이다. 오로지 기준은 '돈벌이'다. 돈 이 되면 죽어도 하는 것이고, 돈이 안 되면 국가고 민족이고 윤리고 마 을이고 이웃이고 인간성이고 모두 저버린다. "거지가 되든지 영혼을 팔든지."라는 슬로건이 상기되는 순간이다. 그러나 가장 큰 비극은 "영혼을 팔고도 거지가 되어버린" 지금의 모습이다. 최악이다. 그렇 다. 부동산 거품이 꺼진 지금, 더 이상 "거지가 되든지 영혼을 팔든지" 라는 양자택일이 아니라 "영혼을 팔고도 거지가 되고 마는" 그런 진퇴 양난에 빠진 것이다. 그래서 늘 바른 길을 가라 하지 않던가?

그런데 이제, 우리 주민들과 마을 공동체는 무엇인가? 날강도 같은 세력들이 한 마을에 비밀리에 침투해 들어와 돈을 이미 다 지불했다며 자기들 마음대로 논밭과 과수원, 산을 다 파헤치고 발암물질인 라돈 가스가 새어나오는 최고 20층짜리 시멘트 흉물 덩어리를 좁은 공간에 12덩어리나 세워놓은 채 야반도주해버리면 작전은 모두 끝난 것인가? 이제 '출구 전략'만 세우면 만사 오케이인가?

바로 이 지점에서 나는 한편으로, 우리 주민들이 좀 더 확실하게 싸 워서 건설자본을 제대로 막지 못하는 바람에 건설사가 더 큰 손해를 보았을 것이라는 점에서 좀 안타까운 생각이 든다. 제대로 싸워 제대

자연 경관을 모두 망가뜨리고 들어선 '에코 프로젝트'가 공사를 중단하고 철수하기 직전의 모습 (2009. 4)

로 막았더라면 건설사도 손해를 보지 않고 마을 공동체도 더욱 아름답게 갈 수 있지 않았을까? 그러나 그런 일은 좀체 일어나기 어렵다. 마치 캄캄한 밤에 누워 밤 11시를 알리는 벽시계가 11번째 종을 치고 나서 12번째 종이 치는지 안 치는지 기다려보아야 11시임을 확실히 알 수 있듯이, 아파트 사업이 망할지 안 망할지는 미리 알기 어려운 것이 사실이다. 저들은 사업의 필요성과 정당성을 따지고 공사 강행 여부를 결정하지 않는다. 오로지 기준은 수익성뿐이다. 뒤늦은 후회를 해봐야 아무 소용없다. 이미 시간과 돈은 허공으로 사라지고 말았다. 만약 우리 주민들이 진짜 제대로 막을 정도였다면 저들은 아마도 탱크나 핵폭탄을 들고 쳐들어왔을지도 모르겠다. 그런 자들이다. 그렇다면 오히려 이 정도로 사태가 종결된 것이 '누이 좋고 매부 좋은' 격인가? 기업과 지역 사회가 공존할 수 있는 가장 최선의 상태가 이 정도밖에 되지 않는가? 지역 사회가 기업을 진심으로 칭송하고 기업은 지역 사회에 성심으로 이바지하는 그런 세상은 불가능할까?

　어느 날, 시행사 측에서 나와 대적한답시고 설쳐대던 한 인간이 슬그머니 물러가면서 (나로부터 신뢰를 상실한) 지역 신문의 어느 기자를 통해 "진심으로 미안하다고 전해 달라."고 했다는 말을 들었다. 나는 그 말에 "진심으로 그런 헛된 사과는 안 받는다고 전해 달라."고 했다. 내가 처음엔 신뢰했던 그 기자가 어느 순간부터 이상하게 행동하더니 마침내 그런 메신저 역할까지 하다니, 실로 서글퍼졌다. 마을을 실컷 망가뜨린 장본인이 이제 와서 "미안하다."고? 거짓말을 밥 먹듯 하면서 주민들을 완전 무시할 때는 언제고 지금 와서는 돈벌이가 안 되어 철수하면서 "진심으로 미안하다."고 전해 달라? 도대체 무엇이 미안하다는 것인가? 미안하다고 할 양심이 손톱 아래 때만큼이라도 남아 있는가? 솔직히 내 마음은 그렇다. '돈의 신'을 추종하는 인간들이여, 아무리 맹목적으로 돈을 번다 하더라도 제발 다른 사람들이나 자연 환경에 피해를 주지 말고 돈을 벌어라! 돈은 삶의 목적이 아니라 삶을 위한 '수단'에 불과함을 깨달아라! 그렇지 않다면 언젠가 벼락을 맞는다. 우리 마을 사례가 당신들에게 가르쳐주는 값비싼 교훈이다.

　그러나 나는 바로 이 지점에서 한 마을 공동체를 무참히 훼손하고도 아무도 책임을 지지 않고 있는 현 상황을 적극 고발하고 싶다. 물론 책임을 져야 할 당사자는 복합적이다. 건설자본 동맹 또는 개발 동맹, 즉 '개발 마피아' 그룹에 포함된 모든 당사자들이 책임을 져야 한다.

　첫째, 시행사든 시공사든 건설자본이 해당 지역을 망가뜨린 원천적인 책임을 져야 한다. 지금이라도 책임지는 모습을 보이려면 우선은 주민들이 모두 모인 주민 총회장에 나와서 공손하게 무릎을 꿇고 진지하게 사과해야 하며, 그동안 주민들에게 경제적으로나 심리적으로 입힌 손해에 대해 배상을 충분히 해야 한다. 그리고 행정 당국과 협의하여 흉물 덩어리를 깨끗이 밀어내고 당초의 연기군 계획대로 대학촌을 생태적으로 건설해야 한다. 그러면 주민들은 손뼉을 친다.

둘째, 사업 승인 당시 협력한 군수와 도지사가 (자손 대대로 이어가는 한이 있더라도) 흉물 덩어리를 걷어내고 생태적 대학촌을 건설하는 데 필요한 비용을 분담해야 한다. 바로 여기서 나는 '행정 결정 무한 책임제'를 제안한다. 지역과 나라를 경영하는 행정가들이 국민의 혈세로 먹고살면서 참된 '공복'이고자 한다면 자신의 결정에 대해 실명으로 '끝까지' 책임지는 모습을 보여야 하기 때문이다. 그것이 두렵다면 행정가로 나서지 마시라. '똥 누러 갈 때 마음과 똥 눈 뒤 마음이 다른' 사람은 참된 공복이 되기 어렵다. 거짓말쟁이나 사기꾼에 불과하다. 물론, 비용 부담이라는 책임 이전에 우리 주민들 앞에 나와 공손히 사죄해야 한다. 그래야 주민들의 원한과 분노, 상처가 조금은 아물어질 수 있다.

셋째, 흉물 아파트 사업 승인 과정에 직·간접으로 참여한 모든 당사자들, 예컨대, 허위민원서를 주도한 전 이장, 그 민원서를 받아준 당시 도시과 공무원들, 그에 토대하여 토지 용도를 이상하게 변경하는 데 참여한 연기군 및 충남도 도시계획위원들, 사업 승인서도 제출되지 않은 상태에서 교통영향평가를 가결해준 위원들, 연기군 의회 의원들, 우리 지역을 대변한다면서도 (내가 직접 여의도 국회의원실까지 가서 자료를 주었음에도) 전혀 응답도 없이 모른 척하고 넘어간 국회의원, 토지 용도가 은밀하게 변경되는 과정에서 약삭빠르게 아파트 부지의 땅을 샀다가 시세 차익을 남기고 팔아먹은 투기꾼들, 1~3차 주민 서명운동을 통해 대부분의 주민들이 반대하고 나서자 엉터리 여론조사를 한답시고 거액의 돈을 받아먹고 엉터리 여론조사를 시행한 기관들, 주민들의 입장은 하나도 반영하지 않고 시행사에 밀착하여 이상한 논리로 주민들의 반대 운동을 방해한 야비한 지역 언론사와 기자들, 경찰이나 검찰에 있으면서 건설자본과 유착하여 '떡고물'을 챙긴 자들, 이 모든 자들도 상당한 책임을 져야 한다. 우선은 양심 고백을 하고 주민들에게 사죄한 다음에 앞으로는 절대 같은 잘못을 반복하지 않겠다고 맹세해야 한다. 그 다음에 흉물 덩어리를 깨끗이 정리하는 과정에서 일정한 비용 부담을 해야 한다. 특히, 나는 '전문가' 랍시고 눈 먼 돈을 찾아 이런저런 기회를 엿보며 자신의 지위와 학식을 고가품으로 팔아먹는 장사치이되 막상 전문적인 영역의 의사결정과 관련해서는 한 치 앞도 내다보지 못하는 백치들, 즉 '전문가 백치'를 퇴출하는 장치를 만들어야 한다고 본다. 각종 위원회 구성원의 2/3 이상을 '전문가 백치들'이 아니라 '철학 있는 전문가'로 채우는 것도 한 방법이다.

넷째, 한 가지 더 추가하자면 사업 부지에 땅을 갖고 있다가 엄청난 시세 차익을 거둔 지주들, 그리고 작은 가게를 운영하면서 아파트가 와야 장사가 잘 될 거라는 착각 아래 시행사의 앞잡이 노릇을 한 장사치들도 일정한 책임을 져야 한다. 이들은 한마디로, 자신의 편협한 경제적 이득을 위해 마을 공동체와 이웃의 신뢰를 저버린 자들이다. "마을이야 어떻게 되건 돈만 벌면 최고"라는 생각으로 그간의 이웃관계나 마을의 자연환경을 하루아침에 내팽개친 자들이다. '사적 소유권'을 중시하는 대한민국 헌법은 이들의 행위에 대해 합당한 책임을 묻지 않는다. 사적 소유권의 침해만 소중하게 다루는 법은 결국 가진 자의 법에 불과하다. 따라서 헌법에 '뇌사 상태'로 남아 있는 조항, 즉 헌법 23조의 "재산권의 행사는 공공복리에 부합해야 한다."는 조항을 적극 살려내야 한다. 그 한 방법이 자신의 이익만을 생각하는 이기적 인간 들에게 책임을 묻는 것이다. 내가 재판정에서 "본 아파트 사업계획은 주거난을 해결하는 것도 아니요, 바람직한 주거 모델을 개척하는 것도 아니면서 마을 공동체와 자연 환경만 훼손한다는 점에서 헌법 23조의 공공복리에도 전혀 부합하지 않을 뿐 아니라 헌법 35조의 환경권도 침 해한다."고 강조한 것은 바로 이런 배경에서였다. 그러나 이런 주장을 행정 및 사법 당국은 지나가는 당나귀의 방귀 소리 정도로도 보지 않 았다. 이것이 우리의 현실이다.

그러나 이런 식으로 책임 질 당사자들에게 확실히 책임을 묻고 또 당사자들도 진실로 책임 지는 모습을 보인다면, 비로소 우리 사회는 희망이 생길 것이다. 그렇지 않고 이러한 나의 제안을 또다시 침묵과 냉소로 넘기려 한다면 우리 사회엔 전혀 희망이 없다고 본다. 절망적 이다. 중국의 루쉰 선생은 바로 이러한 절망적인 상황이야말로 일말의 희망을 이야기할 수 있는 상황이라고 역설적으로 말했지만, 나는 큰 차원에서는 비관적이라 본다. 오히려 비관적인 전망, 즉 세상에 인간 적인 희망 자체가 모두 사라지고 진짜 '공멸'하는 것이 희망일지 모른 다. 차라리 현재의 인간 종자가 공멸하는 것, 이것이야말로 지구 입장 에서는 새로운 출발이 될지 모른다. 그런 의미라면 낙관적이다. 무책 임한 인간 종자의 절멸, 그리고 수억 년에 걸친 지구 생태계의 새로운 복원, 이것만이 지구에게 희망일 것이다.

그러면 바로 여기서 우리가 취할 태도는 무엇인가? 그렇다고 모든 것이 무의미하다는 건 아니다. "설사 내일 지구가 멸망한다 해도 나는 오늘 나무 한 그루를 심겠다."는 스피노자식의 올곧은 의지가 필요하다. 내가 나무 한 그루를 심는 것은 그 나무로 인해 꼭 지구를 구할 수 있다고 보기 때문이 아니라는 말이다. 그 나무 한 그루로 인해 지구가 구원이 되건 아니건 상관없이 '나무 심기' 과정에서 내 마음이 편안해지고 자연과 일체감을 느낄 수 있기 때문이다. 내 내면에 평화와 활기가 느껴지는 그 자체가 좋은 일이기 때문에 나는 그 일을 하는 것이다. 그리고 만약 그 일로 인해 지구를 조금이라도 구할 수 있다면 더욱 좋은 일이다.

물론 여기서 '나무 심기'란 장 지오노의 『나무를 심은 사람』에 나오는 '엘제아르 부피에' 같은 분처럼 죽을 때까지 나무와 숲을 가꾸는 일만 하자는 것은 아니다. 나무와 숲 자체도 중요하지만, 내가 사는 마을을 건강하게 지키고 이웃을 지키며 마을도서관을 만들고 아이들과 함께 어울리는 프로그램을 진행하는 것, 건강한 유기농 먹을거리를 생산하거나 유통하는 것, 참된 인간 교육을 시도하는 것, 아이들이 가진 다양하고 생동하는 소질과 개성을 이끌어내는 것, 마을과 지역에서부터 건강한 여론을 조성하고 주민들이 주체로 나서도록 길잡이를 하는 것, 인간답게 사는 삶의 구조에 대해 토론을 활성화하는 것, 인간답게 살 수 있는 사회경제적 구조를 건강하게 디자인하고 만들기 위해 소통하고 연대하는 것 등이 모두 '나무 심기'에 해당한다.

그리고 다른 한편으로 우리는 눈앞의 흉물이나 진절머리 나는 일들에 대해서 유머와 위트, 농담과 익살로 넘기는 재치도 필요하다. 우리 마을 흉물 아파트와 관련해 누군가 최근에 이렇게 말했다. "외부의 거친 기운을 좀 차단해주는 '안산(案山)'의 개념으로 받아들이시지요.” 그렇다. 흉물을 흉물로만 보지 말고 그 흉물을 넘어 새로운 측면을 적극 발견하는 것도 강박과 집착을 초월할 수 있는 길이다. ‘안산’ 치고는 너무 인공미가 넘치는 것이지만 또 그렇게 생각하니 한결 마음이 가벼워진다.

이런 맥락에서 나는 좀 더 적극적으로 흉물 덩어리가 연출하는 나름의 미학, ‘흉물의 미학’에 관심을 갖게 되었다. 일례로, 흉물 아파트가 지난 가을 늦은 오후, 석양의 해를 반사해줄 때 생각보다 아름다운 풍광이 드러나는 것을 발견하고 놀랐다. 내가 사는 집에서 볼 때 흉물 아파트는 우리 집과 마을 주민들이 사는 집을 가로막는 ‘베를린 장벽’이자 ‘비운의 휴전선’이다. 그런데 어느 날 해질 무렵에 허연 아파트 벽체를 보니 석양의 햇살이 지붕 꼭대기에 따뜻하게 걸려 있는 게 아닌가? 아하, 저 흉물조차 석양의 해를 좀 더 오래 잡아주는 ‘흉물의 미학’을 품고 있구나, 하고 느꼈다. 지구를 비추는 태양이 마지막 순간까지 나에게 빛을 던지기 위해 저 흉물을 지렛대로 삼고 있는 게 아닌가. 지금쯤 건설자본은 일확천금을 못 만져 날마다 속을 쓸어내리고 있겠지만, 나는 이곳 현장에서 날마다 흉물 덩어리가 전해주는 지구의 아름다움을 만끽한다! 감사한 일이다.

게다가 우리 집에서 키우는 수탉이 ‘꼬끼오— —’라고 울어 제낄 때 저 흉물은 또 한 번 ‘꼬끼오— —’라는 메아리로 응답을 한다. 원래 메아리 울림은 깊은 산 속에서나 들을 수 있는 것인데 저 시멘트 숲조차 ‘숲’이랍시고 우리 집 바로 앞에서 메아리 선물을 주고 있다. 가끔은 아이들과 내가 놀다가 큰 소리로 이름을 부르기라도 하면, 저 흉물 덩어리가 아이 이름까지 메아리 소리로 되돌려준다. 흥미로운 일이다.

겨울철이 되니 아침마다 또 저 흉물이 붉은 해를 밀어 올리기도 한다. 여름철엔 왼편의 산 뒤에서 떠오르던 태양이 겨울철엔 약간씩 오른쪽으로 움직여, 아침마다 정면에 우뚝 선 아파트 숲 뒤에서 붉은 해가 솟아오른다. 나쁘게 보면 대자연의 경관을 완전히 망친 것이지만, 좋게 보면 아파트 숲이 해돋이 풍경까지 연출하는 셈이다. 흉물 뒤로 환한 태양이 밝게 웃으며 올라오는 모습은 내 마음의 상처를 조금이나마 달래주는 듯하다.

물론, 이런 식으로 '흉물 덩어리'가 좋은 일만 해주는 건 아니다. 그 북쪽과 서쪽으로 난 새 길은 눈이 와도 녹지 않는다. 우리 집으로 올라오는 길은 아파트가 오기 전에도 해가 별로 들지 않아 눈이 한 번 오면 거의 녹지 않았는데, 흉물 덩어리가 20층까지 선 뒤로는 햇살이 더욱 적게 비친다. 사람과 차량 통행에 대단히 위험한 코스가 되고 말았다. 그리고 저 흉물 덩어리의 동쪽과 남쪽에 인접해 사는 기존 주민들은 전망이 우리보다 더 망가졌고 일조권도 심하게 침해되었다. 저들이 좋아하는 '재산권' 개념으로 본다 하더라도, 이들의 집값은 예전보다 더욱 떨어졌고 다른 누군가 그 집을 사고 싶은 마음도 안 들게 생겼다. 흉물 덩어리가 병풍처럼 답답하게 전망을 가로막고 서 있기 때문이다. 게다가 행정도시 바람이 불면서 연기군 일대의 공시지가는 전국 최고 수준으로 올라 예전보다 세금은 훨씬 더 많이 내야 한다. 재산권 개념으로도 손해가 막대하다.

그렇게 경제적으로나 환경적으로, 심리적으로 죽어가는 줄도 모르고 저항에 나서지 않거나 오히려 찬성한답시고 저들 꽁무니를 뒤따라 다니며 밥이나 얻어먹던 사람들은 과연 공동체 구성원의 자격이나 있는 것일까? 나 같으면 부끄럽고 미안해서 같은 마을에 얼굴을 들고 다닐 수 없을 것이다. 그런데도 어떤 경우는 내 앞에서 알랑거리며 팬스

2009년 5월 이후 공사 중단된 채 병풍처럼 서 있는 흉물 덩어리 (2009. 6)

레 친한 척하는 사람들을 과연 그냥 '이웃'이라고 받아주어야 하나? 나는 이런 점에서 예수나 석가와는 한참 거리가 먼 사람인가 보다. 일부러 배척은 안 하지만 그렇다고 인간적 친밀감을 느끼려고 나 자신을 속이고 싶진 않다. 이것이 내 마음이다.

특히, 2005년 이후 아파트 저지 투쟁을 할 당시 읍장을 하시던 분이 지금은 군 의회 의원이 되었다. 인간적으로는 친근한 편이지만, 최근에 놀랍게도 나에게 하는 말이 매우 위험스러웠다. "저 흉물덩어리 좀 걷어내고 대학촌을 만들자."는 나의 제안에 "이제는 할 수 없지 않느냐, 어서 (중단되었던) 건설 사업이 마무리되어 사람이 살도록 해야지……."라고 하는 게 아닌가? 아하, 아직도 저들은 틈만 나면 다시 공사를 재개해 당초 의도대로 값비싼 아파트 장사를 하겠다는 것이로구나, 아직도 정신을 못 차리고 있구나, 싶었다. 물론 당시에도 그는 워낙 완강히 투쟁하는 우리들 앞에 별 소리를 못했지만 사실은 아파트 사업을 은근히 지지하는 입장이었다. 자본가들이 읍장을 어떤 식으로든 가만히 둘 리는 없었을 것이다. 그러면서 지금 와서는 "이제는 할 수 없다."고 하다니. 만약 그가 출마할 때의 마음처럼 군 의회 의원으로서 일말의 책임감이라도 느낀다면 저 흉물을 평화롭게 허물고 대학촌이나 공원화 사업이라도 하게 방향을 전환해야 한다고 검토해야 옳지 않은가?

실수요자가 없어 분양이 안 되어 공사가 중단된 아파트 단지, 지금이라도 방향을 돌려 다르게 가지 않고, 이것을 또 억지를 부려가며 속행할 것인가? 또 현지 주민들에게 온갖 피해를 입히면서 수백억을 투여하여 완공이라도 하려 들 것인가? 만일 그렇게 되면 건설자본은 더욱 큰 덫에 빠질 뿐 아니라 마을을 완전히 망가뜨릴 것이 확실하다. 정말 마을 사람들의 정서를 몰라도 한참 모르는 소리다. 당시 읍장은 2005년 5월에 내가 처음 이장으로 추대되었을 때 시행사 측에서 나에게 임명장을 주면 안 된다고 엄포를 놓으니 정식 임명장 수여를 주저하기도 했다. 그 뒤에 주민들과 내가 몰려가 항의를 하니 실제 주민들이 무서워 할 수 없이 임명장을 주었다. 만약 진실로 주민들 편이라면 아파트 사업에 대해 "그 동네 아파트 사업은 잘못된 것"이라는 입장을 견지했어야 옳다.

한편, 가장 최근 소문 중의 하나는 당초 시행사와 시공사 등 건설자본이 행정도시 건설을 주도하는 토지주택(LH)공사에 저 흉물 덩어리를 팔아넘겨 설계 변경을 한 뒤 원룸으로 임대 사업을 할지 모른다고 한다는 것이다. 그래서 그런지 2009년 연말의 연기군 의회에 나온 도시과 공무원의 답변 중 하나가 "신안리 아파트의 마무리 공사를 2010년 5월경 속행한다."는 것이었다 한다. 근거 없는 소문이길 빈다. 도대체 연기군청이나 연기군 의회는 무엇을 하는 곳인가? 현지 주민이 처절하게 반대하는 고층아파트 단지는 강행하도록 사업을 도와주려 하고, 현지 주민이 절실하게 기원하는 대학문화타운은 그냥 못 들은 척 하면 그만인가? 그렇다면 돈을 수억 투입하여 고려대와 홍익대 교수진에게 연구토록 한 '대학촌건설 계획' 보고서(1999년)는 무엇인가? 합당한 근거 없이 대학촌을 아파트촌으로 바꾸려 한 것은 사적 이익에 눈이 멀어 결국 혈세를 낭비한 것 아닌가? 그것을 지금이라도 되돌려야 하는 것 아닌가?

바로 여기서 나는, 연기군 8만 시민들이 행정중심 복합도시(세종시)를 절실히 소망하며 처절한 투쟁을 계속하는데도 현 정부는 그러한 현지인들의 소망을 '개똥' 취급하며 교육과학도시라고 그럴싸하게 포장해 수정하겠다고 일방적으로 밀어붙이는 꼴의 축소판이 우리 마을에서 먼저 재현되었다고 본다. 연기군과 충청도 당국이나 그 시민들이 현 정부에 대해 느끼는 좌절감과 낭패감은 곧 우리 마을 주민들이 연기군이나 충청도 당국에 대해 느끼던 좌절감과 낭패감이다. 제발 연기군 당국이나 충청도 당국이 그간의 우리 주민들 마음을 역지사지로 느껴봤으면 한다. 한마디로 억장이 무너지는 심정, 철저히 배반당한 심정이다.

나는 국토의 균형 발전과 수도권 집중 완화라는 맥락에서 행정도시는 원안대로 추진되어야 한다고 본다. 원안에 충실하면서도 부족한 부분은 더 채울 필요가 있을지 모른다. 그러나 그렇다고 해서 우리 마을에서 벌어지는 바와 같은 난개발, 투기 조장형 건설 사업까지 용인해야 한다는 뜻은 아니다. 세종시 문제나 신안리 문제를 푸는 데 있어 공통점은 (건설업자나 부동산업자, 투기세력들을 제외한) 현지 실거주민들의 참된 열망을 진실하게 반영하려는 자세다. 바로 이런 것을 연기군 당국이나 충청도 당국이 서울의 중앙 정부에 바라는 것 아닌가? 이것은 곧 우리 신안리 주민들이 연기군이나 충청도 당국에 바라는 마음이기도 하다. 이제야 당신들도 속고 당해보니 우리 주민들이 겪은 마음을 잘 알지 않겠는가? 자기 마음대로 말을 바꾸는 얄미운 정부가 '잠시나마' 고맙게 느껴지는 순간이기도 하다.

시골 마을 흉물 아파트, 어찌할 건가

"아파트가 와야 신안리가 발전한다." "아파트는 신안리로, 교수는 대학으로!" 부동산 거품이 꺼지는 이때, 이 무슨 뚱딴지같은 소린가. 딱 3년 반 전이다. 내가 사는 마을에 고층아파트 단지가 들어선다 해서 '이건 아니다' 싶어 내가 주민들과 함께 마을 공동체를 구하러 나섰을 때 개발업자와 그들 곁에서 떡고물을 주우려던 세력이 내세운 현수막 구호다. 아파트 짓기 어려운 땅이 '허위 민원서' 덕에 아파트가 가능한 땅으로 둔갑한 탈법 사실이 드러났음에도 주민 저항과 행정 및 사법의 그물망을 피하면서 사업은 강행되었다. 이제 약 1천 세대, 최고 20층짜리 아파트가 시골 마을에 12동이나 빼곡히 들어섰다. 남으로 고려대, 북으로 홍익대 캠퍼스를 낀 마을에 아름다운 생태 공원도 아니고 대학문화 타운도 아닌, 고층아파트 단지라니 누가 봐도 잘못된 사업이다.

아니나 다를까, 1천 세대 가까운 단지에 분양 실적은 2퍼센트도 안 된다. 언론에 따르면 15가구 남짓 분양되어 타산성이 없어 외부 공사만 하고 공사를 중지한다 한다. 전체적으로 약 3천억 원짜리 공사인데, 지금까지 대략 1천억 원 가까이 들었을 것이다. 처음 '행정수도' 이야기가 나왔을 때 인근 아파트에 투기 수요가 몰려 분양 경쟁이 100대 1을 넘은 적도 있다. 아마도 그런 걸 기대했을 거다. 그러나 그뿐이었다. 게다가 투기 수요는 거품이요 사상누각 아닌가. 이게 터지기 시작한 거다.

"제가 아무리 생각해도 이 자리는 아파트 자리가 아닙니다. 굳이 개발을 하시려면 행정 당국과 협의해서 전원 단지나 대학 타운을 만드세요. 아니면 그냥 땅만 갖고 있다가 나중에 파시든지요. 안 그러면 늪에 빠집니다." 내가 2005년 4월, 개발업자들에게 해준 진지한 조언이다. 욕심을 버리고 내 말을 수용했다면 지금의 진퇴양난은 피했을 터다. 업자들은 늪에 빠졌고 마을은 흉물 아파트로 고통이다. '윈-윈'은 커녕 공멸이다.

이 부분에서 나는 기업의 사회적 책임뿐만 아니라 행정의 사회적 책임을 생각한다. 당시 S 도지사는 우리 주민 대표들 앞에서 산하 공무원들에게 "그 땅은 대학촌 자리이기 때문에 충남도에서도 대학순환로 개설 공사비를 수억 지원해준 곳입니다. 따라서 아파트 자리가 아니라 대학촌 자리이니 연기군에 제대로 하라고 공문을 내리세요."라 지시했다. 2005년 11월이었다. 그러나 실무 담당 도청 공무원과 연기군수 및 군청 공무원들은 요지부동이었다. 새로 부임한 L 도지사가 취임한 지 일주일 만에 사업 승인을 내고 말았다. 2006년 7월이었다. 그 이후 우리 주민들은 나와 함께 행정 당국 면담, 데모, 일인시위 등을 숱하게 했다. 전문 운동가도 아닌 일반 주민들이 나서서 집단행동을 할 정도라면 행정 당국과 지방 의회 책임자들은 진지하게 귀를 기울여야 했다. 왜 선거를 하며 왜 혈세를 내는가. 그러나 풀뿌리 민중의 외침은 아파트 공사의 소음 뒤로 묻히고 말았다. 그리고 2008년 11월, 이제 1천 가구 아파트 시멘트만 남기고 공사 중단이란 말이 나온다. 이를 어찌할 것인가. 더 안타까운 건, 바로 우리 마을 경험이 나라 전체의 축소판이란 점이다.

지금이라도 행정 당국이 책임성 있는 태도로 나서기 바란다. 업자와 당국이 책임을 분담하고 마을과 행정, 기업이 '윈-윈-윈' 할 수 있는 대안을 제시하기 바란다. 흉물 아파트 그늘 아래 우리 풀뿌리 주민들이 겪는 삶의 고통을 조금이라도 느낀다면, 행정적 오판에 조금이라도 양심의 가책을 느낀다면……

제4부

생동하는 마을 공화국이
희망이다

마을 공동체 복원을 위한 다른 시도들

원래 나는 투쟁하는 이장으로 추대되었지만 아파트 반대 투쟁만으로는 마을 공동체가 되살아나기 어렵다고 판단했다. 그래서 색다른 시도로 마을 주민들과 함께 2006년부터 마을 요가 교실과 글쓰기 교실을 시작했다. 고려대 학생들이 자원 봉사로 나서기도 했다.

물론 마을 주민들의 일상적 민원, 예컨대 골목길을 좀 넓혀 달라, 길에 포장을 해 달라, 고려대로 올라가는 헐떡고개를 좀 낮추고 가로등을 밝게 해 달라, 농로 길이 허물어졌으니 고쳐 달라, 축대가 위험하다, 가로등을 새로 달아 달라, 인도가 없어 지나다니는 사람들이 위험하니 인도를 만들어 달라, 골목길이 위험하니 반사경을 세워 달라, 사람이 다니는 인도에 보도블록을 새로 깔아 달라, 몸을 다쳐 생활이 몹시 어려우니 보조금이라도 좀 받게 해 달라, 체육 시설을 놓아 달라, 마을 등구나무에 소독도 하고 가지치기도 해 달라, 경로당에 도시가스를 넣어 달라, 경로당 텔레비전을 고쳐 달라 등등 '~를 해 달라'는 식의 민원들은 여전히 많고 끝이 없다. 사실 이런 식의 민원은 결국 우리들이 내는 세금에 기초한 것이고 민원이 많아질수록 세금은 더 올라간다. 그런데도 "찾아 먹지 않으면 나만 손해"라는 의식 때문에 대부분의 마을에서 '~를 해 달라'는 식의 민원이 많이 나온다. 영화 〈이장과 군수〉에서도 역시 농로길 포장이 큰 숙원 사업이 아니던가. 행정 당국에서도 이러한 민원 처리는 결국 표심으로 연결되기에 웬만하면 거부할 이유가 없다. 그런 점에서 행정과 민원은 이해관계가 일치하기도 한다. 물론 그 비용 부담은 민초들의 혈세인데도 말이다.

하여간 나는 시간이 나는 대로 그런 민원들을 수합하거나 운영위원회를 개최해 의견을 모은 뒤, 민원 사항을 문건으로 만들어 읍사무소나 군청으로 들고 가 수시로 민원을 제기했다. 내가 워낙 처음부터 '투쟁하는 이장'으로 등장해서 그런지 대체로 우리 마을 민원에 대해 공무원들이 잘 들어주는 편이었다. 한편으로 나는 감사하기도 했지만 다른 편으론, 왜 고층아파트 문제는 주민들 몰래 추진도 하고 주민들 의사에 반해서 강행해놓고 어째서 이런 상대적으로 사소한 민원은 척척 잘 들어주는지 좀 얄밉기도 했다. 하여간 주민들의 민원을 잘 처리하는 건 마을 이장으로서 기본이기에 시간이 좀 걸리더라도 꼭 주민들의 이야기를 공개적으로 듣고 납득이 되는 사안에 대해선 가능한 한 충실하고자 했다. 그럼에도 나는 대학 선생으로서 학교에서나 사회에서 할 일이 또 산더미 같았기에, 마을 주민들과 일상적으로 막걸리를 마셔가며 어울릴 시간이 많지 않았다. 일부 주민들은 그것이 불만이기도 했다. 미안한 마음이 들 때가 많았다.

그러나 일상적 민원만으로는 마을이 좋아질 리 없기에 나름으로 생각을 해보았다. 그래서 이장이 되자마자 마을 둥구나무(약 90년 정도 된 것으로 추정되고 플라타너스라 불리는 흰버즘나무) 주위에 시멘트로 되어 있던 턱 공간에다 나무로 멋진 의자를 둥그렇게 두르는 프로젝트를 기획했다. 어느 대학에 갔을 때 큰 느티나무 주위에 멋진 의자가 둥글게 만들어진 것을 인상적으로 본 적이 있었다. 그것이 모델이 된 셈이다. 그래서 읍사무소에 건의해 민원 형식으로 올렸다. 읍에서도 의미가 있다고 보았는지 고맙게도 적극 도와주었다. 그래서 우리 마을의 상징인 둥구나무 둘레엔 나무로 된 쉼터 의자가 멋지게 깔려 있다. 바로 앞의 마을복지관 1층에 할머니 경로당이 있어, 어르신들이 날씨가 좋을 때 걸터앉아 쉴 수 있는 공간으로 딱 적합하다. 지금도 노인들이 그 의자에 옹기종기 앉아 얘기 나누는 모습을 보면 이장으로서의 내 첫 작품에 보람을 느낀다.

2005년 이장이 된 뒤, 읍과 군의 도움으로 둥구나무 주위에 어른들이 쉬시도록 나무의자를 만들었다. (2007. 5)

그리고 고려대와 신안리 마을을 잇는 헐떡고개와 관련하여 마침 내가 근무하는 고려대에서 학군단 이전 공사를 한다기에 마을 주민 몇 분을 모시고 총무처를 찾아갔다. 그래서 이왕이면 공사하는 김에 고갯 마루를 최대한 낮춰주고, 그 길옆에는 가로등을 밝게 달고, 지나다니 는 학생들이나 주민들이 쉬어갈 수 있도록 예쁜 의자도 좀 만들어 달라고 부탁을 했다. 고려대에서 이러한 주민들의 민원을 최대한 반영하여 길을 좋게 만들어주었다. 물론 고려대 부지가 아닌 사유지에 해당하는 부분은 손을 댈 수 없어 옛길 그대로 있는데 그 부분까지 작업을 못해 아직도 아쉽다.

사실은, 그 사유지를 관장하는 종중 어른을 만난답시고 나는 혼자서 택시를 타고 서울 시내를 헤맨 적도 있다. 아무도 알아주는 일이 아니지만 그것이 주민과 마을을 위한 길이라 생각하고 고생을 좀 했는데, 허사였다. 아주 어렵게 그 집을 찾았지만 막상 집에 어른은 계시지 않았고 경비실을 통해 정중히 메모를 남기고 왔지만 전화 연락도 오지 않았다. 나중에 듣고 보니 "종중 차원에서 협조해줄 의사가 없다."고 했다. 그것이 내가 할 수 있는 최대한이었다.

마을 요가 교실에서는 우선 스트레칭 중심으로 소박하게나마 몸 살리기 운동을 하기로 했다. 매일 하면 좋겠지만 시간이 그렇게 나지 않기에 매주 수요일과 금요일 저녁에 하기로 했다. 처음에는 중년 남자와 노인도 참여하기는 했는데 갈수록 부녀회 중심으로 진행되었다. 특별한 강사를 모시기보다는 참여한 주민들 중 요가나 스트레칭 교실을 다녀본 사람들이 있어서 각자 아는 것을 공유하는 형식으로 했다. 그것만 해도 풍성한 배움터가 되었다. 특히 부녀회 사람들은 읍이나 군 차원에서 진행되는 여러 체육 교실 등에 참여하기도 했기 때문에 나름대로 한 가닥씩은 알고 계셨다. 그래서 잠재적으로 모두가 학생이고 모두가 선생이 될 수 있는 시간이었다. 늘 자신이 부족하다, 모자란다, 뒤떨어진다고 생각했는데 이런 자리에서 선생님도 될 수 있다는 것이 신기하다는 눈빛이었다. 전문가나 높은 사람 앞에서는 주눅이 들어 아무 말도 못하고 뭔가 능동적으로 하기 어려웠지만 이렇게 마을의 작고 친밀한 공간에서는 모두가 주인공이 될 수 있었다.

물론 그중에는 조금씩 '튀는' 사람이 있기도 했지만 너무 심하지 않을 정도라면 서로 조금씩 추켜주는 선에서 원활하게 돌아갔다. 가끔 자세가 우스꽝스럽게 나오거나 몸이 말을 잘 듣지 않을 때는 온통 웃음바다가 되기도 했다. 그래도 서로가 서로에게 가르쳐주면서 또 격려하면서 모임을 진행하니 마을 공동체 안에서도 또 더 작은 공동체가 형성되는 기분이었다. 몸도 좋아지는 것 같았지만 마음도 좋아지는 것 같았다. 그런 식으로 조금씩 공동체의 관계망이 복원되는 것 같았다. 우리 부부가 먼저 제안하고 어느 정도 중심 역할을 한 것은 사실이지만 꼭 우리가 없어도 잘 돌아가는 듯했다. 때로는 나나 아내가 바쁜 일정으로 참여를 못하더라도 부녀회 회원들이 잘 이끌어갔다. 부녀회장님과 사무장님이 주축이 된 셈이다.

그런데 2007년 여름 무렵 내 모친의 건강이 갑자기 악화하면서 더이상 정기적으로 모임을 하기가 어려워졌다. 나와 아내가 없이도 모임을 계속하리라고 믿었는데, 역시 우리가 빠지니 모두들 기운도 빠졌나보다. 게다가 바쁜 농사철에 일에 치이다 보니 부녀회장님도 계속 하시기가 어려웠던 것 같다. 사무장님 혼자서 이끌어나가기엔 심적인 부담도 있었을 것이다.

그렇게 요가 교실이 좀 흐지부지되던 도중 연기군 보건소와 건강보험공단 차원에서 어르신들의 건강을 위해 일정한 인원이 되면 요가 강사를 파견한다는 공문이 왔다. 그래서 마침 잘 되었다 싶어 얼른 신청을 했다. 요가 선생님이 일주일에 두 번 정도 출장을 오셨다. 주로 낮에 오셨다. 노인들이나 부녀회 회원들 중에 낮에 시간이 나는 사람들이 주로 참여했다. 나는 학교 일이나 다른 일들로 낮에 시간을 맞추기 어려워 참여를 못했다. 그렇게 한 육 개월 정도 지났을까, 참여자가 갈수록 줄어들어 더 이상 요가 교실을 진행하기 어렵게 되었다. 그리고 2009년이 되어 다시 그런 요가 교실 강사를 신청하라는 공문이 왔기에 얼른 신청을 했다. 그런데 부정적인 답이 왔다. 아마도 우리 마을 사람들의 참여도가 낮아 다른 마을에 우선권이 간 것 같았다. 그래서 지금은 마을 요가 교실이 더 이상 진행되지 않지만, 앞으로 마을도서관을 중심으로 다시금 시도할 예정이다.

또 시도한 것은 마을 글쓰기 교실이다. 매주 화요일 저녁 7시부터 8시 반까지 마을회관에서 진행했다. 꼭 논술고사 같은 것을 준비하려는 취지는 아니지만, 마을 아이들이 어릴 적부터 자신의 경험이나 견문, 느낌 같은 것을 솔직하고도 자세하게 표현하는 능력이 매우 중요하다고 생각해서 시도한 것이다. 보통의 시골 마을처럼 우리 마을에도 아이들이 그렇게 많지는 않은 편이다. 읍내의 다른 마을, 특히 아파트 단지 같은 곳엔 유아, 초등, 중등 아이들이 꽤 많이 모여 있다. 그런데 우리 마을은 노인들이 태반이고 아이들은 보기 어렵다. 겉으로는 반농반도를 넘어 도시화가 많이 진전되었지만 내용상으로는 노령화가 급속히 진행되고 있기 때문이다.

그럼에도 초등학교나 중등학교에 다니는 아이들이 10여 명 내외가 있어 이 아이들을 불러 모았다. 마을회 사무실에서 상근으로 일을 하시는 사무장님이 많이 도와주셨다. 아이들이 와글와글 모이니 정말 마을 학교 같았다. 우리 집 아이들도 둘째와 셋째가 초등학교를 다니던 시절이었기에 같이 참여하도록 했다. 자기 학교 친구들도 있으니 같이 모이는 게 재미있다고 느끼는 듯했다. 일단 마을회관에 모인다는 것 자체가 아이들에겐 재미있기도 했을 것이다. 또 대학 교수인 마을 이장이 글쓰기 교실을 이끌면서 고려대 학생들이 도우미 선생님으로 가르쳐준다니 얼마나 소중한 기회인가? 재미와 의미를 같이 느낄 수 있는 곳이니 아이들에게는 꽤 매력이 있었던 것 같다.

갈수록 아이들이 하나 둘 늘었다. 많이 올 적에는 자기 친구들까지 데려오는 바람에 마을회관이 좁을 지경이었다. 이미 오래전부터 마을 도서관 운동을 해오신 다른 선생님의 자문을 받아 크게 세 가지 줄기로 시작을 했다. 첫째는 아이들에게 걸맞은 단어를 몇 개 주고 짧은 문장을 써보는 것, 둘째는 흥미로운 작은 기사를 주고 읽은 뒤 간략히 정리하는 것, 셋째는 특정한 주제를 주고 자유롭게 자신의 느낌과 생각을 적어보는 것으로 했다. 특히 셋째와 관련해서는 사진이나 그림, 영상물을 보여주고 자신의 느낌을 솔직히 써보라고 하였다. 찰리 채플린의 '모던 타임즈'를 보여주던 날에는 마치 작은 영화관인 것처럼 착각도 했다. 아이들은 깔깔거리고 웃고 개중엔 장난기가 많은 아이들이 있어 소란스럽기도 했다.

유치원 수준과 초등 저학년 수준의 아이들을 한 테이블에, 다음으로 초등 고학년 아이들을 다른 테이블에, 그리고 중고등 아이들을 또 다른 테이블에 배치하고 각기 대학생을 담임선생님으로 적절히 배치했다. 도우미 선생님 중에는 반장 선생님을 정해주고 만일 내가 참여하기 어려운 일정이 있을 때는 내가 하던 것처럼 하게 했다. 때때로 내가 빠질 적에도 대학생 도우미 선생님을 중심으로 글쓰기 교실이 잘 돌아갔다.

처음에는 모두가 좀 어색한 듯했지만 얼마 지나지 않아 나와 아이들, 대학생들과 아이들 사이도 친해졌다. 대학생들도 처음엔 자원 봉사할 마음은 있되 어떻게 해야 할지 잘 몰랐는데 하다 보니 요령이 생기는 듯했다. 더러는 남녀 대학생이 친구가 되어 짝을 짓고 오니 보기도 좋았다. 게다가 이곳 조치원으로 공부하러 온 대학생들이 마을 글쓰기 교실이라는 구체적 공간에서 마을 아이들과 함께할 수 있다는 것이 신기하고 의미 있다고들 했다.

마을 글쓰기 교실에 참여한 초중학생들과 자원봉사에 나선 고려대 학생들 (2007)

놀랍게도 아이들의 글쓰기 실력이 시간이 갈수록 눈에 띄게 좋아졌다. 몸과 마음이 자유로워지니 확실히 글도 좋아졌다. 행복한 순간이었다. 아마 아이들도 말은 안 했지만 속으로 행복했을 것이다. 때로는 글쓰기 교실 시간이 아직 안 되었는데도 가방과 공책을 들고 마을회관 문 앞에서 기다리는 아이들이 있었는데, 참 고맙기도 했다. 나는 이런 식으로 마을 아이들이 글쓰기 교실이라는 작고 소박한 시·공간이지만 마을 공동체의 일원이라는 걸 온몸으로 느끼며 자란다면 분명히 건강한 인격체가 될 것이라 믿는다. 이 아이들은 다 커서도 마을회관에 모여 대학생 선생님들과 함께 때로는 낄낄거리다가 때로는 심각하고 진지하게 이야기도 나누고 글도 쓰던 모습을 기억하게 될 것이다. 그리고 그런 공동체적 경험은 그 아이들 스스로 장성한 뒤에 다른 시·공간에서 가서도 의미 있는 공동체적 활동을 하도록 밑거름 역할을 할 것이다.

이런 관점에서 보면 단순히 글쓰기 실력이 좋아져서 아이들의 국어 점수나 논술 점수가 올라가니 내려가니 하는 것은 별로 중요하지 않다. 마을에 함께 모여 좋은 친구도 사귀고 서로가 서로에게 배우는 공동체적 경험 자체가 한 인격체로서의 성장을 돕기 때문이다. 그 과정에서 생각이 자라고 마음이 자라며 관계가 쑥쑥 자라나는 것, 바로 이것이야말로 마을 글쓰기 교실에서 얻는 가장 소중한 열매가 아닐까?

그 외에 내가 하고 싶었던 사업은 신안사 입구에 있는 저수지를 생태공원으로 만드는 일이었다. 일단은 저수지의 물이 주변 축사와 농약으로 오염이 심해서 정화를 하는 것이 좋다고 생각되었다. 나아가 낚시터를 만들어 노인회에서 관리한다면 여러 차원에서 좋은 일이 아닐까 생각도 해보고 운영위원회 차원에서 의견도 나눠보았다. 그런데 같은 마을에 사는 분이 많은 가축을 사육하고 있어 편하게 말을 꺼내기 어렵다는 점, 일제강점기에 만들어진 농사용 저수지 한복판에는 개인 사유지도 들어 있어 제3자나 마을회가 함부로 손을 댈 수 없다는 점, 이 두 가지 문제로 인해 저수지를 정화하여 낚시터로 만들거나 생태공원화하는 것은 어렵게 되었다. 게다가 고층아파트 건설 과정에서 누군가가 한밤중에 저수지 물을 몰래 빼다 들킨 사건이 생기는 바람에 저수지에 손을 댄다 하면 모두들 너무 예민하게 반응했다. 결국은 언젠가 행정 당국이 공적 자금을 투입해 생태공원화할 수밖에 없을 것 같다.

한편, 나는 시내버스가 조치원역에서 출발하여 고려대 근처와 우리 마을을 거쳐 홍익대 쪽으로 왕래하고 있는데도 마을 중심가나 부락 곳곳에 제대로 된 버스 승강장이 없음을 깨닫고 읍사무소와 군청에 건의하여 지붕과 의자가 있는 간이 버스 정류장을 설치하게 했다. 이제 주민들이나 대학생들은 버스를 기다릴 적에 비나 눈이 와도 걱정이 없다. 다리가 아프면 좀 쉬었다 갈 수도 있다. 작은 변화이지만 마을 주민들의 일상생활에 꼭 필요한 것이라 여겨 새로 설치하니 마음이 가벼워졌다. 동시에, (원래 신의주에서 목포까지 이어지는) 1번 국도가 지나가는 길옆이 우리 마을 입구이기 때문에 좀 커다란 돌에 '신안1리 마을'이라고 표지석을 하나 세워 달라고 했다. 때마침 군 차원에서 그런 계획이 있었던지 마을마다 표지석이 일제히 만들어졌다. 그런데 비용 때문이었는지 생각보다 작은 표지석이 왔다. 하지만 그래도 마을 입구에 표지석이 듬직하게 서 있으니 지나다니면서도 보기가 좋고, 내비게이션 없이 길을 잘 모르는 손님이 찾아오기도 더 쉬워졌다.

마을 운영과 관련해 제도적으로 새롭게 한 것이 있다면 마을 이장과 사무장이라는 기본 역할 외에 '운영위원회'를 새로 만든 것이다.

(그 이전엔 전통적으로 '개발위원회'가 있었다. 나는 속으로 '개발지상주의'가 얼마나 강했으면 마을회도 '개발위원회'를 중심으로 움직이나 싶어 이참에 이름을 바꾸는 것이 좋다고 보았다. 더구나 마을을 망가뜨린 그 주범이 된 가짜 문서에 허위 도장이 찍힌 서류도 '개발위원회' 이름으로 되지 않았던가. 그래서 더욱더 싫었다. 이런 뜻에서 아파트 저지 투쟁이 어느 정도 마무리될 무렵, 나는 마을회를 민주적으로 운영한다는 의미에서 '운영위원회'를 새로 꾸렸다.) 2005년 5월, 맨 처음 이장이 되었을 적엔 15명으로 구성된 '신안리 고층아파트 저지를 위한 주민대책위원회'가 핵심이었다. 나는 공식적으로 마을을 대표하는 이장이지만 15명 모두가 사실상의 공동 이장이라고 이야기했다. 이른바 '공동 이장제'인 것이다. 무슨 규약 같은 것으로 명시화한 것은 아니지만 그렇게 개념을 잡고 그렇게 움직였다. 작은 안건 하나도 15명 공동 이장들 사이에서 일차적으로 의논을 하고 필요시 전체 마을 회의를 열어 공개적으로 토론하여 결정을 했다. 그러다 보니 군소리나 뒷담화가 없어졌고 참여하지 않은 자가 큰소리치는 법이 없어졌다. 공개적이고 민주적이며 체계적인 운영, 이것이 마을 공동체를 직접 민주주의 방식으로 경영하는 지름길이 아닌가 한다.

그러다가 2007년 후반기부터 아파트 사업 자체를 저지하기 위한 조직적, 행정적, 사법적 싸움이 사실상 종료되었다. 아파트 사업을 막지 못한 점에서 우리 주민들은 패배한 셈이다. 그러나 패배와 굴복은 다르다. 나는 개인적으로 아직도 우리의 패배조차 인정하기 싫다. 게임의 지형 자체가 대단히 불공정했다고 보기 때문이다. 돈과 권력, 정보, 주체적 역량 등에서 우리는 거의 절대적으로 불리한 위치에 있었다. 그나마 그 정도 싸운 것만 해도 지금 생각하면 참 대견하다는 생각이 든다. 승리냐 실패냐를 떠나 포기하지 않고 끝까지 싸우는 그 정신이야말로 우리 풀뿌리들이 공유해야 하는 점이다. 하여간 투쟁이 패배로 돌아간 시점에서, 이제는 건설 공사 과정에서 생기는 피해 보상 중심으로 분위기가 전환되기 시작했다. 대책위 차원에서 여러 차례 토론이 있었는데, 나는 개인적으로 "보상 중심으로 흐르면 이미 게임은 끝난 것이다."라는 입장이었다. 그러나 공사장 인근 주민들은 소음, 먼지, 진동 등으로 '개고생'을 했다. 아파트는 막지 못했으면서 이제 일상적 고통을 겪으니 '보상 심리'가 커지는 것은 필연적이었다. 그런 과정에서 나는 더 이상 '대책위'가 아니라 일상적인 '운영위원회'가 필요하다고 느꼈다. 그래서 기존의 대책위 구성원 중 끝까지 남은 절반 정도에다가 1반부터 8반까지 반장들, 그리고 추가로 운영위원 몇 분을 영입하여 약 20명 정도로 구성된 운영위원회를 새롭게 꾸리게 되었다.

운영위원회 차원에서 역시 모든 중대사를 공동으로 논의해서 결정하고 집행하니 불만이 별로 없고 운영위원들이 마을 일을 잘 알고 있으니 일반 주민들도 마을 일에 대해 반장 등 운영위원에게 수시로 물어볼 수 있어 별로 갑갑한 일이 없다. 물론 평소에도 마을 일에 아무 관심이 없는 사람들은 잘 참여도 하지 않으니 더욱 마을 일을 모르고 지낼 것이다. 그렇지만 마을 방송으로 마이크 소리가 나가면 가끔 얼굴을 내미시는 분들도 꽤 있다. 그러다가도 어버이날이나 골목축제, 연말 동총회 행사 때와 같이 마을에서 가장 중요한 행사를 할 때는 자리가 좁을 정도로 많은 사람들이 나와 참여한다.

또 장수 노인들이 많이 사는 우리 마을은 경로당이 비좁을 정도인데, 그만큼 노인들이 많이 돌아가시는 편이다. 예전 같으면 청년회와 부녀회에서 장사 지내는 일까지 도맡아 했는데 요즘은 장례식장에 의뢰하거나 상조회 같은 데서 일을 다 치른다. 그래서 청년회와 부녀회 총회 때 솔직히 나오는 말들 중에는 예전과 같은 '부수입'이 거의 없다고 불만이 많다. 도우미 역할을 하고 나면 그래도 제법 큰돈이 생겼는데 요즘은 그렇지 않다는 것이다. 하여간 어른들이 돌아가시면 예전엔 온 마을이 마치 잔치하듯 몰려들어 고인의 명복을 빌고 유족을 위로하며 장사 지내는 일도 공동으로 해냈지만 요즘엔 거의 기계적으로 돈이 다 해결한다.

그런데 내가 이장이 되고 나서 이상하게 여긴 점 중 하나는 마을에서 어른이 돌아가시더라도 마을회 차원에서는 아무것도 안 한다는 점이었다. 그래서 내가 공동 이장회(대책위) 시절부터 운영위원회에 제안했다. 마을에서 누군가 돌아가시면 마을회 차원에서 작은 꽃바구니를 보내 고인의 명복을 빌자는 것이다. 그래서 문상 가는 마을 사람들도 마을회 이름의 조화 바구니를 보며 명복을 빌면서 "나중에 내가 죽더라도 마을회에서 이렇게 관심을 가지겠구나." 생각하면 마음이 조금은 포근해질 것이다.

한 번은 어느 가난한 젊은 분이 돌아가셨는데 가족이나 친인척도 거의 없어 너무 썰렁한 경우가 있었다. 노모가 혼자 계셨지만 그분조차 보이질 않았다. 마을 주민 중에서도 그와 친한 사람이 거의 없었다. 그런 상황에서 그나마 마을회 차원에서 조화도 보내드리지 않고 이장인 나 혼자서라도 문상을 안 갔더라면, 정말 고인 혼자서 스스로 영안실을 지키고 있을 뻔했다. 그날은 참 마음이 무거운 날이었다. 하여간 마을 주민이 돌아가신 경우 마을회 차원에서 조화를 보내드리는 일은 참 잘한 것 같다.

그리고 2008년부터는 마을 차원에서 '골목축제'를 만들어보면 어떨까 하는 생각이 간절히 일었다. 크게 두 가지 이유였다. 하나는 인근 대학생들과 주민들이 함께 어우러질 수 있는 문화 행사를 만들고 싶었고, 다른 하나는 그간 아파트 싸움 과정에서 마을 사람들 사이에 서먹서먹한 경우가 생겼기에 큰 차원에서 화합의 분위기를 만들고 싶었다. 그러던 중에 '아자학교'의 고갑준 선생이 연구실로 찾아왔기에 제안을 했더니 좋다며 같이 기획을 해보자고 했다. 그래서 마을 운영위원회에서 정식으로 골목축제를 제안했고 운영위원들이나 여타 다른 주민들도 "그런 게 있으면 좋겠다."는 의견이 많아 추진하기로 했다.

그래서 해마다 개최하던 어버이날 점심 대접 행사를 확장하여 그 행사를 하는 날 한낮부터 밤 9시경까지 골목축제를 하기로 한 것이다. 원래 골목축제 아이디어 자체는 내가 독일에서 공부할 적에 동네 골목마다 주민들끼리 어울려 작은 축제를 하는 걸 보고 언젠가 한국에도 저런 작은 축제가 있으면 좋겠다고 생각한 데서 비롯된다. 그러다가 내가 연구년(안식년)으로 미국에서 머물 적에도 그런 골목축제를 보고 참 흥미롭게 느꼈다. 유럽이나 미국이나 골목축제가 일상화되어 있구나, 하는 느낌이 들면서 우리는 왜 못하나 싶었다. 그런데다 우리 신안리 마을은 원래 연기군에서 대학촌을 만들 곳이었는데 고층아파트가 강행되고 말았으니 우리 마을 사람들끼리라도 대학문화거리를 내용적으로 만들어야 한다는 생각이 든 것이다.

그래서 기본 컨셉을 인근 대학생들과 신안리 마을 주민들이 함께 만들고 같이 즐기는 그런 작은 축제, 공식적으로는 '대학문화거리 및 골목축제'를 기획하게 되었다. 그래서 이런저런 준비 끝에 2008년 4월부터 제1회 골목축제를 여러 차례 만남을 통해 준비해나갔고 5월 8일 어버이날을 맞아 축제를 성공적으로 진행했다. 그리고 2009년 5월엔 이런 자신감을 바탕으로 제2회 골목축제를 개최했는데 처음보다 훨씬 안정적으로 된 것 같다. 특히 제1회 때는 고려대 학생들이 중심이 되어 마당극을 공연했다면, 제2회 때는 마을 주민들이 주축이 되어 공연을 해냈다. 스스로 만들고 참여하여 즐기는 골목축제, 이것이야말로 마을 공동체를 다시금 세우는 데 매우 중요한 초석이 될 것이라 확신한다. 2010년 5월에도 제3회 골목축제를 연다.

제2회 신안1리 대학문화거리 및 골목축제 중 마당극 공연 "복사골 사람들" (2009. 5)

"마을 사람들이 마당극 공연"

– 제2회 신안리 골목축제 열려

2009년 5월 8일, 민주적인 마을로 모범을 보이고 있는 조치원읍 신안1
리에서 작년에 이어 두 번째 '대학문화거리 및 골목축제'가 성황리에
열려 화제가 되고 있다.

▲ 조치원읍 신안1리 마을 사람들이 흥겹게 춤을 추고 있다.

이날은 지역주민 100여 명과 고려대 학생들이 함께 어울려 흥겨운 축
제를 갖고 한살림 회원들이 우리 먹을거리 전시회도 열었다. 고려대
학생들이 주민들 컴퓨터를 무료로 수리해주고, 지역신문 세종뉴스는
마을 주민들의 가족신문 만들기 이벤트 자리를 마련했다.

▲ 서울에서 온 사회적 기업 〈노리단〉 악단들이 마을 사람들과 함께 난타공연을 하고 있다.

한문수 조치원읍장은 인사말에서 "5월 8일은 어버이날입니다. 어른들은 건강하시고 행복하시고 재미난 마을이 되었으면 합니다."라고 인사했다.

▲ 마을 사람들이 〈노리단〉의 타악기 난타공연에 맞춰 흥겹게 노닐고 있다.

2009년 1월에 92세로 작고하신 마을의 이기옥 여사가 2007년에 작사하고 조경선 주민이 작곡한 '신안리 마을 노래'를 온 마을 주민들이 함께 부르는 시간도 가졌다.

신안리 마을 노래

이기옥 작사, 조경선 작곡

비둘기처럼 구수하게 기러기처럼 다정하게
오순도순 모여 사는 곳 도-리향 넘치는 우리 신안리
즐겁게 서로 돕는 자랑스런 우리 마을
온 정성으로 가꾸어 행복의 노래 부르세

전국에서도 이름 높고 향기도 좋은 꿀복숭아
이웃사촌 정겨운 동네 도리향 넘치는 신안리 마을
즐-겁게 서로 돕는 자랑스런 우리 마을
온 정성으로 가꾸어 행복의 노래 부르세

이어 마을 주민들의 노래자랑이 이어지고 흥겨운 가락과 함께 난장춤이 어우러졌다. 이날은 민속놀이 연구가 고갑준 씨의 아자학교가 적극 참여했는데 널뛰기, 제기차기, 줄다리기 등 다채로운 민속놀이가 펼쳐졌다.

▲ 세종뉴스가 가족신문 만들기 코너도 만들었다.

▲ 고려대 학생들과 신안리 마을 사람들이 줄다리기를 하고 있다.

특히 이날 행사의 절정은 신안리 복사골의 마을 유래를 담은 마당
극으로, 동네사람들이 주연과 조연으로 나와 완성도가 높고 재미난
마당놀이를 선보였다. 이 마당극은 이명순 선생의 감독 아래 약 한

▲ 신안1리 마을 사람들이 주민들 앞에서 마당극을 열연하고 있다.

▲ 마당극에서 산신령과 이무기의 한판 싸움이 겨뤄지고 있다.

달 동안 마을 이장과 동네 어르신들이 함께 연극을 연습하고 많은 대중들 앞에서 훌륭히 공연을 해냄으로써 많은 사람들의 박수를 받았다.

마당극의 내용은 동네에서 마을 사람들이 서로 평화롭게 살고 있는데 이무기라고 하는 나쁜 놈이 나타나 마을 사람들을 괴롭힌다. 이에 주민들이 합심해 이무기를 물리치고 산신령의 도움을 받아 복숭아 및 배나무 등 과수를 심어 마을을 잘 지켜내고 건강하고 행복하게 산다는 내용이다. 공연 내내 마을 주민들의 웃음을 자아내고 박수 소리가 끊이지 않았다.

조치원읍 신안1리는 고려대와 홍익대를 양 옆으로 끼고 있는 마을로, 작년에 이어 계속 마을 사람과 대학생들이 힘을 모아 '골목축제'를 열어 지역의 공동체 문화를 활성화하는 데 모범을 보이고 있다.(장승현 기자)

이장 생활 5년 이후의 계획

이제 내 나이 50이다. 믿기지 않는다. 공부한답시고 독일에서 박사 학위 끝내고 온 것이 30대 중반경이고, 그 뒤로 아이들을 한창 키우다 보니 어느새 50이 되어 머리와 수염이 희끗희끗하다. 인생을 사는가 싶게 느낄 정도 되니 벌써 인생이 다 끝나가는 기분이다. 그리 길지는 않지만, 그간의 내 인생에서 크게 두 가지가 참 '뜻밖'의 일이다.

하나는 삶의 터전이 충남으로 정해진 것이다. 무슨 운명의 장난인지 나는 내 고향 경상도 마산을 떠나 공부한답시고 스무 살부터 서울에서 살다가 1999년 이후 아무 연고도 없는 충남 연기군 조치원에서 살게 되었다. 경상도 사람이 충청도에 산다는 것은 그리 특별한 일이 아닐 수 있지만 나로서는 전혀 생각지도 않던 삶의 터전이다. 공부하던 과정에서 독일 생활도 해보았고 1997년 조치원에 있는 고려대 지방 캠퍼스의 교수가 된 지 7년 만에 얻은 연구년 기간(2003. 9~2004. 8) 동안 미국 생활도 해보았지만, '어디에 가서 살건 관계없이 그곳 사람이나 자연과 더불어 산다.'는 마음만 있으면 족하다고 본다. 지금은 내가 사는 곳도 사람 사는 곳이란 생각이 든다. 사람은 이런 면 저런 면을 모두 갖고 있듯이, 이곳 또한 이런 면 저런 면이 모두 있다. 자기 혼자만의 이익을 탐하는 자들도 많지만, 실은 착하게 살면서 이웃과 함께하려는 사람들이 더 많다.

흔히 말하듯, '굴러온 돌'이니 '박힌 돌'이니 제발 그런 소리들 하지 말고 어디로 가서 살든 더불어 건강하고 행복하게 살면 될 일이다.

문제는 탐욕에 절은 자들인데, 결코 이들과는 더불어 살 수 없다. 분명하게 가려내고 잘못을 벌주고 올바로 살아가도록 채찍질할 필요가 있는 것이다. 어디로 가든, 어디서 살든.

다른 하나는 교수직 외에 이장직을 갖게 되었다는 점이다. 대학 교수로서 참된 이치(진리)를 탐구하면서 학생을 가르치려는 내가 시골 마을 이장까지 하게 될 줄이야 어디 꿈엔들 알았겠는가? 가끔 외부 특강 같은 데를 가면 꼭 나오는 질문이 "어떻게 해서 이장이 되었으며, 이장을 하면서 어떤 생각을 하고 주민들과 어떤 관계를 맺고 있나요?" 하는 것이다. 이미 이장이 된 경과는 상세히 말한 바 있다. 한마디로, '투쟁하는 이장'으로 등장한 것이다. 마을 공동체를 주민들과 함께 지켜내기 위한 투쟁, 그 투쟁에 앞장서는 이장, 그런 이장이다. 그러니 자연히 주민들과는 생사고락을 함께하겠다는 마음이었고, 그것은 지금도 변함없다.

교수로서 학교 일도 바쁘고 외부 특강이나 원고 쓰기도 바빠 늘 시간이 부족한 편이다. 그러나 마을 이장으로서 마을 일을 챙기고 살기 좋은 마을을 만드는 것은 내가 탐구하며 대안이라 생각하는 사회의 발전 방향과도 어느 정도 부합하는 면이 있다. 그래서 나를 미워하는 건설자본가들이나 그들 편을 드는 정치행정가들은 나를 두고 "굴러온 돌이 박힌 돌을 빼냈다."고 비아냥대지만, 나는 "이 세상에 굴러오지 않은 돌이 어디 있는가?"라고 되묻고 싶다. 굴러온 돌이든 박힌 돌이든 정직하게 제 할 일을 해야지만 돌다운 것이지, 박힌 돌이 텃세나 부리고 있다면 차라리 그 돌을 뽑아다가 저 멀리 깊은 바다 속으로 던져버려야 하지 않을까? 아니면 그 박힌 돌을 빼내

텃밭 언저리로 잘 옮겨두었다가 밭두렁 무너진 곳에나 쓰면 좋을 듯 싶다.

하여간 2005년부터 5년 동안 마을 이장으로서 나는 전혀 뜻밖의 인생 경험을 한 셈이다. 교수와 이장, 전혀 어울리지 않는 겸직이지만, 나는 역설적으로 이장이 됨으로써 비로소 진짜배기 마을 주민이 되었다고 생각한다. 특히 마을 공동체를 함께 지키기 위한 '투쟁 과정'에서 나는 진짜 마을 사람이 되었다. 건설자본과 전 이장의 행위는 결코 용서할 수 없는 것이지만, 나를 투쟁하는 이장으로 만들어줌으로써 제대로 마을 사람이 되게 한 계기를 준 점에서는 감사하다.

생각건대, 사람이 살기 좋은 사회, 사람 냄새 풀풀 나는 사회란, 시장의 힘이나 권력의 힘에 의해서는 결코 만들어질 수 없다는 것이 내 결론이다. 결국, 대안은 풀뿌리 민초가 스스로 나서는 과정 속에 있다. 풀뿌리 민주주의에 기초한 마을 공화국, 이것이 대안이다. 그래서 마을이 중요하고 지역이 중요해진다. "아이 하나를 제대로 키우려면 온 마을이 필요하다."는 말이 있듯이, 한 아이가 마을에서 태어나 공동체에서 사랑을 받으며 성장하고 청소년기를 행복하게 보내며 장성해서도 자부심을 갖고 살아갈 수 있는 지역 사회, 그런 마을과 지역이 전국 곳곳에 만들어져야 한다. 지금과 같은 중앙 정치판 위주의 개념으로는 결코 행복한 사회를 만들 수 없다.

시장이나 국가가 할 일이 있다면, 그 과정에서 겸손하고도 조심스레 도움을 주는 일이다. 시장이나 국가가 민초를 '끌고' 가려 한다면 시장의 독재요, 권력의 독재다. 미국식 패러다임이 가지는 비인간성이 시장의 독재 때문이라면, 소련식 패러다임이 멸망하게 된 건 국가의 독재 때문이다. 이것이 내가 내린 잠정적 결론이다. 따라서 희망은 풀뿌리 공동체가 스스로 건강하게 일어서는 것밖에 없다.

그래서 내가 2010년 6월 중순에 공식 임기를 모두 마치면(2005년 6월 13일부터 2007년 6월까지 첫 임기, 2007년 6월부터 2010년 6월까지 두 번째 임기; 처음엔 조례에 따라 이장 임기가 2년이었으나 2008년부터 3년으로 바뀜), 나는 마을 이장직을 내려놓고 우리 마을에 새로 만든 마을도서관장을 하고 싶다. 나는 이장으로서 마지막 숙원 사업으로 아담한 마을도서관을 만들기를 원했다. 장소는 복지관 2층이다. 평수는 20평 남짓하지만 아이들과 어른들이 편안하게 들를 수 있게 꾸몄다. 2009년 들어 연기군 의회에서 유일하게 말이 잘 통하는 여성 의원이 도와준 덕이다. 책 목록을 짜는 데는 잘 아는 출판사 지인들이 헌신적으로 도와주었다. 덕택에 유아용 책부터 어린이 책, 청소년 책, 대학생 책, 어른들 책에 이르기까지, 마을에 태어난 아이가 장성하여 어른이 될 때까지 골고루 볼 수 있도록 내용이 좋은 책들로 구색을 갖추었다. 대량으로 한꺼번에 거액의 책을 구입한 덕에 할인율도 높게 적용받았다. 물리적 인테리어에서부터 도서 관리용 프로그램과 컴퓨터, 빔 프로젝터, 그리고 약 2,500권의 새 책에 이르기까지 여러 사람들의 도움 덕에 한 푼도 헛되이 쓰지 않았다. 그러니 알찬 도서관이 만들어질 수 있었다.

특히, 주문한 책들이 트럭으로 실려 온 날부터 바코드 라벨과 도서 라벨을 붙이고 책장에 정리하는 작업에 이르기까지 내가 가르치는 고려대 학생들이 자원 봉사자로 약 3주간 수고를 해주었다. 고마운 일이다. 학생들 입장에서도 이런 봉사 기회는 나중에 자신이 살아갈 지역에서 무슨 일을 할 수 있는지 몸으로 느끼고 배우는 시간이기도 했다.

우리 부녀회 회원들은 학생들의 고마운 노고에 보답하느라 마지막 날 부녀회 부엌에서 수육을 맛있게 삶아 마을 운영위원들과 함께 소주잔을 기울일 기회를 만들기도 했다. 2009년 12월 25일에 열린 정기 마을 총회 즉, 동총회는 새로 문을 열게 된 마을도서관에서 진행했다. 노인회, 부녀회, 청년회 등 참여 주민 모두가 만족스런 표정을 지었다.

그래서 이장직 이후 나는 마을도서관장으로서 마을 공동체 문화를 내용적으로 살리는 일에 에너지를 쏟고 싶다. 일례로, 도서관에서 아이들과 책을 읽고 이야기를 나누는 일, 기존의 마을 글쓰기 교실을 좀 더 다양하게 활성화하는 일, 한 달에 한 번 정도 마을 영화 상영을 하는 일, 지역의 다른 마을도서관이나 어린이 도서관과 함께 공동으로 뜻 깊은 사업을 진행하는 일, 어머니 요가 교실이나 마을 주민 건강 교실을 여는 일, 청소년 인문학 강좌 같은 것을 열어 주민들의 주체성을 드높이는 일 등등, 하고 싶은 일은 참 많다. 돈과 권력, 명예에 집착하지 않고 마을과 지역에서 꼭 필요한 일에 내가 가진 실력이나 역량을 보람 있게 쓴다면 족하지 않겠는가? 이것이 나의 진심이다. 설사 내일 지구가 멸망한다 해도 나는 이런 일들을 하면서 차분하게 내 삶을 살 것이다. 돈이나 권력에 물들지 않고, 타인의 평가나 눈치에 연연해하지 않고, 내가 진정으로 하고 싶고 옳다고 믿는 일에 몰입하고 싶다. 이런 것이 나에게는 텃밭의 나무 한 그루 심고 가꾸는 일과 마찬가지로 뜻 깊은 일이다.

그래서 나는 농담 반 진담 반으로 "이장 이상의 권력을 탐하는 자는 수상하게 보아야 한다."고 말한다. 이장은 마을 사람들이 그 언행을 금방 알아보기 때문에 거짓말하는 순간 마을 사람들이 총회를 열어 당장 끌어내릴 수 있다. 한마디로, 직접 민주주의가 가능한 것이다.

그리고 이것이야말로, 마하트마 간디 선생이 "인도를 살리기 위해선 70만 개의 마을 공화국이 필요하다."고 했듯, 진정으로 나라를 살리는 길이다.

대도시로, 대기업으로 가서 "일자리를 달라."고 허공에 외치는 청년들이여, 마을로, 지역으로, 농촌으로 들어가 자신만의 독특한 삶을 찾아보라. 인생은 취업이나 대입과는 달리 재수나 삼수가 불가능하다. 한 번밖에 없는 인생, 멋지게 살고 싶지 않은가? 흙을 살리고 땅을 살리고 마을을 살리고 관계를 살리고 공동체를 살리며 생태계를 살리는 일이 활기 넘치는 여러분을 기다리고 있다. 마을이 희망이고 지역이 희망이다. 시장이나 국가가 아니라 풀뿌리의 자율과 자치, 소통과 연대만이 희망이다.

마을도서관 도서 라벨 정리 뒤 부녀회 주관으로 대학생들을 초청, 감사의 식사를 했다. (2009. 12)

2010년 6월이 되면 최근 5년간의 이장직을 내려놓고 마을도서관장으로 봉사하며 살련다.

나무의 인생과 사람의 인생

셸 실버스타인의 『아낌없이 주는 나무』를 보면 나무는 어린아이에게 놀이터나 휴식처가 된다. 아이가 크면 나무는 과일을 준다. 또 나중엔 집이나 배를 만들 목재까지 준다. 모두 잘려나간 뒤 소박한 그루터기가 되어선, 힘없는 늙은이에게 멋진 쉼터가 된다. 이렇게 나무는 우리의 '어버이'처럼 아무 조건 없이 평생 모든 걸 내준다. 어버이날에 나무를 떠올리는 까닭이다.

차윤정 씨의 『나무의 죽음』을 보면, 오래된 숲 속 나무는 약 200년 넘게 살아 있는 동안 우리에게 많은 선물을 주지만, 200~300년에 걸쳐 죽어가는 긴 과정에서도 숲을 포함한 온 생태계에 쉼 없이 준다. 나무의 겉껍질은 장수풍뎅이나 사슴벌레 같은 딱정벌레에게 좋은 음식이 된다. 작은 구멍은 훌륭한 벌레집이 되고 그 애벌레를 잡아먹는 딱따구리들에겐 좋은 사냥터가 된다. 딱따구리는 자기도 모르는 사이에 그 부리로 균사 같은 걸 나무에 옮긴다. 나무의 상처에서 나오는 수액은 벌, 개미, 나비, 나방에게 좋은 음료수다. 이렇게 전체 숲 생물종의 약 30%가 죽은 나무 한 그루를 중심으로 연결되어 산다.

바로 여기서 나무의 일생과 사람의 일생을 견주면 몇 가지 흥미로운 점을 볼 수 있다.

첫째, 나무는 죽어가면서 온갖 동물에게 양식이 될 뿐 아니라 살아 있을 때 저장했던 양분을 모두 숲으로 되돌린다. 그런데 사람들은 평생 모은 자산을 오로지 자기 가족 또는 자식에게만 물려주려 한다. 오래된 숲의 나무는 일종의 '사회 상속'을 하지만, 사람들은 대개 '개인 상속'에 그친다. 만약 우리가 나무를 본받아 모두 사회 상속을 한다면 우리 후손들이 살아갈 미래는 한결 희망적일 터. 그렇게 되면 맞벌이 부모가 아이를 돌볼 수 없어 방문을 걸고 나갔다가 불이 나는 바람에 애들이 죽는 일도 없을 것이고, 한겨울에 노숙자가 전화박스 옆에서 얼어 죽는 일도 없을 게다. 또 그런 생각이 널리 퍼지면 '모든 후손이 나의 후손'이기에, 어느 재벌 회장처럼 '자기' 아들을 위한 '보복 폭력'으로 사회적 물의를 일으킬 까닭도 없다.

둘째, 나무는 살아서 성장하는 과정이나 죽어가는 과정이 무척 더디고 길다. 그런데 사람들은 사는 동안 무엇이든 서둘러 이루려 하고, 죽고 나면 하루빨리 효율적으로 '처리'되고 만다. 나무는 삶과 죽음이 모두 생명 활동으로 통일되어 있지만, 사람은 삶과 죽음이 나뉘어 있다. 그래서 나무에게는 죽음조차 행복한 생명 활동이지만, 사람에게 죽음은 공포의 대상이다. 만약 우리가 나무를 본받아 죽음조차 행복한 생명 활동으로 받아들인다면, 우리 자신의 삶 또한 조급함이나 집착이 없이 더불어 건강한 것으로 채워나갈 수 있지 않을까.

셋째, 나무는 살아서나 죽어서나 온갖 동식물들에게 밥도 되고 집도 되고 옷도 되어준다. 나무와 더불어 사는 모든 동식물은 어느 것 하나 쓸데없는 것이 없다. 아무리 보잘것없는 것도 제각기 중요한 구실을 한다. 자연스럽게 다양하고 풍요로울 수밖에. 그런데 사람은 '돈벌이'를 위해 '인재'만 키우려 드는 바람에 다양한 가능성이 획일적으로 변하게 된다. 점수나 성과로 드러나지 않는, 삶의 다른 풍성한 면들은 억압받기 쉽다. 그러니 미국 콜럼바인 고교나 (교포 2세) 조승희의 총기 난사 사건처럼 불행한 일이 자꾸만 생긴다.

신영복 선생의 『더불어 숲』이 주는 조용한 메시지처럼, 사람들이 나무를 닮아 더불어 커다란 숲을 이루고, 나아가 서로가 서로에게 쉼 없이 선물을 주는 아름다운 관계를 만들 순 없을까?

'아파트 공화국'에서 '삶의 질 공화국'으로!

　　프랑스에서 한국학을 연구하는 발레리 줄레조 교수는『아파트 공화국』이란 책에서 한국 사회는 도시만이 아니라 온 나라 전체가 아파트 단지로 변하고 있음을 고발한다. 특히 그는 이 아파트 단지가 '중간계급 제조 공장'이라 일갈한 바 있다. 즉, 한국의 아파트 단지가 지속적으로 양산되는 배경은, 재개발이나 뉴타운 사태에서 보듯, 중산층 사람들의 재산 증식 심리와 권위주의 정권의 표심 획득 전략이 맞물린 결과라는 것이다. 탁월한 분석이 아닐 수 없다.

　내가 보기에 아파트 생활 문화는 특히, 미시적으로 사람들의 심성과 태도를 일정한 패턴으로 고착시키는 역할을 한다. 즉, 아파트 단지의 생활 구조는 사람들로 하여금 한편으로는 개인주의적 폐쇄성을 강화하면서도, 다른 편으로는 경쟁주의적 소비성을 강화하는 경향이 있다. 다시 말해, 아파트 단지의 삶의 구조에 적응하고 순응하며 사는 사람들은 자신의 삶 속에서 자본이 가장 원하는 모습, 다시 말해 자본의 자기 증식 과정을 도와주는 형태를 반복적으로 생산해낸다. 스스로 자본의 모습으로 살다 보니 마침내 사람들 자신이 곧 자본이 된다. 아파트를 소유하며 사는 사람치고 자신이 사는 아파트의 시장가치가 증식하지 않기를 바라는 사람은 거의 없다. 상식적으로 생각하면 집은 낡으면 그 값이 내려야 하는데도, 마치 자본이 자기 몸집을 부단히 그리고 무한히 불려나가려 하는 것처럼 그 아파트의 가격이 부단히 그리고 무한히 올라야 한다고 보고 있다. 본연의 인간다움을 상실한 사람들의 현재 모습, 바로 이것을 나는 '뒤틀린 주체성'이라 본다.

　바로 이러한 측면을 손낙구 선생도 『부동산 계급사회』에서 신랄하게 비판한다. 한국 사회의 지배 계급은 곧 부동산 지배 계급이다. 한국 사회 계급을 부동산 측면에서 세 계급으로 분류하자면, 집이 많은 놈, 집은 있는 놈, 집도 없는 놈으로 나뉜다고 명쾌하게 설명한다. 민주노총에서 오랫동안 활동하고 심상정 의원의 보좌관을 지내기도 한 그는, 참다운 인간 해방을 추구해야 할 노동자들이 주식 가치나 부동산 가치의 상승 여부에 목숨을 거는 태도를 가진다고 나무란다. 처음엔 가난한 노동자들이 '집도 없는 놈'이기에 받아야 하는 설움이 너무나 크다. 이를 극복하기 위해 '집이라도 있는 놈'이 되고자 잔업, 철야, 특근을 밥 먹듯 해야 하고 노동운동보다는 회사에 충성을 해야 한다. 그렇게 해서 '집은 있는 놈'이 되고 나면 더 크고 더 번듯한 집을 찾아 죽도록 고생한다. 성실하게 땀 흘려 모은 소득보다 인기 많은 아파트라도 한 채 갖는 것이 훨씬 큰 소득을 안겨다주기 때문이다. 노동자의 주체성이 뒤틀림으로써 결국은 자본의 모습을 닮아가는 한 단면이다.

　소득 계층별 주거 생활 격차를 분석하면, 결국 '가난한 사람은 낡은 단독주택에 살고 부유한 사람일수록 새 아파트에 산다.'는 상식이 통계 수치로도 입증된다. 특히 아파트 값과 서울대 합격률 사이의 상관관계 내지 인과관계를 보면, 둘 사이엔 상당한 연관성이 발견된다. 다시 말해, 부동산 재산 격차가 소득과 수입의 격차를 유발하고, 이는 다시 사교육비의 격차를 유발, 결국 자식의 학력 격차로 이어지는 것이다. 전통적인 우골탑은 이제 그의 지적대로 '아파(트)탑'이 되고 말았다. 이런 현실 속에서 노동자들이 아파트의 유혹, 부동산의 유혹으로부터 자유로운 상태에서 본연의 인간해방을 향한 운동을 하기란 거의 불가능에 가깝다. 심지어는 내가 만난 열성적인 활동가들조차 주거 문제와 교육 문제라는 구체적인 삶의 조건 자체를 넘어 사람답게 사는 세상을 꿈꾸고 만들기가 정말 힘들다고 고백한다.

요컨대, 부동산 계급이 지배하는 사회, 아파트가 지배하는 사회의 구조를 바꾸지 않고는 사람답게 살기 힘들다는 결론이다. 그렇다면 과연 무엇을 어떻게 해야 할까? 사람답게 사는 사회, 사회 공동체를 만들기 위한 아이디어는 무수히 많겠지만, 나는 일차적으로 '마을 공동체 살리기'부터 하면서도 동시에 '3중의 공공성' 강화 운동을 해야 한다고 본다. 그것은 주거 공공성, 교육 공공성, 의료 공공성이다. 이 세 측면은 사람이 이 세상에 태어나 살아가는 데 가장 기초적인 삶의 조건을 이룬다. 그러면서도 이 세 측면이 한 개인에게 가장 많은 돈과 시간을 요구하는 부문이기도 하다. 따라서 이 세 영역만이라도 각 개인의 호주머니가 아니라 공공성의 영역으로 해결하게 된다면 우리는 동일한 조건 속에서도 훨씬 나은 삶을 살 수 있을 것이다. 이 순간에 가장 중요한 출발점은 모든 사람들이 자신이 가진 '기득권'을 겸허히 포기해야 한다는 것이다.

기득권을 포기한다는 것은 무엇을 말하는가? 그것은 우선 자신이 현재 누리고 있는 기득권이 온전히 자신만의 노력의 소산이 아니라는 것, 다시 말해 힘들게 고생하면서도 제대로 누리지 못하는 수많은 사람들의 피와 땀과 눈물에 기초한 것이란 사실을 솔직히 인정하는 것이다. 다음으로 내가 누리는 기득권을 가능한 한 타자와 나누려 하면서도, 궁극적으로는 기득권 경쟁을 하지 않는 새로운 구조를 만드는 일에 그 기득권을 적극 활용하는 것이다. 동시에 그것은 아직 기득권을 갖지 못한 사람들조차 상위의 기득권층을 선망하면서 기득권 경쟁에 열을 올리기를 그만두고 깨어난 다른 사람들과 함께 기득권 경쟁이 불필요한 새 사회를 만드는 데 동참하는 것이다.

최근 들어 정부는 '선진 일류 국가'를 강조하고 또 강조한다. '선진화' 열풍이다. 물론, 선진 일류 국가가 되는 것은 누가 보아도 좋은 일처럼 보인다. 그러나 정작 무엇이 선진 일류 국가인지, 그리고 어떻게 그것을 달성할 수 있을지에 대한 공개적 토론은 거의 없다. 내가 보기에 참된 일류 사회란 한마디로, '아파트 공화국'을 넘어 '삶의 질 공화국'으로 진전하는 것이다. 내가 말하는 '삶의 질'이란 크게 네 차원을 아우른다. 첫째는 건강과 여유, 둘째는 존중과 평등, 셋째는 정이 흐르는 공동체, 넷째는 맑고 건강한 생태계다. 아파트를 통해 재산을 증식하고 자녀 교육을 통해 또다시 중산층을 재생산하는 '아파트 공화국'이 아니라, 이 네 차원의 삶의 질을 드높이는 '삶의 질 공화국'을 만들기 위해 다음과 같은 삼차원의 변화가 필요하다.

첫째, 소프트웨어 차원으로, 현 정부는 나라 경영에 있어 아파트 시행사식의 경영 스타일에서 오케스트라식의 경영 스타일로 변화해야 한다. 원래 오케스트라식 경영 스타일은 유럽 출신 미국 경영학자인 P. 드러커 교수가 강조한 것으로, 마치 오케스트라 지휘자가 각기 개성적인 연주자들의 균형과 조화를 책임지는 것처럼, 구성원 상호 간의 생산적이고 창조적인 관계에 초점에 두고 조직을 이끄는 것이다. 반면에 시행사식의 경영 스타일은 우리 마을 사례에서도 구체적으로 드러난 것처럼, 일방성, 비밀성, 억지성, 조작성, 음모성 등을 특징으로 한다. 자신들과 이해관계가 맞지 않는 존재는 배제와 타도의 대상이고, 자신의 이해관계 관철을 위해 자본을 중심으로 검찰, 정치, 언론, 교수, 조폭 등과 '독수리 오형제' 관계를 맺는다. 이른바 '개발 마피아'를 형성하는 것이다.

지금까지 정부가 보여준 나라 살림살이의 경영 스타일은 '섬김의 리더십'이라는 립 서비스에도 불구하고 실상은 '시행사식 리더십'을 보여주는 것 같다는 것이 나의 솔직한 느낌이다. 2008년 1월의 용산참사 사태와 그 뒤처리 과정, 광우병 쇠고기 사태와 그 대응 과정, 대운하 사업 논란에 이어 4대강 사업의 강행, 일제고사 부활과 강행, 언론 관련 미디어법의 강행, 2009년 연말 전후의 새해 예산 및 노동법 처리 방식 따위만 보더라도 그 스타일이 거의 시행사식 경영이다. 나아가 '대한민국 주식회사'를 경영하는 데 있어 그 내용이 마치 시행사가 사업을 기획하고 진행하는 것과 너무나 닮았다. 이제부터라도 이러한 시행사 방식의 경영 스타일과 경영 내용을 오케스트라식으로 일대 전환을 하는 것이 참된 '선진화'에 걸맞은 선택이라 본다.

둘째, 하드웨어 차원으로, 정부나 국민이나, 중앙이나 지역이나 모두 기존의 기득권 구조를 타파하고 기득권이 불필요한 사회 시스템을 구축해야 한다. 지금까지는 대체로 공부 잘하는 사람이 일류대와 일류 직장으로 가서 돈을 잘 벌고, 돈을 잘 버는 사람이 좋은 집 사서 재산 불리고, 그 돈 많은 사람이 자식 교육도 더 잘 시켜 일류대와 일류 직장으로 보내는 식이었다. 이것이 기득권 체제의 핵심이다. 이런 기득권 경쟁에서 성공하는 사람도 물론 있다. 하지만 사회 전체적으로는 극소수에 불과하다. 게다가 갈수록 그 격차가 너무나 심해진다. 이제는 '개천에서 용 나는' 사례가 생기기 정말 어렵다. (물론 '개천에서 용 나기'가 얼마나 옳은 건지는 또 따져봐야 할 차원이 있다. 특히 그 '용'이 '어떤 용'인지가 중요하다.) 그리고 바로 그 치열한 기득권 경쟁 과정에서 사회 공동체와 자연 생태계가 무참히 파괴되고 있다.

사태가 이렇다면 우리는 길을 바꾸어야 한다. 다른 길을 가야 한다. 그 길은 상식과 양심이 통하는 사회이고 성실히 땀 흘리는 사람이 삶의 보람을 누리며 사는 사회다. 그런 사회가 되려면 앞서 말한 '3중의 공공성'이 실현되어야 한다. 특히 그중에서도 주거 공공성이 가장 시급하다. 주거 공공성을 실현하려면 근원적으로 북미 원주민이던 시애틀 추장이 1854년에 쓴 편지에 나오는 정신, 즉 "산과 들과 강물과 숲이 모두 우리의 부모요 형제자매"라는 생각을 제도적으로 구현해야 한다. 한마디로, 토지공개념 하에 토지를 탈상품화하는 것이다. 사회의 여론이 이 정도로 성숙해야 한다. 그렇지 않다면 토지보상가에 대한 불만으로 숭례문에 불을 지른 2008년 2월의 사태가 또 다른 모습으로 반복될 것이다.

이러한 기초 공사 위에 몇 가지 튼실한 기둥을 세워야 한다. 중요한 기둥은 다음과 같다. 우리 마을 사례를 상세히 보고하는 가운데 내가 여러 차례 암시한 것처럼 '행정 결정 무한 책임제'를 도입하는 것도 한 기둥이 될 것이다. 또, 모든 의사 결정이 투명하고 정직하게 이뤄지도록 하려면 '내부 고발자(또는 양심 선언자) 종신 보호제'가 실현되어야 한다. 공무원 노동조합이 부정부패를 타파하겠다고 나서는데 이를 두려워해서 공무원노조를 탄압하는 정부는 스스로 '선진화'를 말할 자격이 없다.

다음으로 중요한 기둥은 '영구 임대 주택제'를 갈수록 확산하여 이것이 지배적인 주거 양식이 되도록 해야 한다. 마치 우리가 기차나 버스를 타고 여행을 할 때 아무리 자기 자리가 있다 하더라도 내릴 적에 드라이브로 좌석을 떼서 내리는 승객은 아무도 없다. 그것처럼 대통령조차 별세하면 자기 집을 분해하여 관 속에 넣어 가지도 못한다. 결국 우리는 땅과 집을 이 세상에 사는 동안 잠시 빌려 쓰고 갈 뿐이다. 그러니 괜스레 값비싼 집 하나를 사려고 십 수 년 또는 수십 년을 노동의 노예로 살 필요가 없다. 그렇게 고생할수록 오히려 보상 심리가 생겨 자기가 산 집이 빠른 시간 안에 비싼 집이 되길 빈다. 그런 사람들이 우리 사회에 많아질수록 우리 아이들 세대는 인간답게 살기가 더 어려울 것이다. 사실 지금의 우리 상황이 그 꼴 아닌가? 그래서 살기가 더 팍팍해지는 것 아닌가? 그러니 지금부터라도 값싸게 실비만 지불하고도 살 수 있는 집이 제도적으로 마련되어야 한다.

또 하나 중요한 기둥은 민간 기업이나 공공 기업이 주거 단지를 건설하는 경우 해당 지역의 주민들과 공개적이고 민주적인 협의를 거치도록 하는 '건축 협정제'일 것이다. 우리 마을 사례에서도 나왔지만 일방적이고 불투명한 사업 방식은 결국 공멸을 초래한다.

요컨대, '토지공개념'이라는 기초 위에 행정 결정 무한 책임제, 내부 고발자 종신 보호제, 영구 임대 주택제, 건축 협정제 등의 기둥을 세우게 되면, 우리 마을과 같은 불행한 사태와 막대한 사회적 비용을 미연에 방지하고 '살 맛 나는 사회 공동체'라는 아름다운 집을 지을 수 있을 것이다.

셋째, 휴먼웨어 차원으로, 모든 사회 구성원들이 어떤 삶의 철학을 가질 것인가 하는 문제다. 이제부터라도 돈의 패러다임이 아니라 삶의 패러다임을, 양의 패러다임이 아니라 질의 패러다임을, 결과 지향적 삶보다는 과정 지향적 삶을 추구해야 한다. 현재 우리는 대부분 사람의 길을 잃어버리고 기계의 길, 그것도 돈과 권력이 지배하는 기계적인 길을 걸어가고 있다. 따뜻한 사람 냄새보다 차디찬 시멘트 기운이 강한 '아파트 공화국', 또한 라돈 가스와 같은 암 유발 물질이나 환경 호르몬 덩어리의 '아파트 공화국'은 우리와 후손들에게 결코 행복한 미래를 보장하지 못한다. 아파트 공화국은 결국 거품 공화국에 불과하다. 2008년 가을 이후 온 세상을 떠들썩하게 만든 미국의 리먼 브라더스 사태도 그 핵심은 한편으로 부동산 거품, 다른 편으로는 금융 거품이 아니던가? 허황된 거품에 기초한 경제는 파멸만 초래할 뿐이다. 이 간단한 상식을 무시하는 정치와 경제, 사회와 문화는 반드시 패망하게 되어 있다. 실은 패망 그 자체보다 더 무서운 것은, 무엇이 성공적인 삶이고 무엇이 실패한 삶인지조차 제대로 구별하지 못하는 우리의 무지와 편협함이다.

끝으로, 그동안 우리 마을 싸움에 물심양면으로 도움을 주신 분들, 우리와 함께 연대하여 투쟁에 참여해주신 분들, 그리고 마을 공동체를 지키기 위해 마음속의 두려움을 기꺼이 끌어안고 나와 함께 길을 나선 우리 마을 주민들에게 고개 숙여 감사드린다. 그리고 이러한 우리의 경험을 바탕으로 더욱 살기 좋은 마을 공동체들이 많이 탄생했으면 좋겠고, 좀 더 욕심을 부리자면, 나라 전체가 아파트 공화국을 넘어 '삶의 질 공화국'으로 업그레이드(up-grade)되었으면 좋겠다. 그것이 우리가 자식들에게 물려줄 수 있는 가장 좋은 유산이 아닐까? 돈이나 권력보다 훨씬 좋은 사회적 유산 말이다.

잘못된 개발 사업에 효과적으로 대응하기 위한
풀뿌리 운동 매뉴얼

    2005년부터 2009년까지 약 5년간의 직접 체험에 토대하여 풀뿌리 운동의 관점에서 일정한 매뉴얼이 절실히 필요함을 느꼈다. 즉, 마을 공동체, 나아가 사회 공동체를 지키고 확장하기 위해선 세 가지 차원의 매뉴얼이 필요하다. 첫째, 상황 파악, 둘째, 주체 형성, 셋째, 방법 선택이다. '개발 마피아' 집단의 매뉴얼에 비해선 엉성하기 짝이 없지만, 시행착오를 줄이고 사회적 비용을 줄이면서도 효과적인 대응을 위해서는 최소한의 지침이 필요하다고 느꼈기에 다른 마을이나 후세대를 위해서라도 기록으로 남겨두고자 한다.

I. 상황 파악

1. 진행되는 개발 사업의 실상을 잘 파악해야 한다.

◆ 무엇을, 언제, 어떻게, 하려는 사업인지 정확한 정보를 입수해야 한다.

◆ '발전' 이라는 미명하에 소수 지주들과 자본가만의 돈벌이가 아닌지 파악하라.

◆ 내부 고발자 또는 양심 선언자가 있으면 좋다. 조용하게 접촉하라.

◆ 개발 사업 자체가 기정사실화되어 널리 알려지면 이미 늦은 경우가 많다.

◆ 그래도 '행정정보공개청구' 를 통해 객관적 문서는 확보해둘 필요가 있다.

◆ 공식적인 청구 이전에 조용하게 입수할 수 있으면 더 좋다.

◆ 공무원들은 이미 책임을 피해 도망갈 구멍을 마련해두고 있는 경우가 많다.

◆ 개발 사업 관련해서는 '무책임의 제도화' 가 허다함을 유의하라.

2. 현 단계에서 이뤄지는 일과 그 다음 단계 등 절차를 잘 알아야 한다.

◆ 개발업자와 공무원들이 무엇을 하고 있는지, 다음 단계로 무엇을 하려는지 빨리 파악할수록 좋다.

◆ 공무원 중에 양심적인 사람을 통해 진행되는 절차와 단계를 알아볼 수도 있다.

◆ 토지를 사들이는 경우 공공 개발은 물론 민간개발의 경우에도 토지 지주의 80% 이상이 '지주동의서' 를 써주고 나면 나머지 사람들은 저항해보아야 소용없다. 매도청구권(강제매수권)이 작동하기 때문

이다.

◆ 사업 자체를 근본적으로 막으려면 지주들 사이에 소통과 연대가 이뤄져야 한다.

◆ 사업을 진행하는 자들은 비밀리에 자기들끼리만 소통하기에 정보 입수에 애로가 많다. 따라서 도시계획위원이나 건축심의위원, 교통영향평가위원 중 인맥이 닿는 사람을 통해 절차를 미리미리 파악하는 것이 좋다.

◆ 그 명단조차 정보공개청구를 하면 된다.

◆ 정보공개청구는 개인이 하는 것보다 환경단체가 하는 것이 유리하다.

◆ 설사 그런 위원회에 생각이 좋은 위원이 몇 명 있다 해도 대다수는 개발업자들 편이다. 생태적인 마인드를 지닌 이가 2/3 이상을 차지하지 못하면 결론은 이미 정해진 대로 간다.

◆ 양심적인 위원이라 할지라도 투쟁하는 주민들의 편을 노골적으로 들면 그 분야에서 생매장을 당하기 때문에 대단히 조심스럽게 접근할 수밖에 없다. 따라서 지나친 기대는 금물이다. 크게 보면 모두 공범자가 되기 쉽다.

◆ 건설자본은 그런 위원들과 은밀히 또는 친밀히 접촉하고 때로는 매수까지 하려고 시도한다. 중요한 (도시계획위원회) 회의가 열리기 직전에 각 위원들을 포섭하려 한다. 그 매수 과정을 포착하여 증거물로 만들어놓으면 매우 좋은 무기가 된다.

3. 군수나 시장, 도지사의 구두 약속이나 개인적 입장 표명 등은 사실상 무용지물이다.

◆ "협의해보겠다." "참고하겠다." "긍정적으로 검토하겠다." "걱정 말고 돌아가시라." "나서줘서 고맙다." "공문을 잘 보내라고 지시하겠다." 등의 말에 속지 마라. 법적으로 아무 내용이 없는 립 서비스일 뿐이다.

◆ 행정적 효력이 작동하는 것은 정식 공문이다.

◆ 행정가들의 그럴듯한 이야기에 현혹되어서는 안 된다. 시간만 보내고 실망만 한다. 개발 사업의 주체가 반드시 사업 자체에 대해 상세하게 주민 설명회를 하도록 조례 제정이나 관례화를 요구할 필요가 있다.

◆ 행정가들이 겁을 내는 것은 표심(선거에서의 당락)이다. 행정가들에게는 은근히 다음 선거를 염두에 두고 잘 판단하게 만들라.

◆ 군이나 시는 책임을 도로 미루고 도는 군이나 시로 미룬다. 겉으로는 친절한 척 해도, 저들은 주민들을 뺑뺑이 돌리다 주민들이 지치기를 바란다. 결코 포기하거나 지치지 말라.

◆ '주민 의견 청취'를 한답시고 반대 측 대표를 불러 이야기를 듣는 것은 요식 행위에 불과하다. 결코 반대 측 의견을 경청하거나 수용하려고 하는 건 아니다. 기껏해야 약간의 수정(보완)만 할 뿐, 결론은 개발 행위를 한다고 정해져 있다. 참여하는 것은 찬반 의견을 모두 듣고 판단한 것이니 "절차상 하자가 없다."는 빌미만 줄 뿐이다. 속지 말라.

◆ 공개 면담이나 항의 면담 등을 통해 사태나 상황을 주민들에게 정확히 설명하도록 요구할 필요가 있다.

◆ 비서실에 전화했을 때 시간이 없다고 하면서 다음에 전화를 준다고 하면 실은 만나주지 않으려는 것이다.

◆ 민원인은 사전 약속을 안 하고 찾아가더라도 행정가를 면담할 권리

가 있다. 다만, 시간 여유를 갖고 가는 것이 좋다.

◆ 행정가 면담을 하려면 오전에 일찍 가서 기다리는 것이 좋다. 안 되면 복도에서라도 서서 기다려라.

◆ 행정가의 의지가 매우 중요하다. 일이 되게 하려면 여건을 바꾸어서라도 되게 해주고, 안 되게 하려면 이런저런 제한과 핑계를 대며 안 되게 함을 명심하라.

◆ 사태의 개입이 때를 놓치지 않게 하려면, 초기부터 행정 수반이 주민들의 의견을 중시하도록 쐐기를 박는 것이 좋다.

II. 주체 형성

1. "자본은 두려움을 먹고 자란다."

◆ 이장이나 대책위원장 혼자서 고심하지 말고 공론화하라.

◆ 주민총회를 반드시 일상화하고 모든 주민과 인식을 공유하라. 풀뿌리 연대의 형성이 가장 중요하다.

◆ 개발업자나 나쁜 공무원도 문제지만 주민 내부의 두려움, 무관심, 냉소주의, 패배주의, 이기주의, 황금만능주의 등이 더 큰 문제임을 잊지 말라.

◆ 주민총회에서 공개적으로 투명하게 토의하며, 민주적으로 합의를 끌어내야 한다. 그 합의 사항을 집합적으로 실천하기 위해 역할 분담을 명확히 하라. 역할에 따른 책임도 분명히 지게 하라.

◆ 강력하고 지속적이며 체계적인 저항과 더불어, 창의적이고 창조적인 대안을 설득력 있게 제시하는 것이 여론 형성에 좋다.

◆ 저들은 풀뿌리의 내부 분열을 노린다. 운동 주체들이 상시적으로 만

나서 확인하고 상황을 공유하라. 수상한 낌새가 있을 시 허심탄회하게 토론하여 대책을 논의하라.

◆ "아군이 적군 되고 적군이 아군 되기 쉽다. 가능한 한 누구도 100% 믿지는 마라." 그렇다고 너무 쉽게 남을 의심해서는 안 된다.

◆ 함께 싸우다 보면 이런저런 사람이 다 있다. 각각 있는 그대로 보면서 개별적으로 유연하게 관계 맺으면서도 '공동체 수호'란 대의를 위해 대동단결하라.

◆ 거대 자본과의 싸움은 몹시 두려운 게 사실이다. 그러나 "아무리 두려운 길도 함께 가면 즐겁다." 그리고 무슨 일이든 피할 수 없다면, 차라리 느긋하게 즐기면서 하라.

2. "세상에 공짜는 없다."

◆ 마을에서는 청년회, 부녀회, 노인회가 각자도 뭉치고 또 서로도 뭉쳐야 한다. 그렇게 되어야 각 파트에서 대표로 선임된 '주민대책위'가 힘을 받으며 활동할 수 있다.

◆ 저들은 돈봉투로만 매수하지 않는다. 식사, 선물, 관광과 같은 간접매수도 많다. 작은 것에 한 번 넘어가면 자꾸 크게 넘어간다. 넘어간 자들 또는 겁먹은 자들은 대개 "나는 이편도 아니고 저편도 아닌 중립"이라는 말을 하면서 슬그머니 빠져나가게 된다.

◆ 더 이상 함께 싸우기 싫은 자는 별 것 아닌 것 갖고 화를 내면서 삐친 듯이 나간다. 그냥 가게 놓아두라. 그리고 더 이상 같이 하지 마라.

◆ "뜻이 있는 자는 길을 찾지만, 뜻이 없는 자는 핑계만 찾는다."

◆ 또한 저들은 개발이 되면 역세권 형성으로 미래의 투자 가치가 있다느니 부자가 되게 해준다는 식으로 유혹한다. 그러나 아무도 그 말에 책임지지 않는다. 저들은 돈 벌고 떠나면 그만이다. 속지 마라.

◆ "아무도 부유해지려고 하지 않으면 모두 부유해질 것이고, 모두 가난해지려고 하면 아무도 가난해지지 않는다."라는 말(피터 모린)을 기억하라.

◆ 저들은 자신의 목적만 달성하면 아무 책임감 없이 마을을 떠난다. 나중에 피해는 실제 주민들이 보게 되어 있음을 명심하라.

◆ 건축업을 하는 이들 사이엔 "영혼을 팔거나, 거지가 되거나."라는 말이 있다. 저들은 부자가 되기 위해 영혼이나 양심을 예사로 팔아넘긴다는 사실을 기억하라.

◆ 개인적 이득보다 마을 공동체를 수호하는 것이 더 중요함을 뼛속 깊이 각인하라.

◆ 마을 공동체 투쟁을 하면 개발업자에 의해 반드시 '가압류'라는 역공이 들어온다. 흔들리지 말고 굳세게 단결하라. 명예훼손(실명 기재, 구체적 사실 적시, 허위 사실 유포 등은 피하라.)이나 업무 방해를 하지 않았으면 아무 걱정 없다. 본안 소송에서 이기면 된다. 저들이 노리는 것은 심리 위축, 자포자기 및 내부 분열이다.

◆ 투쟁 결과와는 무관하게 과정 그 자체 속에서 공동체적 관계는 더욱 공고해진다. 투쟁의 과정을 즐겁고 행복하게, 느리지만 끝까지 함께 즐겨라. "질긴 놈이 이긴다."

◆ 저들은 '돈에 넘어가지 않는 자' 또는 '경찰을 겁내지 않는 자'를 가장 두려워한다.

3. "풀뿌리 연대 없이 승리는 없다."

◆ 해당되는 회사의 노조(단사, 연맹, 지역, 전국)나 농민 단체, 환경 단체(환경연합, 녹색연합 등), 민교협, 전교조, 교수노조, 학부모회, 시민모임, 도서관 연대, 생협 등 풀뿌리 조직들과 소통 및 연대를 강화

하라.

◆ 서명 운동, 후원금 모금 운동, 토론회, 항의 방문, 기자회견, 일인시위, 연합 집회 및 시위 등을 조직하라.

◆ 후원금 등 돈 관련 사안은 투명하게 집행하고 정확하게 정리해서 수시로 공개하라.

◆ 기자회견이나 일인시위는 사전 신고가 필요 없음을 참고하라.

◆ 피켓과 머리띠, 어깨띠, 현수막, 취지문, 성명서 등을 주민들과 함께 만들어라.

◆ 구호를 만들 때도 주민들이 창의적인 아이디어를 내게 하라.

◆ 평소에 다른 조직들과 연대하는 경험의 축적 없이 내가 필요할 때만 연대해 달라고 하는 것은 잘못된 것이다.

◆ 저들은 헛소문을 퍼뜨려 주민들을 이간질하려고 부단히 노력한다. 절대 헛소문을 믿지 말고, 끝까지 출처를 추적하여 싹을 잘라라.

◆ 경찰서에 출두하여 조사를 받는 경우, 반드시 믿을 수 있는 기자나 단체에 알리고 출두하라. 그리고 조사관이 작성한 조서는 본인이 말한 취지와 다를 수 있으니 최종 확인 도장을 찍기 전에 꼼꼼히 읽고 일일이 고치라고 주장하라. 잘못하면 죄인이 뒤바뀐다.

4. "여론 형성에 실패하면 백전백패다."

◆ 참 언론을 통해 개발 행위의 실상과 문제점을 널리 알리고 불특정 다수의 의견, 즉 여론의 지지를 확보하라.

◆ 언론에 칼럼이나 기고문 쓰기를 조직하라.

◆ 종이 신문: 한겨레, 경향신문

◆ 잡지: 한겨레21, 말, 시사저널, 시사인, 이코노미21, 인물과사상, 녹색평론

◆ 인터넷: 오마이뉴스, 프레시안, 레디앙, 참세상, 민중의 소리

◆ 군청, 시청, 도청, 검찰, 감사원, 국무총리실, 청와대 등 의견 표명이 가능한 홈피 공간에 적극적 제안, 항의, 건의, 비판 개진을 한다.

◆ 라디오나 텔레비전 방송국에도 제보하거나 취재 요청, 인터뷰 등을 통해 상황 자체 또는 주민 의견을 집합적으로 전달할 필요가 있다.

◆ 그 외 각종 블로그, 카페, UCC 등을 활용하는 방법도 있다.

◆ 기존 보수 언론에도 언론 자체의 이미지보다 훨씬 좋은 기자들이 있음을 잊지 말라.

◆ 지역 언론 중에서도 비교적 건강하고 정직한 언론도 있고 기자도 있다.(예, 옥천신문, 홍성신문, 충청리뷰, 당진시대, 백제저널, 세종뉴스 등)

◆ 필요시 자체 언론을 조직할 수도 있다.(소식지, 비디오, 시디, 동영상, 카페 따위)

◆ 주민들의 반대가 압도적이라면 저들은 이상한 여론 조사 기관에 수억 원을 주고 '여론 조작'을 시도한다. "찬성이 더 많다."는 결론을 돈을 주고 사는 셈이다. 주로 '전화 조사'를 했다고 하는데, 표본 선정이나 질문 방식에 결정적 하자가 있음을 숨긴다.

◆ 서명 운동의 경우 저들은 찬성 측을 부풀리기 위해 해당 주민이 아닌 사람들까지도 연명부에 마구잡이로 집어넣는다. 반대로, 우리 측 서명자들에게는 일일이 전화해서 괴롭힌다. 따라서 서명부를 작성할 때는 이름과 주소, 서명 또는 날인만 하게 하라. 저들에게 개인 정보를 노출하지 말라.

5. 법적 대응도 능동적으로 준비해야 한다.

◆ 민주화를 위한 변호사협의회(민변) 소속의 변호사들은 믿을 수 있다.

- 소송비용은 우선 주민들이 회의를 통해 자체적으로 모금하되, 후원회 통장을 개설하여 널리 후원금 모금 운동을 조직하라.
- 그래도 곳곳에 양심 세력은 있다. 서로 엮이지 못할 뿐이다.
- 현재 상황과 사태 해결에 필요한 소송의 초점을 어떻게 잡을 것인지 제대로 파악하는 능력이 중요하다.
- 재판을 맡은 재판부의 성격이나 인간적 관계를 통해 접근하려는 시도는 크게 의미가 없다. 그러나 저들은 그런 고리들을 좋아하여 로비 시도도 할 수 있음을 기억하라.
- 결정적인 증거 자료나 증언, 증인의 구술과 녹취록을 확보하는 것이 매우 중요하다.
- 한 번 법적으로 이겨도 저들은 다음 기회를 또 노릴 수 있다. 방심하지 말라.
- 법적 대응, 즉 소송에만 매달리면 생동하는 투쟁에 바람이 빠지기 쉽다.

III. 방법 선택

1. 가처분 조치가 필요하면 선택하라.

- 본안 소송은 시간이 걸리므로 가처분 조치를 통해 일시적으로 공사나 행정 행위를 중지시키는 것도 검토해야 한다.
- 물론 자칫 나중에 본안 소송에서 지게 되면 손해배상 청구 소송(민사)과 더불어 가압류 조치라는 역공이 들어올 수 있음을 감안해야 한다.
- 믿을 수 있는 법률가들(특히 민변)과 두루 상담한 뒤 판단하라.

◆ 가처분 조치의 청구 판단에도 타이밍이 중요하다.

2. 개발 행위가 일단 진행되면 소음 측정기를 사서 소음이나 진동을 측정할 필요가 있다.

◆ 소음은 주간엔 70dB(데시벨)을 초과하면 위법이 되고 경고가 나간다. 몇 번 반복되면 일시적으로라도 공사를 중단시킬 수 있고 거액의 벌금을 물게 할 수도 있다. 증거자료를 남겨라.(카메라, 동영상 등)

◆ 소음 측정기나 비디오 촬영기를 일상적으로 들고 다니며 현장 부근의 주거지역에서 소음이나 진동, 균열 등을 측정하는 행위 자체만으로도 일방적인 공사 강행이나 탈법적인 공사 진행을 막을 수 있다.

◆ 소음이나 진동 등 측정기로 측정한 자료는 필요시 중앙환경분쟁조정위원회 등에 제소하여 보상을 받을 때 유용하게 쓰일 수 있다.

◆ 분진, 흙더미 등이 많을 경우 살수차를 쓰거나 물로 길을 잘 청소하도록 요구하라.

◆ 크게 보면 이런 정도의 대응은 공사를 합법적으로 지연시키는 효과만 있지 원천적으로 막지는 못한다.

◆ 일조권이나 조망권 주장 또한 재산권에 비해 거의 수용되지 않는 개념이다. 지극히 제한적으로만 인정된다.

◆ 돈을 통한 보상 중심으로 싸움의 무게중심이 이동하게 되면 이미 근본적인 싸움(사업 자체를 못 하게 하는 싸움)은 진 것이나 다름없다.

3. 절차상 하자를 찾아내거나 결정적 하자를 찾아라

◆ 도시계획위원회 등 각종 위원회 절차를 제대로 거쳤는지 확인해야 한다.

◆ 그러나 '전문가의 양심'을 믿지는 마라. 전문가 안에서도 위계질서
와 분위기, 소신에 따라 천차만별이다.

◆ 의혹이나 문제점 같은 것을 찔끔찔끔 흘리면 괜히 저들에게 보완점
만 메워주는 꼴이 될 수 있다. 체계적으로 모아 결정적인 순간에 결
정적인 방법으로 폭로하라.

◆ 필요시 중대한 결함과 의혹이 있으면 확실한 증거 자료를 첨부하여
검찰에 직접 고발하고 은밀히 수사를 하게 요청하라. 신뢰할 만한
곳에 의뢰하는 것이 좋다.

◆ 허위 문서가 나오면, 지체 없이 그 문서에 도장(서명)을 도용당한 이
에게 반드시 '확인증'을 받아놓아야 한다. 그렇지 않으면 저들이 먼
저 손을 써서 "알고 해준 것"이라 말하게 만들 수 있다.

◆ 각종 공청회 자체가 열리지 못하게 원천 봉쇄하는 경우들이 있는데,
그것은 공청회 자체가 아무리 형식적이더라도 열렸다는 것 자체가
절차상 옳다고 간주되기 때문이다.

◆ 절차상 하자 문제는 형식 논리만 따지지 내용은 따지지 않는다는 점
에 유의하라.

◆ 경우에 따라서는 명백하고도 근거 있는 반대 의견이 제법 많더라도
원로 전문가가 오케이하면 그냥 두루뭉술하게 넘어가는 경우가 많
다.

◆ 대부분의 아파트 개발은 학교 용지를 확보해야 하고 교통영향평가
보고서도 내야 한다.

◆ 개발행위가 일정한 규모 이상인 경우 환경영향평가 또는 사전환경
성검토를 받아야 한다.

◆ 누군가 각종 위원회의 위원들을 매수하거나 뇌물을 주고받은 사실
을 명백한 증거 자료로 남긴다면 굉장히 유리한 입장이 된다.

◆ 승인이 난 사업이라도 '승인 조건들'이 많다. 그 조건들을 일일이 체크하라. 명실상부하게 이행하지 않았으면 절차상 하자로 볼 수 있다. 예컨대, 학교 신설이 필요해 학교 부지를 확보하라는 전제 조건이 붙었는데도, 승인 이후에 시행사가 이행하지 않고 교육청과 은밀히 협의해 학교 신설을 하지 않는 것으로 돌렸다면 문제가 될 수 있다.

4. 경찰이나 검찰이 두려운 게 사실이나 정당한 저항 행위는 전혀 두려워할 필요가 없다.

◆ 정당한 행위를 선택하여 꿋꿋이 나아가라. 양심이 최선의 무기다.

◆ 일인시위나 기자회견은 신고할 필요 없이 언제, 어디서나 가능하다. 피켓이나 머리띠, 어깨띠도 적절하게 만들어라. 단체 집회 시위, 시가행진 등은 미리 신고해야 한다. 신고는 관할 경찰서에 가까이 사는 사람이 대신 해도 된다.

◆ 주민들이 강고하게 단결하여 하나로 나아간다면 오히려 경찰이나 검찰이 주민을 무서워하게 된다.

◆ 인간다운 삶의 권리, 행복할 권리, 좋은 환경을 누릴 권리, 집회 및 시위의 자유는 모두 헌법에 보장된 기본권임을 명심하라.

◆ 저들은 유령 단체를 만들어 특정한 장소에서 유령 집회 신고를 함으로써 우리 편이 집회 시위를 하지 못하게 막는다. 저들이 하기 전에 선수를 쳐라. 동일 장소에서 할 집회의 신고는 필요시 한꺼번에 최대한 길게 하라.

5. 도청, 감청을 당할 수 있음에 늘 주의하라. 중요한 대화는 촬영 또는 녹취하라.

◆ 녹취는 공개 녹취, 비밀 녹취가 있다.

- 재판정에서 비밀 녹취의 인정은 매우 제한적이지만 없는 것보다는 나을 수도 있다.
- "증거 없이 승소 없다."
- 저들의 뇌물, 위조, 담합 등에 관해 물증을 확보하거나 증인을 확보하라. 필요시 증거 자료를 별도로 만들어라.
- 저들은 인터넷 IP 주소까지 추적하여 누가 무슨 글을 올렸는지 찾아낸다. 인터넷 전담자 또는 알바까지 있다. 이쪽에서 선도적으로 주장을 하고 댓글도 달 수 있도록 전문 역할 분담을 하는 것이 좋다. 허위 정보나 소문을 유포함으로써 책잡히지 말라.

6. 저들에게 폭력을 먼저 씀으로써 빌미를 주지 말라.

- 저들이 아무리 조폭, 폭력, 폭언, 조롱, 협박, 무시, 매수 따위의 방법을 쓰더라도 침착함과 냉정을 잃지 말라.
- 양심이 승리하는 날은 반드시 온다.
- 산 입에 거미줄 치지 않는다. 더러운 돈을 먹으면 반드시 화가 따름을 명심하라.
- 저들은 목적 달성을 위해 인간성이나 양심까지 포기할 준비가 되어 있다. 그러고도 아무도 사후 책임은 지지 않음을 명심하라.
- 방어를 위한 폭력은 불가피하나, 끝까지 비폭력, 비타협, 비부패의 원칙을 지켜라.

후원금 주신 분 (가나다 순, 익명의 후원인도 다수임)

이 자리를 빌려, 우리 주민들의 투쟁을 물심양면 지지해주신 모든 분들
께 진심으로 감사드립니다. 특히 녹색연합 녹색사회연구소, 대전환경운
동연합, 대전충남녹색연합 활동가 여러분들은 어려운 와중에도 우리 주
민들의 집회 및 시위 현장에 힘껏 연대해주셨습니다. 그 밖에 서명 운동
에 동참해주신 개인 및 단체 모든 분들께도 거듭 감사드립니다.

강수돌 강신준 강은화 강철섭 고갑준 고려대민주동문회 산악회 고세훈
김고운 김귀옥 김기선 김기평 김기화 김대섭 김대헌 김동주 김동환 김만
진 김만희 김미영 김병규 김부철 김상중 김성기 김수현 김순희 김영곤 김
영희 김용갑 김웅기 김윤순 김은화 김재환 김중열 김종오 김홍양 김회근
김흥수 노사8조(고려대 학생) 라균배 민주화교수협의회 박경미 박락주
박병은 박상민 박종찬 박종철 박찬원 박희영 배장훈 배충효 변영섭 서준
용 성하경 손광용 송복용 송준범 오욱진 옥기종 우종묵 울산대 민교협 유
기용 유봉인 유승우 유완동 유택림 유환일 윤석주 윤재근 이계도 이관현
이광희 이교섭 이기열 이기영 이기춘 이상호 이석제 이선희 이성진 이연
심 이용승 이원식 이위연 이윤곤 이응호 이재천 이정순 이정우 이종무 이
진섭 이진철 이태직 이필렬 이형우 이효남 이홍구 임선금 임수묵 임승남
임재옥 임재우 임정옥 장범용 장태종 정규언 정균화 정박일 정성기 조경
선 조길행 조재영 채윤 최경미 최무영 최병갑 최영석 최원근 최인호 최창
수 하효열 함상호 허일석 허현주 현명화 홍성태 홍순웅 홍종태
